근대이행기 동아시아의 신생 한자어 연구

백로

중국해양대학교 외국어대학 한국어학과(문학 학사) 및
인하대학교 대학원 한국학과 언어학 전공 졸업(문학박사)
현재 곡부사범대학교 통번역대학 한국어학과 전임강사

논문
「한 · 중 · 일 삼국의 '的'에 대한 대조 연구」
「중조 '的'의 대역현상: 기능과 분포를 중심으로」
「한 · 중 · 일의 동의중복현상 고찰」
「근대이행기 동아시아의 한자 접사화에 대하여」
「중한 '的'의 대역현상: 의미와 제약을 중심으로」
「한중 이동동사 '내리다'와 '下'의 대조 연구」 등.

근대이행기 동아시아의 신생 한자어 연구

초판 1쇄 인쇄 | 2015년 8월 10일
초판 1쇄 발행 | 2015년 8월 18일

지은이 | 백로
펴낸이 | 지현구
펴낸곳 | 태학사
등   록 | 제406-2006-00008호
주   소 | 경기도 파주시 광인사길 223
전   화 | 마케팅부 (031)955-7580~82   편집부 (031)955-7585~89
전   송 | (031)955-0910
전자우편 | thaehak4@chol.com
홈페이지 | www.thaehaksa.com

ISBN 978-89-5966-709-3   93710

근대이행기 동아시아의
신생 한자어 연구

백로

A Study on sino-Neologisms Early Modern East Asia

태학사

서문

　본서는 근대이행기 동아시아의 신생 한자어를 연구대상으로 삼고 그 형성, 유형, 영향과 한국 신생 한자어를 살펴보는 것을 목적으로 한다.

　근대이행기의 한・중・일 삼국은 각자 서양문명을 받아들이면서 대량의 신생 한자어를 수용하고 만들었다. 신생 한자어의 형성과정에는 각 나라의 독특한 방법이 있는 반면 공통된 부분도 많았다. 이러한 공통된 부분이 존재했기 때문에 신생 한자어의 교류가 활발할 수 있었다. 본서는 한・중・일 삼국이 각자 어떤 방법으로 신생 한자어를 수용하고 만들었는지 논의하고 그 공통된 점을 살펴보았다.

　본서에서는 두 가지 기준을 설정하여『해국도지』,『영환지략』,『세계국진』,『서양사정』,『서유견문』,『사민필지』의 신생 한자어를 분류하고 특징을 분석하였으며, 각 유형의 특징이 신생 한자어가 전파하는 데에 어떤 영향을 주었는지 논의하였다. 그리고 신생 한자어가 한・중・일 삼국언어에 어떤 영향을 미쳤는지 분석하였고 어휘, 형태면의 구체적인 변화를 살펴보았다.

　동아시아 전체를 살펴본 결과 한국은 신생 한자어의 형성에 있어서 수용만 하는 입장이 아니라 독자적으로 만들기도 했다.『서유견문』과

『사민필지』에 나오는 신생 한자어를 대상으로 삼아 그 출처 밝히고 한국의 독자적인 신생 한자어를 선별하여 분석하였다. 이러한 판별 작업은 한국지식인들이 신생 한자어를 만드는 데에 어떠한 대역 방법을 사용했는지를 알려주는 동시에 한국 신생 한자어에 대한 재인식도 가능하게 해줄 것이다.

본서는 근대이행기의 신생 한자어를 연구대상으로 삼아 한·중·일 삼국에서의 도입방법과 유형을 분석함으로써 신생 한자어의 교류와 정착과정을 분석하고, 신생 한자어로 인한 동아시아의 언어변화를 논의하는 데에 목적을 둔다. 이를 위해 본론은 크게 네 부분으로 나누어 논의할 것이다.

2장은 신생 한자어가 한·중·일 삼국에서 각각 어떠한 형성·도입 과정을 겪었는지를 살펴볼 것이다. 그리고 삼국이 한자어를 만들면서 수용할 때 어떠한 방법을 사용했는지 공통점과 차이점이 무엇인지를 논의하겠다.

3장은 『海國圖志』, 『瀛寰誌略』, 『世界國盡』, 『西洋事情』, 『士民必知』, 『西遊見聞』을 자료로 삼고 신생 한자어의 유형과 특징에 대하여 분석할 것이다. 유형을 나눌 때 기준을 설정하여 각 유형의 특징을 논의할 것이다.

4장은 신생 한자어의 수용으로 인해 한·중·일 삼국어에 각각 어떤 변화를 가져왔는지를 논의할 것이다.

5장은 한국의 신생 한자어를 위주로 하여 중국 신생 한자어와 일본 신생 한자어가 준 영향을 분석함으로써 신생 한자어의 정착과정을 논의할 것이다. 한국지식인들이 중국 신생 한자어와 일본 신생 한자어를 처음으로 접하게 될 때 어떤 수용방법을 택했는지 또 어떤 수용착오가 있었는지를 검토하고, 나아가 자료 분석을 통하여 개별어휘의 정착과정에 대한 구체적인 분석도 할 것이다.

이상과 같이 본서는 종합적인 방법과 개별어휘사적 방법, 그리고 조어론적 방법을 같이 이용하여 한·중·일의 신생 한자어를 연구할 것이다. 이 논문이 앞으로의 연구에 도움이 될 것을 기대하면서 필자는 신생 한자어연구의 미래가 총괄적이면서도 세부적인 연구로 발전될 수 있으리라 믿는다.

본서는 필자의 박사학위논문을 수정한 것이다. 출판에 즈음해서 박사학위 논문의 준비 및 집필 당시에 많은 도움을 주셨던 고마운 분들이 떠오른다. 별 능력이 없는 제자를 위해 아낌없이 조언을 해 주시며 지도해 주신 인하대 한성우 교수님께 감사의 말씀을 보내드리고, 박사논문을 처음부터 끝까지 읽어주고 지적해 준 고자연 언니에게도 감사의 말을 전한다. 또한 이 책을 흔쾌히 출판해 주신 태학사 관계자님들께 감사의 말씀을 전한다. 끝으로 늘 옆에 있어 주고 큰 힘이 된 제 가족 여러분에게 감사의 글을 보낸다.

2015년 6월 12일
중국 곡부사범대학교에서
백로

차 례

1. 총론: 근대이행기와 신생 한자어

1.1. 신생 한자어란 무엇인가?

언어는 사람간의 교류를 통하여 부단히 변하고 있다. 특히 어휘는 가장 많은 변화·생성·소멸 과정을 거친다고 할 수 있다. 한·중·일 삼국은 각각 근대화 과정을 겪으면서 새로운 한자어를 만들고 그 것들을 서로 공유하였다. 이는 주로 삼국의 한자공유와 한자어 어휘교류를 통해 이루어졌다.

한자어는 19세기 이전에는 주로 중국을 통하여 한국과 일본으로 수 입되어 왔는데, 서양문명과의 접촉으로 인해 한·중·일 삼국이 각각 근대화 과정을 겪으면서부터는 일본의 한자어가 한국과 중국으로 이 동하기 시작했다. 이때의 한국은 중국으로부터 한자어를 계속 유입하 는 동시에 과학기술분야의 전문용어를 대량 포함한 일본의 한자어도 수용했다. 특히 갑오경장(1894)을 전후하여 한국에는 서양문물과 함 께 새로운 개념이나 낯선 외국 지명·인명을 담은 서구어가 소개되었 고 이들 서구어는 주로 한자를 이용하여 번역, 표기되었기 때문에 별 어려움 없이 한국어에 흡수되었다. 이때 삼국에서 교류하고 공유했던 한자어가 삼국어에 자리를 잡게 되었고 현재까지도 대부분이 그대로 사용되고 있으며, 현대 한·중·일 삼국어 어휘의 성립에도 적지 않은 영향을 미치고 있다. 이러한 점에서 근대화 과정을 겪으면서 새로 나타난 한자어에 대한 연구는 동아시아 한자어 어휘사연구의 일부 과제로서 중요한 가치를 가지고 있다고 할 수 있다.

서양문물을 받아들이는 과정에 수용된 한자어를 전통한자어와 구별하여 본서에서는 신생 한자어라고 부르고자 한다.[1] 지금까지의 연구는 한·중·일 삼국어 중의 두 개 국어에 나타나는 신생 한자어의 비교연구가 주류를 이루고 있다. 설령 삼국어 자료가 다 사용됐다고 해도 결국엔 두 개 국어에 중점을 두는 식이다. 신생 한자어를 연구하는 데에 한·중·일 삼국은 어느 하나도 빠져서 안 된다. 따라서 본서는 한·중·일 삼국의 자료를 같이 살펴볼 것이다. 삼국 자료를 비교·분석함을 통하여 보다 전면적인 신생 한자어의 형성·교류 과정을 볼 것이다.

이전의 신생 한자어 연구를 보면 개념어나 번역한자어가 절대적인 지위를 차지하고 있고 인명, 지명 등을 위주로 하는 음역어에 대한 연구는 매우 제한적으로 진행되어 왔다. 비록 음역어는 표기문제에 속하지만 한자어형태로 되어 있는 이상 그 대역 방법[2]과 특징을 분석

---

1 신생 한자어에는 광범위하게 전파된 것도 있고, 일시적으로 존재했던 것도 있다. 전통적인 한자어의 개념으로 볼 때 신생 한자어 중에 한문해석으로 볼 수 있는 것도 있으나 이러한 한자어형태로 되어 있는 한문해석들도 후에 한자어로 굳어진 것이 많고 한자어의 형성에 큰 역할을 하고 있었기 때문에 본서에서는 신생 한자어로 분류하여 연구대상으로 삼고 있다. 과거 연구에서 신생 한자어란 주로 의역어나 번역한자어를 다루었고 음역어에 대해 거의 언급하지 않았다. 본서에서는 신생 한자어를 논의하는 데에 의역어 뿐만 아니라 음역어도 함께 다뤄 볼 것이다.

2 본서는 신생 한자어의 형성과정을 논의할 때 대역방법이라는 용어를 쓰기로 한다. 근대이행기에 서양문물을 보고 직접 이름을 지은 경우도 있지만 그리 많지 않았다. 신생 한자어를 만들 때 주로 서구어를 번역했다는 점을 보면 조어방법보다 대역방법이라는 용어가 더 적절하다고 할 수 있으니 본서에서는 대역방법이라는 용어를 쓰겠다.

하는 것도 신생 한자어를 연구하는 데에 의미 있는 작업이다. 그리하여 본서는 신생 한자어를 연구하는 데에 번역한자어에 한하지 않고 음역한자어에 대해서도 살펴볼 것이다.

지금까지의 신생 한자어 연구 중 가장 많은 관심을 받아왔던 주제는 새로운 문물 및 사상이 어떤 경로를 통해서 수용되었는가 하는 문제이다. 본서는 한국어의 신생 한자어를 위주로 하되 중국과 일본의 신생 한자어도 비중 있게 논의해 볼 것이다. 그 이유는 근대이행기 한국의 신생 한자어를 연구하려면 신생 한자어의 생산국가인 중국과 일본 어느 하나도 빠뜨려서는 안 되기 때문이다. 그리고 지금까지의 연구는 한 · 중 · 일 삼국의 신생 한자어의 대역 방법에 대해 다 논의 · 분석한 연구가 거의 없는 상태이다. 한자어를 공유하면서 자국어의 특징을 띤 신생 한자어를 만드는 데에 어떠한 방법을 썼는지를 검토하는 것도 중요하다고 생각하기에 본서는 한 · 중 · 일 삼국의 신생 한자어 대역 방법에 대해서도 비교 · 분석할 것이다.

그동안 신생 한자어에 대한 연구들은 한국이 수용하는 입장에만 서 있었다는 식으로 논의해 왔다. 먼저 개방한 중국이나 일본에서 이미 많은 서구어가 한자어로 번역, 생산된 상태였는데, 늦게 개방된 만큼 한국은 서양의 문명을 수용하기에 급했다. 이러한 상황에서 새로운 한자어를 만들어내는 것보다는 중국이나 일본에서 이미 만들어진 한자어를 수입하여 사용하는 경향이 높았다. 이러한 논의가 틀린 것이 아니지만 서양의 새로운 문물제도를 수용하는 과정에서 한국 국내에서 자체적으로 개념을 이해하여 자국어로 소화시키는 과정이 없는 것은 아니었다. 자국어로 소화시키려 한자어로 번역하는 시도는 많이 했으나 결국엔 대부분이 중국이나 일본에서 만들어낸 한자어로 대체되었으므로 수용하는 것에만 집중하게 되었던 것이다. 한국 신생 한자어를 연구하는 데에 수용한 신생 한자어가 물론 중요한 부분을 차지하고 있다. 하지만 신생 한자어의 전면적인 흐름을 논의하는 데에 한국 독자적으로 만든 신생 한자어를 무시해선 안 된다. 따라서 본서는 중국 신생 한자어와 일본 신생 한자어를 분석하는 동시에 한국 신생 한자어도 비중 있게 살펴볼 것이다.

　이러한 목적 아래 본서는 근대이행기의 신생 한자어를 연구 대상으로 삼는다. 우선 한·중·일 신생 한자어의 형성과정과 교류를 논의함으로써 한자어의 생산적 공통점과 각 나라만의 방법을 살펴본다. 다음으로 신생 한자어를 유형별로 분석하고, 신생 한자어가 한·중·일 삼국 언어에 미친 영향을 논의한다. 마지막으로 중국과 일본의 신생 한자어와 비교함으로써 한국 신생 한자어의 출처와 독자적인 한국 신생 한자어를 살펴본다.

1.2. 신생 한자어의 연구 역사

　신생 한자어에 대한 연구는 한·중·일 삼국에서 많이 연구되어 왔으며, 대체로 종합적인 연구, 개별 어휘 연구, 어휘집 편찬 연구와 조어론 연구로 나눌 수 있다. 연구의 선후 순서로 볼 때 중국에서 먼저 시작했고, 그 다음으로 일본, 한국이다. 그러나 연구 성과로 볼 때 중국은 문화대혁명이라는 연구 공백기를 겪음으로 인해 보다 한정된 성과를 얻은 반면 한국과 일본에서는 활발하고 자유로운 연구를 통해 많은 성과를 이루었다. 특히 일본에서는 신생 한자어 데이터베이스를 만들었을 정도로 가장 많은 성과를 이루었다.

　중국에서의 신생 한자어 연구는 일찍부터 시작되었다. 그 계기가 된 것은 19세기 말 20세기 초기 일본 한자어의 대량 수입이다. 중국학자들이 신생 한자어에 대해 민감할 수밖에 없는 이유는 스스로 자국 문자인 한자를 자랑으로 여겨왔는데도 불구하고 일본으로부터 들어온 대량 신생 한자어를 난생 처음 보게 된 그 충격 때문이었고, 분명히 한자어인데 그 뜻을 정확하게 이해하기 위해 다시 공부해야 하는 급급함 때문이었을 것이다.

중국의 신생 한자어 초기 연구는 주로 종합적인 관점에서 진행되었다. 유용한 개념을 만들어 내긴 했지만 이러한 연구를 전문적인 학문으로 보지 않았고, 그 결과 심층적인 연구는 이루어지지 못했다. 중국 신생 한자어 연구 초기의 대표적인 성과로는 胡以魯(1914)의 『論譯名』을 들 수 있다. 胡以魯는 신생한자를 만드는 방법과 일본 한자어를 포함한 외래어를 어떻게 수용해야 하는지 논의했다. 그의 조어 이론과 번역 이론은 현재의 중국 어휘론 연구에서도 사용되고 있다. 胡以魯는 처음으로 '譯'과 '借'의 개념을 소개했다. 그의 이론을 이용하여 '飜譯語', '借用語', '借音語', '借形語'라는 용어가 생겼다. 그 외에 余又蓀의 『日譯學術名詞沿革』(1935)과 사회언어학적으로 연구한 彭文祖의 『盲人瞎馬之新名詞』(1915)가 있다.

중국에서 신생 한자어를 어휘학의 연구 대상으로 삼고 심층적으로 연구하기 시작한 것은 1950년대 후반부터이다. 이때부터는 개별 어휘 연구와 어휘집 편찬 연구를 병행했다. 沈國威(2010)에 따르면 孫常敍의 『漢語詞彙』(1956)는 신생 한자어를 논의하는 중국 어휘학의 최초의 저술이다. 孫常敍(1956)은 일본 한자어를 외래어의 범주에 놓고 논의하며 이를 '일어차용어'라 칭하고 있다. 그는 신생 한자어의 어원과 성립과정을 고찰하는 것이 중요하다고 했으나, 근대이행기의 중요한 신생 한자어를 언급하지 않았다. 그 후에 王立達(1958)에서 일어차용어를 음독어, 훈독어, 근대신어, 중국어로 수용한 후에 의미가 변화한 어휘, 중국 전통 한자어를 이용한 회귀 한자어, 일본에서 만든 한자 등 여러 가지 유형으로 분석했고, 접두사와 접미사를 포함한 일어차용어를 589개나 들어 논의했다. 高明凱・劉正埮(1958)에서는 신생 외래어를 459개를 수록했다. 王力(1958)은 처음으로 중국어 어휘사의 관점에서 신생 한자어 문제를 논의했고 중국 신생 한자어의 특징을 밝혔다. 그 특징은 가급적 의역과 일본 신생 한자어를 이용한 것이다. 北京師範學院中文系漢語敎硏室(1959)는 백화문에 나타나는 신생 한자어를 연구대상으로 삼고 일본 한자어가 중국 신생 한자어에 미치는 영향을 자세히 논의했다.

이상과 같이 중국에서 많은 성과를 거둔 시기가 있었으나 문화대혁명으로 인해 외래어나 신생 한자어에 대한 연구가 금기 학문으로 몰락하여 20여년의 공백기를 겪었다. 1980년대 초기가 되어서야 중국 학술계는 다시 신생 한자어에 대한 연구를 시작했다. 공백기가 있었으니 1950년대의 개별 어휘 연구와 어휘집 편찬 연구를 계승·발전하는 것이 가장 시급한 선택이었다. 먼저 劉正埮 등(1984)의 『漢語外來詞詞典』이 간행되었다. 이는 高明凱·劉正埮(1958)을 계승한 성과라고 할 수 있다. 劉正埮 등(1984)에는 신생 한자어 892개를 수록했는데, 이후의 연구를 위한 유용한 자료가 되었다. 물론 현재의 시점으로 볼 때 잘못 선정한 표제어도 있으나 그 당시로서는 대단한 성과라고 할 수 있다. 하지만 高明凱·劉正埮(1958)이나 劉正埮 등(1984) 모두 표제어에 대한 구체적인 설명과 문헌 출처를 밝히지 못했다. 이로 인해 신생 한자어의 구체적인 출처와 설명을 살피기 위해서는 문헌조사라는 초기 단계의 연구부터 해야 했다.

90년대의 가장 중요한 연구 성과는 이탈리아 한학자인 페데리코 마시니(Federico Masini)의 『The Formation of Modern Chinese Lexicon and its Evolution toward a National Language: The period from 1840 to 1898』(1993)[3]이다. 이 책은 19세기 초엽부터 중국어와

---

3 마시니의 저술이 중국에서 1997년에 『現代漢語詞彙的形成 - 十九世紀漢語外來詞硏

서구어의 접촉을 논의했고, 漢譯 서적에 나타나는 신생 한자어를 분석했으며, 중국어와 일본어가 서로 미치는 영향을 자세히 다루었고, 신생 한자어의 유형을 구체적으로 나눠 분석했다. 마시니의 성과는 종합적이면서 개별 어휘적인 연구라고 할 수 있다. 이 시기에 중국인에 의한 연구는 Lydia H. Liu의 『Translingual Practice』를 들 수 있다.[4] 이 저서는 제1장에서 '번역'과 '문화/문명의 교류'라는 맥락에서 그때 중국어의 신생 한자어 문제를 다루었고 부록에서 신생 한자어의 유입 경로에 대해 자세히 다루었다.

2000년대에 들어선 후에 대표적인 연구로는 沈國威(2010)과 陳福康 (2010)을 꼽을 수 있다. 沈國威(2010)은 근대 중일의 어휘 교류에 착안점을 두어 주로 신생 한자어를 만드는 과정, 중일 언어의 접촉, 중일 언어의 교류와 '熱帶, 陪審, 化學'의 어원 고증 등 네 부분으로 나눠 자세히 논의했다. 沈國威(2010)은 종합적인 연구 방법, 개별 어휘적인 연구 방법과 조어론을 같이 논술하는 대표적인 저술이다. 陳福康 (2010)은 번역학 이론의 관점에서 신생 한자어의 대역 방법 성립과정과 변화를 논의했다.

이상의 중국 신생 한자어 연구는 많은 성과를 거둔 것이 사실이지만 한국어를 거의 언급하지 않았다는 한계를 지닌다. 근대이행기 이전은 전통적인 한자어가 중국 주변국가로 수출되는 과정이었다고 하면 근대이행기는 동아시아가 신생 한자어를 공유하는 시기라 할 수 있다. 중국과 일본은 신생 한자어를 만드는 데에 주된 역할을 하고,

---

究』라는 제목으로 黃河淸에 의해 번역·출판되었고, 한국에서 2005년에 『근대 중국의 언어와 역사 - 중국어 어휘의 형성과 국가어의 발전: 1840~1898』이라는 제목으로 이정재에 의해 번역·출판되었다.

4 중국에서는 2002년에 『跨語際實踐』이라는 제목으로 宋偉杰 등에 의해 번역·출판되었고, 한국에서는 2005년에 『언어횡단적 실천』이라는 제목으로 민정기에 의해 번역·출판되었다.

한반도는 한자어를 만드는 시도는 했으나 이보다는 근대화를 하루라도 빨리 이루기 위하여 중국과 일본의 신생 한자어를 수용하는 경향이 강했다. 양국의 한자어를 다 수용했기 때문에 자국어 안에서 경쟁을 통해 한쪽의 한자어는 저절로 사라질 수밖에 없었다. 이렇듯 신생 한자어를 연구하는 데에 한국어의 역할을 결코 무시해서는 안 된다. 동아시아 삼국에서 유일하게 단순히 만드는 입장이 아닌 공유하는 입장에 선 한국은 신생 한자어의 생명력, 경쟁력과 생산성을 증명하는 중요한 역할을 했다. 중국과 일본의 신생 한자어 연구는 주로 중일 언어의 교류에서 논의되어 왔는데 동아시아 전체로 보는 저술은 극소수일 뿐이다. 그 중에 陳輝(2007)이 있는데, 그는 동아시아와 서구어의 초기 접촉을 문헌별로 소개했고 서양 선교사가 신생 한자어를 만드는 데에 미친 영향을 논의했다.

일본도 중국과 같이 종합적인 연구가 먼저였다. 전문용어나 개념어를 포함한 번역한자어를 만들어 낸 일본에서 처음으로 한자어를 연구 대상으로 삼은 일본어학자는 山田孝雄이다. 沈國威(2010)에 따르면 山田孝雄의 『國語の中に於ける漢語の研究』[5]에서 처음으로 한자어의 사용 상황을 분석했다. 그 외에 한자어 유입의 역사, 한자어의 범위, 한자어의 특징, 한자어의 형태, 한자어가 일본어에 미치는 영향 등 문제도 논의했다. 그 중에 한자어의 유래에 대하여 중국의 典籍, 불경의 번역과 서구어의 한자어 번역 이 세 가지 경로를 소개했다. 특히 셋째 경로인 서구어의 한자어 번역은 山田孝雄이 처음으로 명확히 서술한 것이었다.

신생 한자어를 연구하기 위하여 일본의 한자어 연구 초기에 신어

---

5 이 책은 山田孝雄이 1931년 동북제국대학(현 동북대학)에서의 강의기록을 수록했고 1940년에 발행하였다.

조사가 많이 이루어졌다. 조사 대상은 주로 외국어 대역사전이나 번역서들이었다. 이 방법으로 많은 성과를 거둔 대표적인 저술로는 森岡健二(1969)를 꼽을 수 있다. 森岡健二는 메이지 시기의 英華·英和辭典을 조사하고 비교하여 英華辭典이 英和辭典의 번역 한자어에 미친 영향과 서로간의 傳承關係를 정리했다. 森岡의 연구는 신생 한자어 연구를 추진하는 역할을 했다.

그의 뒤를 이어 佐藤喜代治(1971), 進藤咲子(1981), 杉本つとむ(1983), 佐藤亨(1983, 1986) 등도 거의 같은 방법을 이용하고 있다. 佐藤喜代治는 주로 에도시대 지식인들의 저술을 고찰하여 일본이 한자어를 수용해온 역사와 신생 한자어가 이루어지는 초기 문제를 연구했고 개별 어휘의 어원을 밝히는 데에 선구적인 작업을 했다. 杉本은 주로 네덜란드어의 대역 한자어를 연구했다. 佐藤亨은 중국에서 이루어진 번역서에 착안점을 두어 메이지 시기의 신생 한자어 중에는 중국에서 먼저 생긴 번역어가 상당히 많다는 것을 밝히고 있다.

일본의 개별 어휘 연구는 종합적인 연구보다 늦게 시작됐으나 60년대부터 종합적인 연구와 같이 병행 연구되기 시작했다. 개별어휘 어원을 밝힌 연구로는 廣田榮太郎(1969), 齊藤毅(1977), 鈴木修次(1981a, b), 柳父章(1982), 荒川淸秀(1997) 등이 있다. 이상의 연구는 書籍調査라는 어원 고증 방법을 사용했고 신생 한자어의 출현, 보급, 정착의 전 과정을 고찰하였다. 廣田(1969)에는 20개의 신생 한자어[6]를, 齊藤(1977)에서는 13개의 신생 한자어[7]를, 鈴木(1981a, b)에는 22개의 신생 한자어[8]를, 柳父(1982)에는 '社會, 個人, 近代, 美, 戀愛, 存在, 自然,

---

6 戀愛, 蜜月, 新婚旅行, 接吻, 汽車, 汽船, 悲劇, 喜劇, 活動寫眞, 映畵, 世紀, 常識, 良識, 燐寸, 頁, 弗, 俱樂部, 冒險, 探險, 的 등.

7 東洋, 西洋, 合衆國, 合州國, 共和政治, 社會, 個人, 會社, 保險, 銀行, 哲學, 主義, 演說 등.

權利, 自由' 등을 荒川(1997)에는 '熱帶, 寒帶, 回歸線' 등과 같은 신생 한자어의 성립 과정이나 배경을 밝혔다.

이상과 같은 종합적인 연구와 개별 어휘 연구에 많은 성과를 이루는 동시에 두 연구 방법의 장점을 합친 어휘집 편찬 연구도 이루어졌다. 일본에서 연구된 신생 한자어 어휘집 중에 가장 대표적인 것으로는 『明治のことば辭典』(惣鄕正明・飛田良文 1986)을 꼽을 수 있다. 이는 메이지 시기에 만들어진 신생 한자어를 중심으로 서양어의 대역사전, 소설, 번역서적 등 다양한 자료에서 용례를 조사하여 발음, 형태, 의미 등의 다양한 변화를 연구한 자료로 신생 한자어의 연구에서 종합적이면서도 개별적인 성과를 이루었다고 할 수 있다.

조어론적으로 연구한 성과로는 森岡健二(1969, 개정판1991)을 들 수 있다. 森岡은 기원을 밝히는 연구에서 벗어나 어휘의 성립 과정을 조어론적인 관점과 언어 구성론적인 관점에서 신생 한자어를 연구하였다. 이러한 연구를 통하여 서구어를 한자어로 번역하는 과정에서 어떠한 방법이 사용되었는지를 밝혔다. 이러한 조어 방법을 처음으로 언급한 학자는 山田孝雄인데 일부 훈독 한자어를 음독으로 전환하고 있다는 점만 주의를 기울였을 뿐 심층적인 연구는 하지 않았다. 森岡健二는 음독으로 전환하는 현상을 효율적인 조어 방법으로 해석하고 있고 조어론적인 관점에서 신생 한자어를 연구하는 방법을 보여 주었다.

한국에서의 신생 한자어 연구는 비교적 늦은 시기에 시작했으나 많은 성과가 있었다. 한국에서는 신생 한자어에 관한 첫 연구는 서재극(1970)이다. 이후 이한섭, 송민, 박영섭, 최경옥, 유미진 등에 의하여 연구가 이루어졌다. 그 중에 송민의 연구가 양적으로나 질적으로나

---

8 文化, 文明, 經濟, 社會, 政治, 文學, 哲學, 理學, 心理, 物理, 三權分立, 權利, 義務, 科學, 眞理, 論理學, 命題, 演繹, 歸納, 宗敎, 自由, 進化論 등.

큰 비중을 차지하였다. 한국도 중·일과 같이 종합적인 연구부터 시작했으나 일본에서 이미 이루어진 많은 성과를 참조하면서 연구를 진행했으므로 개별 어휘 연구도 병행할 수 있었다.

송민(1979, 1985, 1986, 1987, 1988a, 1988b, 1989, 1990, 1992, 1994, 1998, 1999, 2000, 2001, 2002, 2003, 2007)은 근대이행기의 신생 한자어 수용 문제에 대하여 체계적인 연구를 했다. 주로 일본 한자어가 한국어에 미치는 영향을 논의했으나 송민(1999)에서는 중국 신생 한자어의 영향도 분석했다. 송민의 연구 성과 중에 신생 한자어를 체계적으로 분석한 것 이외에 개별 어휘에 대한 연구도 주목할 만하다. 송민(1985)는 의존형태소 '-的'의 시원을 논의했고, 송민(1998)은 19개의 신생 한자어[9]의 계보를 밝혔다. 송민(2000)은 31개의 전통한자어[10]의 의미 개신에 대하여 논의했으며, 송민(2001)은 鄭雲復의 『獨習日語正則』(1907)에 국어 단어로 쓰인 신생 한자어의 성립배경을 살펴보았고 80개의 신생 한자어[11]의 성립과정을 밝혔다. 또한 송민 (1999a, b, c, 2000a, b, c, d, 2001a, b, c, d, 2002a)는 '汽船, 汽車, 器械, 機械, 經濟, 時計, 生存競爭, 大統領, 自由, 寫眞/活動寫眞, 映畵, 合衆國, 共和國, 熱帶, 溫帶, 寒帶, 病院' 등 신생 한자어의 성립과 정착과

---

9 病院, 新聞紙, 千里鏡, 顯迷鏡, 熱帶, 溫帶, 寒帶, 電信, 電線, 電報, 電氣, 地球, 太平洋, 經緯線, 海流, 暖流, 寒流, 回歸線, 貿易風 등.

10 監察, 經濟, 工業, 大學, 馬力, 文科, 文法, 文體, 分數, 碩士, 軟骨, 學士, 文章, 發表, 發明, 發行, 放送, 社會, 産業, 生産, 新人, 料理, 運轉, 入學, 自然, 朝會, 中心, 創業, 學生, 獻納, 犧牲 등.

11 電寄報, 顯微鏡, 警察官/警察署, 空氣, 內閣, 大學校, 獨立國, 民權黨, 寫眞, 商標, 世界, 巡察, 新聞, 握手, 郵便局, 銀行, 電報, 停車場, 汽船, 總理大臣, 合衆國, 化學, 會社, 會議院, 間接, 經濟, 經驗, 共和國, 觀兵式, 交通, 國事犯, 機關, 氣象, 勞動者, 多神敎/一神敎, 團體, 代議政體, 圖書館, 妄想, 博覽會, 反射, 發明, 生産力, 生活費, 世界, 鎖國, 紳士, 演說/演說會, 演習, 優勝劣敗, 運動/運動會, 衛生, 維新, 義務, 議員, 印刷, 一般, 日曜日, 自由港, 雜誌, 財政, 帝國, 祭日, 組織, 蒸汽/水蒸氣, 蒸氣船/汽船, 進步, 處分, 處置, 鐵道, 出版, 態度, 憲兵, 活動寫眞 등

정을 보다 자세하게 논의했다.

이한섭의 연구는 종합적인 것으로 볼 수 있다. 이한섭(1985, 1987)은 『西遊見聞』에 나타나는 일본 한자어를 분석했고 이한섭(2003)은 『日槎集略』을 중심으로 19세기말 한일 양국어의 접촉과 교류를 논의했다.

한국은 90년대에 들어가면서 어휘집 연구도 진행하기 시작했고, 참고자료 중에 많은 중국자료와 연구 성과도 포함되었다. 근대이행기 한국어 어휘집에 대한 연구는 박영섭(1997)이 있다. 신소설을 통하여 신생 한자어의 기원 고찰에 중점을 둔 연구는 최경옥(2000, 2002, 2003a, 2003b, 2005) 등이 있다. 특히 최경옥(2003a)는 한국과 일본의 자료는 물론이고 중국의 자료도 함께 조사해 한국어 신생 한자어 연구에 한층 깊이를 더했고 최경옥(2005)는 신생 한자어를 시대적 배경 속에서 고찰하고자 하였다. 근대이행기 교과서를 중심으로 한 연구는 유미진(2005a, 2005b) 등이 있다. 유미진도 한국과 일본의 용례뿐만이 아니라 중국의 신생 한자어 용례까지 비교하고 조사하여 한국에서의 수용과 정착을 추론하여 개별 어휘의 기원을 파악하는 데에 중점을 두어 연구하였다.

이상 살펴본 바와 같이 한·중·일 지금까지의 연구는 대부분이 사용된 자료가 한일, 혹은 중일 두 개 국어에만 집중되어 있었고, 개념어를 위주로 하고 고유명사에 관한 연구가 극히 적으며, 신생 한자어 대역 방법에 대한 논의도 거의 없다는 문제점을 안고 있다.

1.3. 신생 한자어의 탐구방법

본서는 서양문물을 수용하는 시기를 '근대이행기'라고 부르고 있다. 본서의 연구주제로 한 신생 한자어가 서양문물과 제도를 수용하는 시기에 생긴 것이며 외국어를 한자로 음역 또는 번역하는 방법으로 사용됐다. 그리고 서양문물과 제도를 집중적으로 수용하는 시기는 바로 근대이행기이다. 신생 한자어의 형성과정으로 볼 때 삼국의 근대이행기가 가리키는 시기가 각각 다르다. 전체적으로 볼 때 가장 일찍 시작한 1580년대를 시발점으로 보고, 가장 늦게 끝난 1910년대를 종점으로 보는 게 합리적이라고 판단한다. 1580년대는 서양문물이나 지명에 관한 중국 신생 한자어가 최초로 이루어진 시기이고, 그 시기의 대표적인 번역자는 利瑪竇(Matteo Ricci)[12]이다. 1910년대에 한국은 일제강점기가 시작했고 서구어의 영향보다 일본어의 영향을 더 많이 받기 시작했다. 중국은 五四運動(1919)으로 인해 근대이행기의 종결을 맞이했고 白話文運動도 시작했다. 일본은 1900년부터 시작된 언문일치운동으로 인해 서구어를 번역할 때 한자보다 가나문자를 더 많이 사용하기 시작했다. 이상으로 종합하여 본서는 동아시아의 근대이행기를 16세기 말엽부터 20세기 10년대까지로 보기로 했다. 개별어휘의 검토도 이 시기에 한하여 고찰할 것이다.

근대이행기의 신생 한자어 연구는 주로 종합적인 방법, 개별 어휘사적인 방법과 조어론적인 방법으로 세분한다. 지금까지의 연구는 하나만을 선택해서 연구하는 경우가 많았다.

종합적인 연구는 주로 대량의 자료 조사에 의한 것이고 그 시대 출판된 서적에 어떠한 또는 얼마나 많은 신생 한자어가 나타나고 있는지 밝히는 작업이다. 이러한 작업은 후에 진행되는 시기별 비교 연구나 어원 연구나 어휘집 편찬 연구에 기본적인 자료를 제공했다. 하지만 근대이행기가 신문물, 신제도들이 한꺼번에 들어온 시기인 만큼

---

12 利瑪竇는 이탈리아 예수회의 선교사이다. 1582년 마카오에 도착했고 북경에서 거주하게 된 것은 1601년으로 알려져 있다.

서양 지식에 관한 서적이 다양했을 뿐만 아니라 그 수도 많았다. 서양 선교사들이 쓴 책, 한·중·일 지식인들이 쓴 책과 번역한 책은 그 수를 셀 수 없을 정도이다. 그 많은 자료의 신생 한자어를 다 수집하여 한 논문에 다루는 것은 불가능한 일이다. 물론 자료 수집이 다 완성되어야만 신생 한자어의 연구 자료가 갖추어졌다고 할 수 있다. 따라서 신생 한자어 연구는 앞으로 해야 할 일이 아직 많다고 하겠다.

본서에서는 『海國圖志』, 『瀛寰誌略』, 『世界國盡』, 『西洋事情』, 『士民必知』, 『西遊見聞』을 통해서 동아시아 삼국의 신생 한자어의 수용과 교류를 살펴보기로 한다. 근대이행기에 출판된 서양 관련 한·중·일 서적들은 그 양이 많고 종류가 다양했다. 그러나 대부분이 한 분야에 한한 것이었고 세계 각국에 대해 전면적으로 소개한 것은 이상의 서적들이 대표적이었다. 신생 한자어에 대해 비교적 다방면으로 보기 위하여 본서에서는 이 여섯 종류의 서적을 선택했다. 자료 분석을 하기 위해 종합적인 연구방법을 선택하여 여섯 종류의 서적에 나타나는 신생 한자어를 모두 수집했다. 한국어의 신생 한자어를 위주로 하나 주로 공유하는 입장에 선 한국 신생 한자어를 연구하려면 신생 한자어의 주요 생산국인 중국과 일본을 같이 논의하지 않으면 안 된다. 중국, 일본과 함께 한자를 공유하는 한국은 수용과 교류과정에 신생 한자어가 어떤 경로를 통해서 수입되었는지, 어떤 방법으로 수용하게 되었는지, 또한 중국 신생 한자어와 일본 신생 한자어가 만날 때 최종적으로 어떤 쪽이 살아남았는지 등등의 문제를 안고 있다. 이러한 문제들을 해결하기 위해 본서는 삼국의 그 시대의 대표적인 문헌들에 나타나는 신생 한자어를 비교·분석하는 방법을 선택했다.

개별 어휘사적인 연구는 어휘 하나하나의 출처와 정착 과정을 살펴보는 작업이다. 종합적인 방법은 어느 시기의 신생 한자어 성립 과정에 대해 종합적으로 파악할 수 있는 장점이 있으나 어휘 하나하나에 대한 개별적 검토에 소홀할 수 있는 단점도 있다. 본서는 한국서적인 『士民必知』, 『西遊見聞』에 나타나는 신생 한자어를 크게 고유명사와 일반명사 두 부분으로 나누어 그 어휘 하나하나의 출처와 성립 과정을 밝힐 것이다. 이러한 과정에 주로 중국의 『海國圖志』와 『瀛寰誌略』, 일본의 『世界國盡』과 『西洋事情』에 나타나는 신생 한자어를 고찰·비교하였고, 근대이행기에 중국과 일본에서 출판된 다른 서적들도 참고하였다. 이와 같은 개별 어휘사적인 방법은 통시적인 시점에서 볼 수밖에 없다. 즉, 어느 특정한 시기에 한정되지 않고 근대이행기 전체를 살펴볼 필요가 있다.

마지막으로 조어론적인 방법이다. 신생 한자어를 어떻게 어떤 방법으로 만들었는가 하는 문제를 풀기 위해 조어론적인 방법이 필수이다. 한·중·일 삼국은 많건 적건 자발적인 한자어생성에 공을 들였다. 같은 한자어이지만 각 나라 언어의 특징을 띤 신생 한자어는 각양각색이면서도 일정한 논리에 따라 만들어진 것들이었다. 본서는 한·중·일 삼국의 신생 한자어를 유형별로 살펴보고 대역 방법에 대해서도 살펴볼 것이다. 그 중에 대역 방법을 논의하는 데에 근대이행기 전체의 자료를 참고할 필요가 있다.

1.4. 어떤 자료가 있을까?

본서는 동아시아 삼국의 신생 한자어의 수용과 교류를 살펴보는 데에 주로 『海國圖志』, 『瀛寰誌略』, 『世界國盡』, 『西洋事情』, 『士民必知』, 『西遊見聞』의 신생 한자어를 조사·수집했다. 종래의 신생 한자어 연구는 주로 『西洋事情』과 『西遊見聞』을 다뤘는데 여섯 종류의 서적을 같이 논의한 연구가 없었다. 또한 종래의 연구들은 대부분 의역어를 위주로 했는데 본서는 의역어 뿐만 아니라 음역어도 같이 살펴 볼 것

이다. 이 여섯 종류의 서적을 첫 출판 연도의 순서로 표로 정리하면
다음과 같다.

표 1

문헌	저자	국가	출판연도	약어
『海國圖志』	魏源	중국	1844~1852	『海』
『瀛寰誌略』	徐繼畬	중국	1848~1849	『瀛』
『西洋事情』	福澤諭吉	일본	1866~1890	『西』
『世界國盡』	福澤諭吉	일본	1869	『世』
『士民必知』	Homer B. Hulbert 저, 白南奎, 李明翔 등 역	한국	1895	『士』
『西遊見聞』	兪吉濬	한국	1895	『遊』

『海國圖志』는 중국 지식인 魏源(1794~1857)이 林則徐가 廣州에서
가져온 모든 서양 관련 자료들을 모으고 여기에 다른 선교사들이 쓴
기록 및 중국어로 된 자료들을 보태어 완성한 자료집이며 서양에 대
한 백과전서이다. 이 자료집은 1844년에 초판 50권이 출간되었고,
1847년 증보판 60권이, 1852년 재차증보판 100권에 달하였다. 이 책
은 실로 서양의 국민, 국가, 그리고 기술 등에 관한 최초의 근대적 자
료집이라고 할 수 있고(마시니 2005), 당시 중화제국이 실용적 지식과
기술만 얻으면 외국의 위협을 극복할 수 있다고 믿고 있었던 분위기
에서, 서양 관련 정보 및 서양의 군사 기술을 체계적으로 확산시키고
자 한 최초의 시도였다(마시니 2005). 『海國圖志』는 일본으로 전해지
고 일본 신생 한자어에 많은 영향을 주었다. 이 책이 처음으로 일본에
도착한 것은 1850년이었다. 60권본의 『海國圖志』는 여태까지 난학을
위주로 해왔던 일본에게 당시 시급하게 배우려고 했던 나라들, 즉 미

국, 프랑스, 러시아, 영국 등에 관련된 내용이었다. 이 책은 일본에서도 서양 국가들과 관련된 최초의 근대적 정보 창고였다. 『海國圖志』는 조선 후기의 역관 吳慶錫을 통해 한국으로 전해졌다. 오경석은 1853~1858년 4차례 중국을 왕래하면서 중국의 서양에 관한 신서들을 구입·연구했다. 그 신서 중에 『海國圖志』가 있다. 이 책은 당시의 한국 지식인들에게 서양을 배웠던 최초의 백과전서라고 해도 과언이 아니다. 『海國圖志』의 영향이 컸던 이유는 아편전쟁 직후에 출판되었기 때문이다. 이 책은 동아시아 삼국 지식인들로 하여금 서양 국가들의 지리에 대한 지식뿐 아니라 서양 문명과 정치 제도에도 관심을 가지도록 자극하는 데에도 중요한 역할을 하였다. 본서에서 사용한 판본은 1852년에 간행된 재차증보판이다.

『瀛寰誌略』은 중국 지식인 徐繼畬(徐繼畬)가 1843년부터 쓰기 시작해 1848년에서 1849년 사이에 초판이 출간된 10권 분량의 서적이다. 徐繼畬는 福建과 廣東의 두 省에 파견된 관원이었고, 이때부터 서양에 대해 관심을 갖게 되어 서양 국가들에 관련된 모든 정보를 최대한 수집하였다. 『瀛寰誌略』은 Davia Abeel(雅裨理)를 비롯하여 많은 미국 선교사들의 협력을 얻어 만든 책이다. 徐繼畬가 『天下郡國利病書』, 『海國見聞錄』, 『西域見聞錄』 등 20여 종류의 지리 저작을 참고하고 명나라 말기부터의 서구 선교사들이 쓴 한문 서적, 잡지와 세계지도책, 신문 등을 인용하며 그때 당시의 영국 영사관, 선교사 등을 직접 방문해 5년을 거쳐서 이 책을 완성하였다. 이 책은 중국의 서양의 국민, 국가, 그리고 기술 등에 관한 최초의 근대적 자료집이라고 칭하는 『海國圖志』보다 훨씬 간략하다. 이 책은 『海國圖志』와 달리 漢譯 서적을 직접 인용하면서, 대부분을 자신의 뜻에 맞게 조절하여 표현하였다. 그리고 이 책은 대부분이 徐繼畬 개인에 의해 쓰인 것이고 이미 출판된 漢譯 서적들을 모은 자료집이 아니었기 때문에, 『海國圖志』에 비해 문체가 더욱 생생하고 검토하기에도 편리하다. 이 책이 첫 출판된 시기는 『海國圖志』와 마찬가지로 아편전쟁이 끝난 후에 중국이 근대사의 첫 번째 불평등 조약인 〈남경조약〉을 체결한 후였다. 그때 당시는 청 조정이 서양에 대한 논설을 금지했던 민감한 시기였다. 그렇기 때문에 자료집 『海國圖志』와 비교할 때 개인적인 서적 『瀛寰誌略』이 중국 국내의 유통에 미친 영향은 그리 크지 않았다. 하지만 이 책은 이웃나라 일본에서는 큰 파란을 불러일으킨 서적 중의 하나였다. 『瀛寰誌略』은 일본인이 1861년에 번역·출판까지도 되었고 앞에 언급했던 조선 후기의 역관 吳慶錫을 통해 『海國圖志』와 함께 한국으로도 전해졌다. 그리고 중국의 총리아문도 1866년에 『瀛寰誌略』을 재출판하여 東文館의 교과서로 지명하였다. 이 책은 19세기 후반기에 중국인이 세계를 아는 중요한 창구였고, 심지어 청국 말기에 외교 대사들에게 없으면 안 될 '출국 안내서'였을 정도이다.

『世界國盡』은 福澤諭吉이 쓴 세계지리 입문서이며, 1869년에 출판되었다. 지리 이외에 세계 각 나라의 역사에 대한 설명도 포함되어 있기 때문에 일본 메이지 시기에 큰 영향을 주었던 서적이라고 할 수 있다. 이 책의 서문 중에 "본서의 발행 목적은 어린 아이와 여인도 세계 형세를 이해할 수 있도록 하는 데에 있다." 라고 쓰어 있기도 해 간단명료한 어구를 사용하여 그때 당시의 일본사회의 언어 사용 상황을 잘 반영한 서적이다. 이 책과 중국, 한국에서 간행된 지리서의 비교연구는 신생 한자어의 성립과정을 알아보는 데에 도움을 줄 수 있다.

『西洋事情』도 福澤諭吉이 쓴 책이기는 하나, 『世界國盡』과 달리 세계 지식 입문서이다. 이 책은 1866~1890년 사이에 출판되었다. 福澤諭吉은 1854년에 長崎로 가서 난학을 공부하고 영학을 독학으로 배웠고, 1860년 美日通商條約 批准書를 교환하기 위해 사절단을 파견할 때

渡美하여 메이지 유신까지 미국과 유럽을 여행하고 많은 서양 서적을 가지고 돌아왔다. 『西洋事情』은 서양의 문명을 소개하고 있는 책으로 서양 여러 나라의 역사, 제도, 국정을 비롯하여 문명사회에 공존하는 문물이나 사회상, 보편적인 삶의 모습을 소개하여 외국 문물을 받아들이기 시작한 당시의 일본 사람들에게 서양 세계를 알리는 입문서가 되었다. 또한 『西洋事情』이 출판된 시기는 중국의 서적들이 일본에 유입되어 큰 반향을 불러일으켰던 때였고, 중국의 서적들은 일본 독자에게 서양 세계의 윤곽을 제시해주고 서구제국과의 교섭 방식에 대한 유력한 지침을 제공해 주었던 시기였다. 그래서 이 책은 분명히 중국의 영향을 받았고, 동아시아 삼국의 신생 한자어 수용 경로를 파악하는 데에 큰 의미가 있다.

『土民必知』는 1895년에 백남규, 이명상 등이 1889년경 H.Hulbert가 집필한 『亽민필지』를 漢譯한 책이다. 서양의 서적이 중국이나 일본에서 한문으로 번역된 후 그 번역서가 한국으로 도입되는 것이 당시의 일반적인 상황이었는데, 『土民必知』는 번역 과정이 좀 특별하다고 할 수 있다. 영어를 漢譯하는 것은 그때 당시의 한국 지식인에게 큰 어려움이었다. 또는 당시에 중국 신생 한자어와 일본 신생 한자어가 모두 광범위하게 조선에서 전파되었던 시기이기에 『土民必知』를 완성하는 과정에 신행한자어의 선택을 겪었다고 볼 수 있다. 이 책에서 나타난 신생 한자어는 그 때 당시에 어느 정도 보급되었던 것이라고 할 수 있다. 그리고 이 책은 중·일 양국에서 만든 신생 한자어 중에 어떤 것이 한국에서 선택받았는지를 볼 수 있는 서적이기도 하다. 이 책을 통하여 신생 한자어의 수용경로를 특히 한국에서의 수용과정을 보다 전면적으로 볼 수 있다.

『西遊見聞』은 1895년에 유길준이 미국 유학 중에 보고 배운 것을 국한문 혼용체로 쓴 책이다. 이 책은 일본의 福澤諭吉이 쓴 『西洋事

情』의 전 20편 중에서 9편을 그대로 번역할 정도로 일본의 영향을 받았다. 그러나 정영숙(1998)에 따르면 적어도 국명의 표기에 있어서는 일본 신생 한자어의 영향이 크지 않았다. 이지영(2008)에 따르면 『西遊見聞』에 보이는 외국 지명은 兪吉濬이 알고 있던 중국식 지명의 토대 위에서 일본식 지명을 수용한 것으로 볼 수 있다. 그리고 수가 많지 않지만 兪吉濬이 만든 독자적인 한국식 한자어도 종종 볼 수 있다. 이러한 점을 감안하여 신생 한자어의 성립 과정을 논의하는 데에 아주 유용한 자료라고 할 수 있다.

동아시아 근대이행기를 전체적으로 볼 때 이 여섯 종류의 서적은 후반 혹은 중후반에 간행된 것에 불과하다. 그러나 이 서적들이 출판된 때는 신생 한자어가 가장 많이 나타나는 시기이고 서양 서적의 번역이 가장 활발하게 진행되는 시기였다. 그리고 신생 한자어가 각국에서 정착하기 직전의 중요한 시기이기도 하다. 본서는 근대이행기에 출판된 다른 서적들을 가능한 한 참고한다는 전제하에 이 여섯 종류의 서적을 위주로 신생 한자어를 분석할 것이다. 자료들이 후반 혹은 중후반에 간행된 서적이라 신생 한자어가 나타나는 형태가 최종적으로 정착된 것이 아닐 수도 있다. 그렇기 때문에 신생 한자어의 정착과정 또는 중간 과정을 볼 수 있고 더 의미 있는 연구가 될 수 있으리라 믿는다. 본서에서 이상의 여섯 권 문헌 이외에 참고한 자료를 표로 정리하면 다음과 같다.

표 2

문헌	저자	출판국가	출판연도
『坤輿萬國全圖』	利瑪竇	중국	1602
『幾何原本』	徐光啓	중국	1607
『芝峯類說』	李晬光	한국	1614

『職方外紀』	艾儒略	중국	1623
『采覽異言』	新井白石	일본	1713
『解體新書』	杉田玄白	일본	1774
『醫範提綱』	宇田川玄眞	일본	1805
『英漢字典』	馬禮遜	중국	1822
『重訂解體新書』	大槻玄澤	일본	1826
『English and Chinese Dictionary』	麥都思	중국	1847~1848
『醫學英華字釋』	合信	중국	1858
『英和對譯袖珍辭書』	堀達之助	일본	1862
『英華字典』	羅存德	중국	1866~1869
『易言』	鄭觀應	중국	1871~1880
『英和字彙』	柴田昌吉	일본	1873
『哲學字彙』	井上哲次郎 등	일본	1881
『日本國志』	黃遵憲	중국	1890
『變法通議』	梁啓超	중국	1897
『日本變政考』	康有爲	중국	1898

2. 동아시아 신생 한자어의 형성 과정

근대화에 돌입하는 초기에 한·중·일 삼국은 서구 사상과 문물을 수입하는 작업에 들어갔다. 이러한 과정에 직면하게 될 최대의 난제는 외국어 번역 문제라고 할 수 있다.

중국이 쇄국정책을 폐지하기 전에 적지 않은 서양선교사들은 일찍이 중국을 방문하여 서양서적을 漢譯했다. 이때 간행된 漢譯 서적들은 종교에 관련된 것이 많긴 하나 서양국가와 지식에 대한 소개도 포함되어 있다. 한·중·일 삼국에 제일 먼저 문호개방을 한 중국은 서양선교사가 번역한 대량의 서양서적을 통해 세계를 바라보는 시선이 바뀌기 시작했다. 그리고 아편전쟁이 일어난 후에 비로소 중국의 많은 문인들이 사태의 심각함을 인식해 서양에 대해 본격적으로 배우기 시작했다. 이때부터 林則徐, 魏源, 徐繼畬 등을 비롯하여 중국의 일부 문인들이 서양과학기술에 대해 소개하기 시작했고, 서양서적의 번역작업도 본격적으로 시작했다.

일본은 17세기 초부터 네덜란드를 통해 서양문화의 일부 분야들을 접하였으나, 쇄국정책으로 인해 그 문화들이 그리 광범위하게 전파되지는 못했다. 하지만 이때 형성된 신생 한자어들이 후에 일본 신생 한자어에 절대적인 영향을 미쳤던 것이 사실이다. 난학자들의 외래어

漢譯 방법은 후에 신생 한자어의 대량 도입에 기본적인 이론을 제공했다. 일본 신생 한자어의 도입에 자극적인 영향을 준 사건은 아편전쟁이다. 영국이 청국을 굴복시킨 것은 일본에 커다란 충격을 주었다. 중국이 아편전쟁을 계기로 서구 열강에 유린당하는 것을 본 일본의 지배층은 자주독립의 길을 모색하게 되고 서구를 알기 위한 노력을 기울이게 되었다.

한국은 삼국에서 가장 늦게 개항을 했으나 서양 관련 한문서적과 사전들이 이미 중국, 일본에서 많이 출판된 상태라서 외국어보다 기존 신생 한자어를 이해하고 수용하는 과정을 더 많이 겪었다. 그렇다고 해서 서양에서 직접 받아들인 것이 없는 것은 아니다. 『西遊見聞』이나 『土民必知』에는 당시 조선지식인들이 직접 만든 신생 한자어가 존재한다.

한·중·일 삼국이 근대이행기에 서구어를 번역했고 각 언어의 특징을 띤 한자어를 만들어 수용했다. 신생 한자어를 연구하는 데에 도입방법 이를테면 대역 방법을 알아보는 과정이 꼭 필요하다. 한·중·일 삼국이 한자를 공유하고 있으나 서로의 언어가 다르기 때문에 어휘교류에는 문제가 생길 수 있고 한계가 있다. 그럼에도 불구하고 서구번역어를 거의 무난하게 서로 수용하는 모습을 보면 도입과정과 대역 방법에 공통점이 있었음이 분명하다. 신생 한자어를 번역하는 과정에 기본적인 방법으로 한자음을 이용하는 음역과 한자의 뜻을 이용하는 의역을 들 수 있다. 본장에는 중국, 일본, 한국의 순으로 각국의 신생 한자어를 음역어와 의역어로 나누어 대역 방법을 분석할 것이다. 그리고 이를 통해 어휘교류에 이점을 준 대역 방법의 공통점을 논의해 보겠다.

2.1. 중국 신생 한자어의 출현

중국 신생 한자어의 출현이 서양 선교사들이 바다를 건너 명나라로 올 때부터 시작되었는데 대표적인 인물로는 1582년에 중국으로 온 利瑪竇를 들 수 있다. 이때부터 서양 문물이나 지명에 관한 신생 한자어가 만들어지기 시작했고 소수 중국 지식인들도 번역작업에 참여했으나 거의 대부분이 서양 선교사의 손에서 만든 것이었다. 1840년 아편전쟁이 일어나기 전까지의 300여년에 서양 선교사들은 꾸준히 서양 문화나 종교에 대한 지식과 서적을 한문으로 작성했고 번역했다. 이 시기에 나타난 신생 한자어들이 중국의 이후 번역 작업과 일본 신생 한자어에도 큰 영향을 미쳤다. 1840년 이후 중국이 서양의 압력으로 동아시아 삼국에서 제일 먼저 문호를 개방했다. 이때부터 중국 지식인들은 서양서적의 번역과 작성에 참여하기 시작했다. 1860년 전후부터 청나라 정부도 번역 작업에 참여하기 시작했고. 그리고 1895년 청일전쟁 이후부터 일본 신생 한자어가 대량 중국으로 들어오고 서양 지식에 대한 번역은 진보인사와 유학생들이 주도하기 시작했다. 이상을 종합하여 중국 신생 한자어 번역은 초기(1840년 이전), 중기(1840~1895)와 후기(1895 이후)로 나눠 볼 수 있다.

2.1.1. 음역어의 형성

(i) 초기 번역 시기

초기 번역의 대표적인 인물은 利瑪竇(Matteo Ricci)와 艾儒略(Giulio Aleni)[13]을 들 수 있다. 利瑪竇가 제작한 『坤輿萬國全圖』(1602)는 최초

---

13 艾儒略은 이탈리아 예수회의 선교사이다. 1610년 북경에 도착한 후에 선교활동

로 나온 한문 세계지도라는 평가를 받고 있고, 艾儒略의 『職方外紀』(1623)는 중국 최초의 한문 세계지리서라는 평가를 받고 있다. 지도와 지리서이므로 『坤輿萬國全圖』와 『職方外紀』에서 나온 음역어는 대부분이 지명·국명·인명에 속한다. 이러한 고유명사 중에 현재에도 사용되고 있는 것이 다수 존재한다. 예를 들면 현재 한·중·일 삼국에서 여전히 잘 쓰이고 있는 '亞細亞, 歐羅巴' 등 고유명사들이 이 두 가지 자료에서 모두 찾을 수 있다.

(ⅱ) 중기 번역 시기

중기 번역의 대표적인 인물로 林則徐, 魏源과 徐繼畬를 뽑을 수 있다. 그 중에 林則徐와 魏源은 주로 선교사와 초기 중국지식인들이 번역한 서적을 수집하여 자료집을 만들었는데 徐繼畬는 漢譯서적을 인용하면서 대부분을 자신의 뜻에 맞게 조절하여 표현하였다. 그는 또한 신생 한자어 번역에 대하여 다음(1)과 같이 문제를 제기했다.

(1) 外國地名最難辨識，十人譯之而十異，一人譯之而前後或異。蓋外國同音者無兩字，而中國則同音者或數十字，外國有兩字合音，三字合音，而中國無此種字，故以漢字書番語，其不能脗合者，本居十之七八，而泰西人學漢文者，皆居粵東，粵東土語本非漢文正音，展轉淆訛遂至不可辨識……(『瀛』 범례)

(외국지명을 辨識하는 것이 가장 어렵다. 열 사람이 번역하면 열 가지 역어가 다 다르고, 한 사람이 번역해도 앞뒤의 번역어가 다른 경우도 있다. 외국어에 같은 음을 가지는 글자가 없는데 중국어에 같은 음을 가지는 한자가 수십여 자에 달한다. 외국어는 한

을 하면서 서양 관련 한문 서적을 출판하였다. 중국에서 '西來孔子'라 칭하기도 하다.

단어에 이음절 심지어 삼음절을 포함할 수 있는데 중국어에 그러한 글자가 없다. 그러므로 한자로 서구어를 번역할 때 들어맞지 않는 것이 십중팔구이다. 그리고 한문을 배우는 태서사람들이 모두 廣東에 거주하는데 광동어는 한자의 正音이 아니다. 번역어들이 전파하는 과정에 訛傳되어 결국 辨識할 수 없는 지경에 다다랐다.……)

泰西人於漢字正音不能細分，斯也，士也，是也，實也，西也，蘇也，混爲一音，而剌與拉無論矣，土也，都也，度也，杜也，多也，突也，混爲一音，而撒與薩無論矣。故所譯地名・人名，言人人殊。(『瀛』 범례)
(태서사람들은 한자의 정음을 세분할 수 없다. 剌과 拉은 물론이고 斯, 士, 是, 實, 西, 蘇도 같은 음으로 잘못 인식한다. 撒과 薩은 물론이고 土, 都, 度, 杜, 多, 突도 같은 음으로 잘못 인식한다. 그래서 지명・인명의 역어들이 번역하는 사람마다 다르다.)

泰西各國語音本不相同，此書地名有英吉利所譯者，有葡萄牙所譯者……『瀛』 범례)
(태서 각국의 어음이 제각각이다. 이 책에서의 지명은 영어의 역어가 있고 포르투갈어의 역어도 있다……)

外國地名・人名，少者一字，多者至八九字，絶無文義可循，數名連寫，閱者無由讀斷，今將地名・人名悉行鉤出，間加圈點，以醒眉目……(『瀛』 범례)
(외국지명・인명은 적을 때 한 자, 많을 때 여덟, 아홉 자나 되고 그 어떠한 의미도 없다. 여러 단어가 연결하여 적으므로 읽는 자

가 어디서 쉼표를 찍어야 할지 알 길이 없다. 여기에서는 쉽게 읽을 수 있도록 하기 위하여 지명·인명을 줄로 치고 사이에 점을 더했다.……)

　앞에 『瀛寰誌略』 범례에서 설명한 것은 음역어에 대한 여러 문제를 처음으로 제기한 것이다. 첫째, 중국어와 서양어가 발음 면에서 조응성이 결여되어 있어서 하나의 외국어 용어가 여러 가지의 중국어 표현으로 표기되는 결과가 빚어진다(마시니 2005). 우선, 漢譯하는 사람에 따라 다르게 표기할 수 있고, 同音異字가 많기 때문에 한자 선택 면에서 다를 수밖에 없었다. 예를 들면 『瀛寰誌略』에서 'Arabia'의 대역어로 '阿剌伯, 亞剌伯, 阿丹, 阿剌克, 亞拉比亞, 亞拉鼻亞, 阿爾拉密阿, 阿辣波亞, 阿黎米也, 阿蘭, 天方, 天堂' 등 12가지가 있다.

　둘째, 이음절 또는 이음절 이상을 포함한 한자가 존재하지 않기 때문에 서구어를 번역할 때 한자의 수는 늘어갈 수밖에 없고, 한두 음절을 빠지는 경우도 생길 수 있다. 그러므로 음역어의 정확성도 떨어지게 된다. 예를 들면 『瀛寰誌略』에서 'Paris'의 대역어로 '巴勒, 巴黎斯, 帕爾勒士' 등 3 가지가 있다. 'Paris'는 이음절인데 한자로 음역하면 '巴黎斯, 帕爾勒士'와 같이 3음절, 4음절이 된 경우도 있고, '巴勒'처럼 'Paris'의 's'음을 무시하여 표기한 경우도 있다.

　셋째, 한문을 배우는 서양 사람들이 廣東 지역에서 거주하고 있기 때문에 廣東방언의 발음을 채택할 수밖에 없었다. 이는 한자의 정음 즉 북방 방언과 다르므로 전파하는 데에 정확성이 떨어지고 문제가 생길 수 있다. 예를 들면 'Swiss'의 대역어로 '瑞士'가 있는데 이는 현대 중국어에서도 사용하고 있는 단어이다. '瑞士'는 福建 한자음으로 표기한 것인데 북경관화의 발음인 'rui shi'로 보면 원어에 멀어진 발음이다.

넷째, 그때 당시의 서양인들이 중국어를 아무리 잘한다고 해도 구별 못하는 한자음들이 있다. 이로 인해 생기는 음역어의 잘못이 적지 않다. (1)의 범례를 보면 '斯, 土, 是, 實, 西, 蘇' 등을 구별하지 못했다는 서술이 있다. 실제로 『瀛寰誌略』에서 'Spain'의 대역어로 '是班牙, 西班牙, 實班牛'를 찾을 수 있다. 이는 선교사가 '是(shi 4성), 西(xi 1성), 實(shi 2성)'을 구별 못했다는 것을 말해준다.

다섯째, 서구어가 한 가지만 있는 것이 아니므로 음역어의 원어도 여럿이 있다. 이로 인해 같은 뜻을 가지는 음역어가 두 개 이상 존재하는 경우가 많았다. 『瀛寰誌略』에서 'Italy'의 대역어로 '意大里, 意大里亞'를 찾을 수 있다. 그 중에 '意大里亞'는 利瑪寶의 『坤輿萬國全圖』(1602)에서 이미 나온 것이었다. 利瑪寶는 이탈리아 출신이고 이탈리아어 'Italia'를 '意大里亞'로 번역했다. 음절로 보면 4음절 대 4음절이다. 영어 'Italy'가 3음절이기 때문에 삼음절어 '意大里'의 원어일 가능성이 크다. 이러한 사실을 보면 같은 의미를 가진 단어들 중에 영어에서 온 것도 있고 이탈리아어에서 온 것도 있다는 것을 알 수 있다.

여섯째, 한자가 뜻글자이고 음역어가 삼음절 심지어 그 이상의 음절수를 가지고 있기 때문에 읽는 데에 어려움을 줄 수밖에 없다. 徐繼畬는 이 점을 감안하여 처음으로 줄과 구두점으로 지명과 인명임을 표기했다. 徐繼畬의 『瀛寰誌略』이 간행되기 전까지 서양 선교사들이나 중국지식인은 漢譯하는 일에만 집중했는데 徐繼畬는 음역어의 문제에 대하여 처음으로 논의하여 해결하려고 노력했다.

(iii) 후기 번역 시기

후기 번역의 대표적인 인물로는 梁啓超를 들 수 있다. 양계초가 신생 한자어에 대해 중국에서 최초로 제기한 문제는 譯語의 통일이었다. 1897년에 『時務報』에 간행된 『變法通議』의 「論譯書」에서 다음(2)와 같이 서술했다.

(2) 故今日而言譯書, 當首立三義, 一曰, 擇當譯之本, 二曰, 定公譯
之例, 三曰, 養能譯之才。(『飮冰室合集』에 수록되어 있는 『變
法通議』의 「論譯書」 P68)
(그러므로 이제 책을 번역하는 것에 대해 세 가지 원칙을 세워야
한다. 첫째, 번역해야 할 책을 선택한다. 둘째, 통일된 譯語를 정
한다. 셋째, 번역 인재를 양성한다.)

故同一名也, 百人譯之而百異, 瀛寰誌略所載國名之歧, 多至不可
紀機。……外國用英語爲主, ……中國以京語爲主, 以天下所通行
也。自玆以後, 無論以中譯西, 以西譯中, 皆視此爲本, 可謂精當
之論。惟前此已譯之名, 則宜一以通行者爲主, 舊譯之本, 多出閩
粤人之手, 雖其名號參用方音者, 今悉無取更張, 卽間有聲讀之
誤, 亦當沿用。蓋地名人名, 祇爲記號而設, 求其擧此號, 而聞者
知爲何人何地足矣。……今宜取通行最久人人共讀之書, 刺取其譯
名, 泐爲定本。其續譯之本, 有名目爲舊譯所無者, 然後一以英語
京語爲主, 則盡善矣。(『飮冰室合集』에 수록되어 있는 『變法通
議』의 「論譯書」 P72)
(같은 단어의 역어가 번역하는 사람에 따라 다르다. 『瀛寰誌
略』에 나오는 국명의 다양한 표기가 너무 많아서 기록할 수 없을
정도이다.……외국어는 영어를 위주로 하고,……중국어는 북경
어를 위주로 하여 천하에 通行한다. 지금부터 漢譯하거나 西譯할
때 이것을 근본으로 해야 하고 타당의 이론으로 여겨야 한다. 이
미 나오는 역어는 잘 쓰이는 것을 위주로 한다. 옛 역어들은 대부
분이 福建, 廣東人에 의한 만들어진 것들로 방언음을 참고했으나,

이제 와서 다시 만들어 置換할 필요가 없다. 간혹 성조와 발음의 잘못이 있더라도 계속 사용하는 것이 좋다. 이는 지명·인명이 기호로써 만들어졌고 그 기호를 보고 누군지 어딘지를 알면 되기 때문이다.……통용시간이 가장 오래 되고 전파가 가장 잘 된 책을 선택하여 그 역어를 定本으로 사용한다. 기존 역어에 없는 것을 만들 때 영어와 북경어를 위주로 하여 보완하면 된다.)

앞에서 언급한 徐繼畬는 역어에 대해 문제를 제기했으나 그때 당시에 찾을 수 있는 모든 역어를 다 나열하고 하나를 선택하여 기술하는 작업을 하지 않았다. 양계초는 徐繼畬가 제기한 문제를 다시 논의하여 역어통일 문제까지 제기하고 해결책도 만들었다.

음역어에 관하여 가급적 그때 당시에 잘 쓰는 한자를 선택해 번역을 하였다. 예를 들면 고유명사 번역에 사용된 '是, 西, 亞' 등이 그러하다. 한자가 뜻글자의 특성을 가지고 있어 전파하는 데에 어려움이 있었을 것이다. 고유명사의 경우 밑줄이나 구두점으로 해결할 수 있다. 문제는 일반명사를 음역할 때이다. 일반명사를 번역할 때 가능한 한 의역을 많이 사용했지만 음역을 전혀 안 쓰는 것은 아니었다. 뜻글자의 의미를 최대한 축소하기 위하여 번역자들은 部首를 첨가하는 방법을 택했다.

(3) Coffee

　『英漢字典』에는 수록되어 있지 않다.

　加非. (『海國圖志』卷十一 16a)

　咖啡, 口+膏呸. 『English and Chinese Dictionary』

　咖啡. 『英華字典』

'coffee'를 음역할 때 제일 흔한 것이 '加非'와 '咖啡'였는데 뒤로 갈수록 '咖啡'가 더 많이 나타났다. '加'와 '非'는 잘 쓰는 한자이지만 원래 가지고 있는 의미가 강해서 중국인들이 처음 볼 때 뜻을 이해하려고 했을 것이다. 거기에다 '口'를 편방으로 첨가하여 한자 원래의 뜻을 무시하라는 메시지를 포함되어 있는 것이다. '咖啡'라는 신생 한자어는 현재 중국어에 여전히 쓰이고 있다.

2.1.2. 의역어의 형성

(i) 초기 번역 시기

초기 번역의 대부분은 서양선교사들에 의해 이루어진 것이다. 이들이 만든 신생 한자어는 서구어의 번역에 중요한 암시를 주었고 서양 문명을 알리는 데에 도움을 주었다. 중국과 서양의 접촉은 한·중·일 삼국에서 가장 먼저 이루어졌음에도 불구하고 중화사상으로 인해 중국지식인들이 서양 언어에 대한 정식 연구가 거의 없었다. 더불어 최초의 기본적인 서양언어 접촉이 상인들을 통해 이루어졌다. 16세기 말부터 시작한 선교활동에 종사했던 선교사들이 중국인과 교류를 위하여 중국어에 대한 체계적 연구에 착수하였다. 利瑪竇의 서적을 비롯해 중국어로 쓰인 저작들에서 과학·지리·교육 영역 가운데 서양지식을 바탕으로 하여 만들어진 초기의 신생 한자어들은 다음과 같이 찾아볼 수 있다.

(4) 冷帶 熱帶 溫帶 經線 幾何 緯線 地球

'冷帶, 熱帶, 經線, 緯線, 地球'는 利瑪竇가 제작한 『坤輿萬國全圖』(1602) 에서 처음으로 쓰이기 시작했다. '幾何'는 마시니(2005)에

따르면 Euclid의 『Element of Geometry(기하학원리)』의 앞부분 6권이 1607년 利瑪竇와 徐光啓[14]에 의해 『幾何原本』이라는 제목으로 번역되면서 처음으로 쓰이기 시작했다. '溫帶'는 艾儒略(Giulio Aleni)의 『職方外紀』(1623)에서 처음으로 쓰이기 시작했다.

'冷帶, 熱帶, 溫帶'는 각각 'cole zone, torrid zone, temperate zone'를 번역한 것이다. 'cold, torrid, temperate'는 각각 '冷, 熱, 溫'으로 번역하고, 'zone'는 '帶'로 번역했다. 이는 외국어를 형태소별로 번역한 방법이라고 할 수 있다. '經線, 緯線'은 각각 'meridian, parallel'를 번역한 것인데, 세로를 의미하는 '經'과 가로를 의미하는 '緯'를 이용하여 만든 신조어라 할 수 있다. '幾何'는 'geometria'의 번역어인데, 'geo'의 음을 따서 상용한자인 '幾(ji)'와 '何(he)' 자를 선택했다. 그리고 이 두 글자가 결합하면 '얼마나'라는 크기나 길이를 재는 수학적인 의미를 가지게 되기 때문에 '幾何'는 음역과 의역을 겸용한 신생 한자어가 되었던 것이다. 마지막으로 '地球'는 'Earth'를 번역한 것이다. '冷帶, 熱帶, 溫帶, 經線, 幾何, 緯線, 地球'는 후에 일본과 한국으로도 전해지고 정착되었다.

초기에 중국지식인들은 선교사와 같이 번역작업을 진행하는 사람이 많았다. 대표적인 인물로는 徐光啓를 들 수 있다. 서광계는 1600년에 利瑪竇와 만나 1603년에 세례를 받아 번역활동을 시작했다. 그 중에 대표적인 저작은 1607년에 간행된 『幾何原本』이다. 이 책은 利瑪竇와 함께 번역한 서적으로 많은 수학용어를 漢譯했는데 지금까지 사용되고 있는 것도 많이 포함되어 있다.

중국지식인들이 초기에 신생 한자어를 만들 때 선교사가 사용해 왔던 방법들을 그대로 따랐고, 선교사와의 공통 번역 작업이 많았으므로

---

14 중국지식인. 신생 한자어 도입 초기에 선교사들과 같이 서양서적을 漢譯했다.

앞에 언급한 방법들이 반드시 선교사들에 의해 만들어졌다고 단정을 지을 수 없다. 서광계와 利瑪竇가 『幾何原本』에서 음역과 의역을 겸용하는 방법을 썼다. 가장 대표적인 예시는 앞에 언급한 '幾何'이다. 그리고 '点, 線, 直線, 平行線, 角, 三角形, 四邊形' 등 신생 한자어도 『幾何原本』에서 처음으로 만들어진 것들이다. 이러한 신생 한자어들이 일본과 조선으로도 전해졌고 현재까지 쓰이고 있는 수학용어가 되었다.

(ⅱ) 중기 번역 시기

중기 번역 시기에는 많은 사전류들이 간행되었다. 원어와 대역어를 같이 볼 수 있기 때문에 번역 양상과 대역 방법을 보다 자세히 살펴볼 수 있다. 본서에서는 馬禮遜(Robert Morrison)의 『英漢字典』[15](1822), 麥都思(Medhurst, W·H)[16]의 『英漢字典(English and Chinese Dictionary)』(1847~1848), 羅存德(Wilhelm Lobscheid)[17]의 『英華字典』(1866~1869)과 合信(Benjamin Hobson)[18]의 『醫學英華字釋』(1858)을 참고하면서 논의하겠다.

선교사들이 英華字典을 편찬한 것은 다른 말로 하면 중국어를 배우는 과정이다. 한자가 뜻글자이기 때문에 한 글자가 영어의 한 단어에

---

15 馬禮遜은 중국으로 온 최초의 기독신교 선교사이다. 출신이 영국이다. 1807년 중국 廣州에 도착했고 중국에서 25년 동안 번역작업을 했다. 주요성과는 『성경』의 漢譯과 『A Dictionary of the Chinese Language』의 편찬이다. 본서에서 『英漢字典』이라 부르고 있는 것은 이 사전의 제3부분인 「An English and Chinese Dictionary」이다.

16 麥都思는 영국선교사이다. 1816년 말라카로 파견되어 중국어를 배우면서 중문잡지의 편찬에 참여했다. 1843년 상해에 도착하고 墨海書館을 설립하여 중문서적을 출판하는 일을 하였다.

17 羅存德은 독일 출신의 선교사이다. 1847년 중국 廣東 東莞에 도착하고 선교활동을 시작했다.

18 合信은 영국선교사이고 의과 출신이다. 1839년 중국에 도착한 후에 의사와 선교사로서 활동했다.

해당하는 것이 많다. 그리고 진정한 동의어가 없는 것처럼 영어를 漢譯할 때 완벽한 한자어로 대역할 수 있는가 하는 문제도 선교사들에게 난제였다. 馬禮遜의 『英漢字典』, 麥都思의 『English and Chinese Dictionary』와 羅存德의 『英華字典』을 비교하면 선교사들이 漢譯할 때 선택한 대역어가 다르다는 것을 알 수 있다.

(5) Academy

or private school for children, 學館; 學堂 for man, whether opened by government or private teachers, 書院 Academy appointed by government, in which is an effigy of Confucius and his seventy-two disciples, with other worthies who obtain a niche from time to time, and is placed nearer the gate, 學宮, 黌宮 these academies are now completely deserted by students. (『英漢字典』 p.9)

a school, 學館, 學堂; a school in ancient times, 庠序, 學校; a school for adults, 大經館; a college, 書院; a school established by Government, 學宮, 黌宮, 學院; the imperial academy, 翰林院 (『English and Chinese Dictionary』 p.9)

a rivate school for children, 書館, 學館, 學堂; a public school, 社學; a college, 書院, 翰林院; a college in ancient times, 庠, 序, 學校; a private academy, 大經館; a district or prefectural academy, 學院; an ancient do, 黌宮; the imperial academy, 翰林院 (『英華字典』 p.7)

근대이행기에는 대역어 혼란이 심각했다. (5)의 한자어들은 앞에 있는 영어문장에 대한 대역이다. 'Academy'에 대하여 馬禮遜은 '學館,

學堂, 書院, 學宮, 黌宮'을 대역어로 소개했다. 麥都思는 10개, 羅存德은 13개의 한자 대역어를 열거했다. 이는 영어를 중국어로 번역할 때 대역어가 정착되지 않았다는 것을 말해준다. 특히 뒤에 나오는 사전일수록 제공하는 중국대역어가 더 많아진다. 이러한 사실은 또한 선교사들이 중국어를 점점 깊이 이해해 가고 있었고 대역어의 혼란이 심각해지고 있다는 것을 말해준다. 그리고 주목해야 할 점은 'Academy'에 해당하는 중국대역어들이 다 중국에서 전부터 쓰고 있던 전통한자어였다. 이렇게 대역어로 쓰면서 서양적인 의미도 새로 부여한 것이었다.

(6) Botany

may be expressed by 樹草花之總理.(『英漢字典』 p.48)

花草之學, 花草總理; a work on botany, 本草.(『English and Chinese Dictionary』 p.151)

The science of the structure of plants and their classification, 草木總理, 草木之學, 博學草木, 花草之學, 花草總理, 百花總論; the native work on botany, 本草.(『英華字典』 p.143)

'Botany'에 대하여 馬禮遜은 단어가 아닌 구로 해석했다. 麥都思와 羅存德은 보다 간결한 구 혹은 합성어로 대역했다. '樹草花之總理', '花草之學', '草木之學'과 같이 '之'를 이용하여 수식관계가 나타나는 구로 만든 해석이 많이 발견될 수 있다. 그 중에 '花草之學'과 '草木之學'의 '之'를 제거하면 '花草學', '草木學'처럼 신생 한자어의 형태를 갖춘 번역어로 볼 수 있다. 구에서 신생 한자어로의 변화가 훗날의 '植物學'이라는 신생 한자어의 출현에 힌트를 주었을 것이다. 당시의 중국에는 식물학이라는 학문이 없었다. 약초 집대성한 『本草綱目』이 또한 식물학

서적이 아닌 한의학을 위하여 작성한 것이었다. 이렇게 중국에 없는 것을 漢譯할 때 새로운 한자어를 만드는 것 이외에는 방법이 없었다.

(7) 가. News

something not beard before, 新聞. Fresh accounts that transpire, 消息; 信息.(『英漢字典』 p.293)

消息, 新聞.(『English and Chinese Dictionary』 p.878)

消息, 新聞.(『英華字典』 p.746)

나. Newspaper

or Peking gazette, 京抄, 邸報, 轅門報.(『英漢字典』 p.293)

新聞篇; the Peking Gazette, 京抄, 邸報, 轅門報, 京報. (『English and Chinese Dictionary』 p.878)

新聞紙, 轅門報.(『英華字典』 p.746)

(7가) 'News'의 대역어 중에 공통적으로 출현한 것이 '消息'과 '新聞' 이다. 특히 '新聞'은 현재 중국어에서 가장 많이 쓰이는 의미가 영어 'news'에 해당한다. 이 '新聞'은 바로 전통중국어를 차용하여 영어를 대역한 것이다. '新聞'은 전통중국어에 세 가지 의미가 있다.[19] 첫째, 새로 들어온 소식, 최근에 일어난 사건이다. 당나라 시인 李咸用의 「春日喜逢鄕人劉松」에 '新聞多說戰爭功'이라는 詩句 중의 '新聞'은 바로 이

---

19 '新聞'의 의미에 대해 '漢典'을 참고했다. '漢典'은 2004년에 설립되어 2005년에 개관하고, 2006년에 재판하여 만들어진 중국에서 가장 큰 한자사전사이트이다. 한자자전 중에 『康熙字典』을 수록하고 있고, 한자사전에 한 어휘의 어원과 출처를 밝히고 있어 한자어를 연구하는 데에 많은 도움을 줄 수 있는 데이터베이스이다. 주소는 'www.zdic.net'이다.

러한 뜻으로 쓰이고 있다. 둘째, 새로운 지식이다. 송나라 詞人 蘇東坡의 「次韻高要令劉涀峽山寺見寄」에 '新聞妙無多, 舊學閑可束'이라는 구가 있는데 여기서의 '新聞'은 새로운 지식을 뜻한다. 셋째, 송나라 때 조정에서 편찬한 朝報와 구별하여 한 종류의 密報에 속한다. 송나라 趙昇이 쓴 『朝野類要·文書』에 新聞에 대하여 다음과 같이 서술하였다. "其有所謂內探省探衙探之類, 皆衷私小報, 率有漏泄之禁, 故隱而號之曰新聞"(소위 間者들이 밀보에 충실한 사람인데, 비밀누설을 방지하기 위해 밀보를 新聞이라 호한다). 여기서 나온 '新聞'은 현재 한국이나 일본에서 쓰이는 신문의 '신문지'라는 의미와 거의 비슷하다. 중국에서 선교사들이 '新聞'을 'News'의 대역어로 선택한 반면 일본의 지식인들이 선교사들의 漢譯書籍을 참고하면서 'Newspaper'의 대역어로 선택했다. 후에 한국으로 전해지면서 '新聞'이 'newspaper'의 의미로 굳어졌고 한·일 양국에서 현재도 계속 사용되고 있다.

(7나) 'newspaper'의 중국대역어에 대하여 선교사들이 그때 당시 나오는 실제 신문 이름으로 대역하고 있다. '京抄, 邸報, 轅門報, 京報'는 그러한 것이다. 여러 가지 대역어 중에 麥都思가 만든 '新聞篇'과 羅存德이 만든 '新聞紙'가 주목할 만하다. 두 사람은 'newspaper'를 'news+paper'로 보고 각각 번역을 시도한 것이었다. 그래서 'news'를 '新聞'으로, 'paper'를 '篇' 또는 '紙'로 대역했다. 후에 『英華字典』이 일본으로 전해지고 '新聞紙'도 일본어에 수용되었다.

(8) Hospital

place for the reception of the sick, 醫館. Charitable hospitals, or places of reception for the poor and destitute in Canton, are the following; 1st, 栖流所, 2d, 育嬰堂, 3d, 麻瘋院, 4th, 瞽目院, 5th, 男普濟院, 6th, 女普濟院.(『英漢字典』 p.215)

普濟院, 施醫院, 醫館, 醫局, 濟病院, 瘋院, 瞽目院, 老人院, 養老院, 棲流局, 育嬰堂.(『English and Chinese Dictionary』 p.688)

醫館, 醫院, 醫局; military hospital, 兵醫館; a leper's hospital, 瘋院; a foundling hospital, 育嬰堂; a hospital for the reception of the aged, 老人院.(『英華字典』 p.597)

그때 당시의 중국에는 'hospital'에 해당하는 존재가 없었다. 선교사들이 醫館, 醫院을 중심으로 여러 종류의 'hospital'을 각각 다른 신생 한자어로 대역했다. 이와 같은 작업에는 한자를 접사화하는 초기과정이 포함되어 있다. 여기서 나타나는 접사성을 지닌 것은 '院, 館, 局'이다.[20] '院'에는 '普濟院, 施醫院, 濟病院, 瘋院, 瞽目院, 老人院, 養老院' 등이 있고, '館'에는 '醫館, 兵醫館' 등이 있으며, '局'에는 '醫局, 棲流局' 등이 있다. 그리고 훗날에 접사성을 가지게 될 '所, 堂'도 발견할 수 있다. 의미부여 기능과 생산력으로 보면 '院, 館, 局' 등은 그때부터 접사성한자형태소[21]의 역할을 하고 있다는 것을 알 수 있다.

(9) World

the terraqueous globe, 地球. All under heaven, 普天下; 通天下. The Chinese say, 天下 when meaning only their own empire, or their world. The world of human beings and present state of existence, 世, 世界, 混完世界, 紅塵, 塵世. (『英漢字典』 p.475)

世界, 天下, 世間, 完世界, 凡世, 凡間, 混, 寰區, 兼垓, 寰宇, 域,

---

20 중국에서 '類詞綴'이라는 개념을 사용하고 있다. 呂叔湘(1979)에서 이 개념에 대해 처음으로 언급했는데, 어근과 접사 사이에 있는 어소라고 소개했다. 즉 접사로 변하기 전의 상태를 띤 형태소를 의미한다. 접사성형태소라고 할 수도 있다.

21 서려(2009)에서 접사성을 지닌 한자들을 접사성한자형태소라 부르고 있다.

塵寰, 世俗, 塵世, 俗塵, 塵塗, 紅塵, 世上, 宇內, 今世, 來世, 棄塵, 普天下, 通天下(관용구 대역 부분 생략)(『English and Chinese Dictionary』 p.1424)

世, 世界, 天下, 凡世, 凡間, 寰宇, 寰區, 完全世界, 混, 兼垓, 塵寰 (관용구 대역 부분 생략)(『英華字典』 p.1202)

'World'의 대역어들 중에는 불교용어가 압도적으로 많다. 馬禮遜의 번역을 보면 불교용어보다 당시 중국에 일상적으로 쓰이고 있는 '天下' 를 더 선호했다. 麥都思와 羅存德의 사전에는 종교적 의미를 축소시켜 영어 'world'에 대응하는 대역어로 '世界'와 같은 불교용어를 쓰는 데 에 거부감이 없어졌다는 걸 알 수 있다.

合信이 1858년에 『醫學英華字釋』을 간행하였는데, 이 의학사전에서 근대이행기에 중국어로 만든 의학용어를 거의 다 수록했다. 沈國威 (2010)은 표제어에 대해 통계를 했는데 그 결과를 표로 정리하면 다음 표 3과 같다.

표 3

음절수	1	2	3	4	5	6	7	8	9	10
항목수	35	298	321	410	262	275	213	178	47	4

『醫學英華字釋』에 수록된 표제어가 총 2043개이고 다 合信이 중국 지식인의 도움으로 번역한 의학용어들이다. 그때 일본의 『解體新 書』(1774)가 이미 나온 상태이긴 하나 개항 이전이라서 혼신이 『醫學 英華字釋』을 작성할 때 참고 못 했을 것이다. 실제로 『解體新書』가 중 국으로 전해온 것은 1895년 청일전쟁 이후의 일이었다. 『醫學英華字 釋』에 나오는 접사성격을 띤 한자가 대량 나타나 접사성한자형태소로

서 많은 신생 한자어를 구성하고 있다. 예를 들면 '-炎, -骨, -筋, -丸'
등 접미성한자형태소가 자주 등장하고 강한 조어력을 선보이고 있다.
구체적인 예시는 (10)과 같다.

> (10) -炎: 腦炎 肺炎 舌炎 生水核炎 喉炎 胃炎 大小腸炎 肝炎 內腎炎
> 膀胱炎 子宮炎(『醫』 p.37)
> -骨: 頭骨 枕骨 左右髗頂骨 額骨 耳門骨 蝴蝶骨 鼻中上水泡骨 脊骨
> 尾骶骨 尾閭骨 面骨 鼻梁骨(『醫』 p.2)
> -筋: 肉中血管腦氣筋(『醫』 p.6) 臟腑百節筋(『醫』 p.10) 內竅腦氣
> 筋(『醫』 p.14)
> -丸: 啞囉丸 巴豆丸 黃連大黃丸 鴉片丸 大黃丸(『醫』 p.64)

'-炎'은 'Inflammation'의 대역어이고 '-骨'은 'bone'의 번역어이며, '-
筋'은 'nerve'에 대한 번역어이고 '-丸'은 'pills'의 번역어이다. 그 중에
'-炎'은 인체와 상관되는 병명을 의미하면서 본래 의미에는 신체의 일
부라는 것이 없었다. 'Inflammation'의 어근인 'Inflame'가 연소, 붉게
타오른다는 뜻인데 合信이 이것을 감안하여 불과 관련된 '炎'자를 선택
했다.

『醫學英華字釋』의 또 다른 특징은 음역어를 별로 쓰지 않았다는 것
이다. 合信이 가능한 한 한자어를 쓰고 기존 한약명칭을 재활용하여
신생 한자어를 만들었다.

선교사들이 신생 한자어를 만들 때 가장 주관적이면서 대담한 행동
은 새로운 한자를 만드는 것이었다. 앞에 언급했던 羅存德도 그러했
다. 그가 자신의 저작인 『英華字典』에서 화학원소를 번역하기 위해 한
자를 새로 만들었다. 羅存德이 만든 화학원소 한자는 모두 다 '行'자와
결합한 것이었다. 즉 '彳+화학원소에 관련된 한자+亍'의 공식으로 만

들었다. 『英華字典』에는 표 4와 같이 화학원소 21자를 수록하고 있다.

표 4

영어	한자	영어	한자	영어	한자
carbon	衕(亻+炭+丁)	oxygen	衝(亻+養+丁)	tellurium	衏(亻+地+丁)
chlor	衚(亻+綠+丁)	phosphorous	徎(亻+光+丁)	thorium	術(亻+灰+丁)
bromine	衡(亻+臭+丁)	potassium	衈(亻+齒見+丁)	titanium	衛(亻+紅+丁)
fluorine	衖(亻+黃+丁)	selenium	衏(亻+紅+丁)	uranium	術(亻+天+丁)
hydrogen	術(亻+水+丁)	silicon	衏(亻+火石+丁)	vanadium	衚(亻+皓+丁)
iodine	衚(亻+藍+丁)	sodium	衖(亻+莎金+丁)	yttrium	衏(亻+白金+丁)
nitrogen	衜(亻+硝+丁)	strontium	衏(亻+白+丁)	zirconium	衢(亻+黑+丁)

이상의 신생한자들이 후에 사라졌으나 현대중국어에 쓰이는 '碳, 氧, 氫'과 같은 신생한자를 만드는 데에 이론을 제공했다.

(iii) 후기 번역 시기

후기 번역의 대표적인 인물로는 康有爲, 黃遵憲, 梁啓超와 嚴復으로 들 수 있다. 후기에 들어오자 중국인들은 서양 국가들의 교육제도, 정치, 기관 등에 대해서도 관심을 갖기 시작하였다. 그리고 근대화 국가를 하루라도 빨리 건설하기 위하여 진보인사들이 메이지 유신 이후에 근대국가의 설립에 성공한 일본에서 간행되는 서적을 번역하고자 했다. 陳福康(2010)에 따르면 그 중에 康有爲가 처음으로 일본의 서적을 번역해야 한다고 강조했다. 그의 저작 『日本變政考』(1898)의 서문에서 다음(11)과 같이 서술했다.

(11) 若因日本譯書之成業·政法之成績而妙用之, 彼與我同文, 則轉譯

輯其成書, 比其譯歐美之文, 事一而功万矣。

(일본이 譯書에 이미 成業했고 政法개신에 좋은 성과를 얻었으니

우리가 이를 이용하는 것이 좋다. 그들이 우리와 같이 한문을 쓰

기 때문에 구미의 문장을 번역하는 것보다 일본서적을 번역하여

책으로 편찬하는 것이 훨씬 좋고 편리하다.)

　서양문명과 제도를 빨리 배우고자 하는 지식인들이 이때부터 구미
언어보다 일본어를 더 많이 배우기 시작했고 일본 서적의 번역작업에
들어갔다. 많은 중국지식인들이 일본에서 유학하고 근대서적의 번역
에 심혈을 기울였다. 그 중에 황준헌과 양계초를 대표인물로 뽑을 수
있다. 1880년부터 1887년 사이에 쓰인 황준헌의 『日本國志』는 1895년
청일전쟁이 일어나기 이전 중국 내에서의 일본 관련 지식의 전파에
가장 크게 기여하였고(마시니 2005), 황준헌은 일본인들이 만들어낸
사물들을 기술하기 위해 차용한 많은 일본 신생 한자어들이 중국으로
전해지게 하는 데에도 커다란 역할을 하였다. 마시니(2005)는 이 책에
서 나오는 일본 신생 한자어를 다음(12)와 같이 나열했다.

(12) 교육과 학술 분야: 物理學 生物學 政治學 歷史 宗敎 體操 農學
　　　藝術 主義

　　정치·법률·무역 분야: 憲政 投票 商法 民法 司法 商務 保釋
　　　法庭 規則 刑法

　　군사 분야: 兵事 預備役 常備兵 後備兵 海軍 陸軍

　　그 밖의 분야: 電信機 改進 幹事 工場 廣場 聯絡 馬鈴薯 農場
　　　破産 汽船 消防 郵政 政黨 證券 植物園

『일본국지』에 나오는 (12)와 같은 신생 한자어들은 현대중국어 어휘의 일부를 이루는 일본 신생 한자어들에 대해 정보를 제공하는 중요한 원천이 되었다.

양계초는 1898년 戊戌變法이 실패하자 일본으로 도피했다. 이 기회를 통하여 일본을 재인식했고 일본 서적 번역의 중요성을 알게 되었다. 양계초가 일본 신생 한자어에 감명을 받아 신생 한자어를 대량 만드는 데에 합성어의 중요성을 깨닫게 되었다. 즉, 신생 한자어를 계속 만드는 것보다 기존 신생 한자어와 전통한자어를 이용하여 복합어를 만드는 것이 훨씬 효율적인 방법이라는 것을 인식했다는 것이다. 앞에도 언급했는데 이러한 합성어를 만드는 대역 방법은 선교사와 중국지식인들이 근대이행기 초기에도 사용했다. 그러나 당시는 전통한자어와 불교경전에 나오는 한자어에 새로운 의미를 부여하는 방법을 위주로 했고 정부가 서양세력을 배척했기 때문에 합성어를 통해 새로운 한자어를 만드는 방법은 보급되지 못했다. 단어 합성으로 만든 대량의 신생 한자어는 책에만 남기게 되거나 일본으로 전해졌고 당시의 중국에서 전파되지 못했다. 양계초에 의해 단어 합성으로 신생 한자어를 만드는 방법이 중국에서 광범위하게 전파되었다고 할 수 있다 (마시니 2005).

엄복은 해외에서 공부한 최초의 중국인 유학생들 가운데 한명이었다. 그가 신생 한자어를 만들 때 선교사와 중국지식인들이 만든 것과 일본 신생 한자어를 그대로 선택하여 쓰기도 했으나 다음(13)과 같이 일본 신생 한자어에 대하여 비판적으로 받아들이는 태도도 보였다.

(13) 今求泰西二三千年孳乳演迤之學術，於三十年勤苦僅得之日本，雖
其盛有譯著，其名義可決其未安也，其考訂可卜其未密也。……
(『嚴復集』 제3권 p561(王栻 외 1986))

(일본은 서양 2,3천년의 학술을 30여년의 수고로 얻었다. 역서들
이 풍부하나 미숙하고 세밀하지 않을 것이다.)

　엄복은 일본이 한자의 종주국이 아닐뿐더러 한자어 자체가 외래어
이므로 서양지식을 번역할 때 한자의 뜻을 제대로 이해할 수 있는지
에 대해 의문을 품었다. 그래서 엄복이 일본서적보다 서양서적을 漢譯
하는 걸 선호했고 번역할 때 일본 신생 한자어를 참고했으나 자신이
만들기도 하였다. 예를 들면 (14)에서 서술한 것과 같이 'economy'를
'經濟'가 아닌 '計學'으로 번역했다.

(14) 計學, 西名葉科諾密, 本希臘語。 葉科, 此言家。諾密, 爲聶摩之
　　 轉, 此言治。言計, 則其義始於治家。引而申之, 爲凡料量經紀撙
　　 節出納之事, 擴而充之, 爲邦國天下生食爲用之經。……日本譯之
　　 以經濟, 中國譯之以理財。……經濟旣嫌太廓, 而理財又爲過狹,
　　 自我作故, 乃以計學當之。(『嚴復集』 제3권 p97(沈國威 2010)
　　 p171)
　　 (計學이란 서구어로는 葉科諾密(ye ke nuo mi/economy)인데,
　　 어원은 희랍어였다. 葉科(ye ke/eco-)는 집을 의미하고, 諾密
　　 (nuo mi/-nomy)은 聶摩의 轉音이고 다스린다는 뜻이다. 計라는
　　 것은 治家(집안일을 다스리다)의 의미에서 왔는데 나아가 料量
　　 (헤아리다), 經紀(경영하다), 撙節(절약하다), 出納의 일을 가리키
　　 고, 더 나아가 세상천하의 먹고사는 일을 다스리는 것을 가리킨
　　 다.……일본에서 經濟라 역하고, 중국에서 理財라 역했는데,……
　　 경제는 의미가 너무 크고, 理財는 의미가 너무 작으니 내 나름
　　 이유가 있어 計學이란 말을 그것의 역어로 삼았다.)

엄복이 '計學' 이외에도 많은 신생 한자어를 만들었는데 주로 영어 단어의 형태소를 일일이 번역하는 방법을 선택했다. 엄복이 영어에 精通하여 그 어원인 라틴어에 대해서도 다소 알고 있었기 때문에 이 같은 번역방법이 가능했다. 그의 저작인 『原富』에서 이러한 번역방법을 이용하여 만든 신생 한자어를 발견할 수 있다. 예를 들면 德行學(moral philosophy/윤리학),[22] 內籀(induction/귀납), 外籀(deduction/추론), 過庶(overpopulation/인구 과잉), 過富(overproduction/생산 과잉), 換稅(drawbacks/환불 세금), 自由齊民(freeman/자유민), 元學(ontology/존재론), 分功(division of labour/분업), 生貨(raw material/원료), 熟貨(manufactured goods/가공품), 懋遷易中(medium of exchange/교환 매개), 物値通量(standard of value/가치 표준), 眞値(real price or price in labour/실질적 가격), 易權(power of exchange/권력 이전), 平价(average price/평균치), 法償(legal tender/법정 통화), 金鋌(gold bar/골드바), 銀鋌(silver bar/봉은), 格物碩士(great scientist/위대한 과학자) 등이 있다(沈國威 2010). 엄복이 만든 신생 한자어는 영어 단어의 형태소를 일일이 번역했기 때문에 의미의 정확성을 더했으나 어려운 한자를 사용하거나 옛 한문식으로 만들어졌으므로 어려움도 많았다. 이들 신생 한자어는 후에 대부분이 백화문과 가까운 일본 신생 한자어나 다른 쉬운 신생 한자어로 대체되었다.

2.1.3. 중국 신생 한자어의 대역방법

선교사나 중국지식인들이 신생 한자어를 만드는 데에 세 가지 원칙

---

22 괄호 안은 원어와 현대 한국어이다.

이 있다.

첫째, 음역보다 의역을 선호한다. 지명, 인명을 제외하면 음역보다 의역어가 절대적인 수량을 차지하고 있다. 이는 또한 한자 뜻글자의 특성과 상관된다. 한자가 한 음절만 포함하므로, 서구어를 음역할 때 음절수가 많으면 한자의 수도 그만큼 많아지는 것이다. 게다가 한자에 뜻이 포함되어 있고 사람들이 이해하려는 습관이 있기 때문에 음역할 때 불편함이 보통이 아니었을 것이다.

둘째, 의역할 때 가급적으로 전통중국어를 이용하려 한다. '新聞, 天下'와 같이 선교사들이 중국고전문헌에서 비슷한 의미의 한자어를 찾고 서구적인 의미를 새로 부여한다는 식으로 많은 의역어를 만들었다. 그리고 world의 대역어인 '世界, 凡世, 凡間, 塵寰, 世俗, 塵世, 俗塵' 등과 같이 한문불교경전에서 찾는 경우도 있다.

셋째, 새로운 한자어를 만든다. 이 원칙에는 세 가지 방법이 포함되어 있다. 하나는 서구어를 한문으로 풀어나가는 방법이다. 예를 들면 앞에도 언급했는데 'Botany'를 번역할 때 처음에 '樹草花之總理'로 뜻풀이하고, 뒤로 갈수록 한 문장에 두 개나 그 이상의 한자를 뽑아서 '花草總理'처럼 합성어를 구성했다. 신생 한자어를 만들 때 전통한자어를 이용하는 방법 이외에 주로 뜻풀이의 방법으로 번역했다. 이러한 뜻풀이를 하는 방법은 합성어의 前身이 되었다고 할 수 있다. 그리고 'Botany'의 대역들을 보면 한문해석이 점점 간결해지고 후에 신생 한자어의 형태를 가지게 되었다는 것을 알 수 있다. 또 하나는 새로운 한자를 만드는 방법이다. 앞에 언급한 羅存德처럼 전문용어를 한 글자로 표현하고자 할 때 한자를 아예 새로 만들었다. 마지막 하나는 접사성한자형태소를 이용하여 한자어를 만드는 방법이다. 앞에 언급한 『醫學英華字釋』은 '-炎, -筋, -丸' 등 접사성한자형태소를 이용하여 많은 신생 한자어를 만들었고 일본으로 전해진 후에 신생 한자어를 만드는 과정에 힌트를 줬을 것이다.

근대이행기에 중국지식인들에 의해 만들어진 신생 한자어는 일본 신생 한자어를 수입하고 일본서적을 번역하는 데에 선교사들이 사용했던 신생 한자어와 차이점을 가진다. 특히 후기에 와서 초기나 중기에 나온 신생 한자어와 일본 신생 한자어를 비판적으로 받아들이는 지식인이 나타나 신생 한자어의 보완작업에 영향을 미쳤으며 큰 기여를 했다.

2.2. 일본 신생 한자어의 등장

한자가 중국에서 일본으로 전해진 후부터 한문과 한자어가 점점 일본어에 정착되어 언어생활과 문헌기록의 주요수단이 되었다. 근대이행기 이전까지는 일본은 거의 일방적으로 중국으로부터 한자와 한자어를 수용해 왔는데 서양인의 진출부터는 일본국내에서 한자어를 자주적으로 만들기 시작했다.

시기로 보면 대체로 3단계로 나눌 수 있다. 초기는 1720년 이전이고, 중기는 1720년~1859년이며, 후기는 1859년 이후이다. 일본의 신생 한자어는 1770년 전후부터의 난학자들에 의해 처음으로 나타나기 시작했는데 이는 1720년 禁書令을 일부분 해제했기 때문이었다. 그래서 본서에서는 1720년을 초기와 중기의 전환점으로 보고 있다. 중기부터 네덜란드 서적의 연구와 번역이 본격적으로 시작했고 일본 신생 한자어 형성의 서막을 열렸다. 대표적인 난학서적은 1774년에 출판된 『解體新書』이다. 『解體新書』를 통하여 일본 난학자들이 처음으로 번역 문제에 대해 고민하고 번역어를 어떻게 만들어야 하는지에 대해 여러 가지 방법을 시도했다. 이러한 방법들은 후에 나타나는 신생 한자어에 이론적인 근거를 제공했다. 1860년대에 일본의 서양학이 난학으로

부터 英學으로 전환하기 시작했는데, 이는 1859년 요코하마의 개항으로 인해 중국에서 번역된 서양서적과 英華辭典들이 대량 일본으로 수입되었기 때문이다. 일본 신생 한자어의 주요 원어가 네덜란드어에서 영어로 전환된 계기이므로 본서에서는 1859년을 중기와 후기의 전환점으로 본다. 후기에는 일본 신생 한자어가 전보다 더 많은 발전을 보여주었다. 특히 1868년 메이지 유신 이후에 일본의 신생 한자어 생성과정은 최고조에 달하였다. 이때에는 주로 영어에 대한 번역서들이 많았다. 1890년대 이후에는 언문일치 운동과 동시에 일본의 근대 어휘체계 구성이 거의 완성 단계에 달하였다.

2.2.1. 음역어의 형성

（ⅰ） 초기 번역 시기

1708년 이탈리아 선교사 시도티(Giovanni Battista Sidotti)가 일본에 비밀리 입국함으로 인해 곧 잡혔는데, 이 선교사를 심문하면서 완성된 책이 新井白石이 쓴 『采覽異言』(1713)과 『西洋紀聞』(1715)이다. 이 두 권의 책은 네덜란드 서적을 다소 사용하긴 했으나 주로 이탈리아인의 口述로 인해 얻은 지식과 利瑪竇의 『坤輿萬國全圖』(1602) 등 중국 근대이행기 초기에 간행된 지리서를 참고하여 만들었기 때문에 난학시대가 아닌 초기로 분류해야 한다.

『采覽異言』과 『坤輿万國全圖』의 외국지명을 비교한 결과로 『采覽異言』에 기술된 외국지명의 한자표기는 82개 중에 56개가 『坤輿万國全圖』와 완전 일치한다. 나머지 표기 중에 '邏馬'의 '邏'는 '羅'의 이체자이고, '諾耳勿入亞'의 '勿', '沒廁箇未突'의 '廁', '波爾杜瓦爾'의 '爾', '麻多曷失曷'의 '多', '各正'의 '各', '鄭慶蠟'의 '慶', '路革堂'의 '路', '新瓦剌察'의 '察', '莫可沙'의 '莫', '亞八加爾'의 '八', '亞伯耳耕'의 '耳', '大入耳'의 '耳', '伊西把

你亞·'新伊西把你亞'·'小伊西把你亞'의 '伊'는 각자 '物, 廝, 爾, 打, 葛, 度, 宇, 茶, 摩, 勿, 爾, 爾, 以'의 오자이거나 동음이자를 선택한 것이라고 볼 수 있다. 그렇기 때문에 이러한 표기도 『坤輿万國全圖』와 완전히 다르다고 할 수 없는 것이다. 이렇게 되면 『采覽異言』 기술된 외국지명의 한자표기는 82개 중에 72개가 『坤輿万國全圖』와 일치한다고 할 수 있다.

나머지 10개 한자지명 중에 '沙里八丹'은 중국서적인 『島夷志略』(1350)과 『鄭和航海圖』(1425~1430)에서 찾을 수 있고 '烏里舍'도 『鄭和航海圖』(1425~1430)에 발견할 수 있으며 '萬里石塘'은 당나라의 지도와 서적에서 찾을 수 있다. 그리고 '支那'에 대하여 보통은 일본에서 온 것이라고 여기는데 실은 중국고대문헌에서 그 흔적을 찾을 수 있다. 당나라 서적 『南海寄歸內法傳·師資之道』에서 "且如西國名大唐爲支那者, 直是其名, 更無別義"(서국이 大唐을 支那라 칭한다. 이는 이름을 부르는 것일 뿐 별 의미가 없다)라는 내용이 이미 나와 있었다. 또한 '阿媽港'은 마카오를 가리키는 지명으로 일본에서 계속 사용되어 왔던 것이다. '都兒(耳)', '加寧八丹'과 '琵牛'에 대해서는 그 출처를 찾지 못했는데 그렇다고 해서 新井白石이 만들었다고 단정 지을 수도 없다. 그래서 결과적으로 보아 『采覽異言』에 기술된 외국지명의 한자표기 중에 '亞蠟皮亞'와 '角利勿爾尼(泥)亞' 두 개만 新井白石이 일본 한자음에 맞게 고쳐 쓴 것이라고 봐야 한다. 이상으로 보면 일본 신생 한자어의 형성 초기에는 기원이 주로 중국이었다는 것을 알 수 있다.

(ⅱ) 중기 번역 시기

중기의 대표적인 저작으로 杉田玄白의 『解體新書』(1774)와 大槻玄澤의 『重訂解體新書』(1826)를 뽑을 수 있다. 『解體新書』와 『重訂解體新書』의 범례에 번역 방법에 대하여 각각 다음(15)와 같이 서술했다.[23]

(15) 譯有三等。一曰飜譯。二曰義譯。三曰直譯。如和蘭呼曰偭題驗者卽骨也。則譯曰骨。飜譯是也。又如呼曰加蠟假偭者。謂骨而軟者也。加蠟假者。謂如鼠嚙器音然也。蓋取義於脆軟。偭者偭題驗之略語也。則譯曰軟骨。義譯是也。又如呼曰機里爾者。無語可當。無義可解。則譯曰機里爾直譯是也。(『解體新書』 범례 P5a)
(역이란 세 가지 방법이 있는데 하나는 飜譯이고 하나는 義譯이며 하나는 直譯이다. 예를 들어 네덜란드어로 '偭題驗'이라 하는 것이 뼈를 의미하니 '骨'이라 譯했다. 이는 飜譯이다. 또한 '加蠟假偭'이라 하는 것이 뼈가 약하고 부드럽다는 뜻이고, '加蠟假'는 쥐가 물건을 쏘는 소리를 의미하니 脆軟(약하고 부드럽다)이라는 의미로 정하며, '偭'은 '偭題驗'의 약어이기 때문에 '軟骨'이라 譯했다. 이는 義譯이다. 그리고 '機里爾'와 같은 경우 해당하는 말이 없고 뜻풀이도 할 수 없으므로 '機里爾'라 역했다. 이는 直譯이다.)

譯例有三等。曰直譯。曰義譯。曰對譯。今擧其一二言之。蓁牒冷。卽骨也。譯曰骨。直譯是也。泄奴卽神液通流之經也。譯曰神經。義譯是也。吉離盧。無名可充。義可取。乃音譯曰吉離盧。對譯是也。其對譯之字音。皆用抗州音。亦唯在彷彿之間耳。地名則襲用旣經漢譯者。雖有其未妥當者。姑從之。不復改正。若夫未經漢譯者。則照例以塡字音。(『重訂解體新書』 P6a-b)
(譯例가 세 가지가 있는데 直譯, 義譯, 對譯이다. 지금 한두 가지의 예를 가지고 설명하겠다. '蓁牒冷'이 뼈를 의미하니 '骨'이라 譯했다. 이는 直譯이라 한다. '泄奴'가 神液이 通流하는 經을 뜻하니 '神經'이라고 譯했다. 이는 義譯이라 한다. '吉離盧'가 해당하는

23 원문에 구두점을 다 '。'로 표기했으니 인용문에서도 그대로 쓰기로 한다.

이름이 없는데 의미 그대로 쓸 수 있으니 '吉離盧'라 음역했다. 이는 對譯이라 한다. 대역하는 字音은 다 평소 잘 쓰이는 杭州音(중국杭州)을 사용했다. 지명은 이미 나와 있는 漢譯語를 쓰고 타당하지 않는 것도 있으나 그냥 따르기로 하고 수정하지 않을 것이다. 만약 아직 漢譯되지 않는 것이 있으면 前例대로 字音을 사용하여 한자로 표기한다.)

위의 『解體新書』와 『重訂解體新書』의 범례를 보면 난학자들이 번역의 방법과 신생 한자어의 대역 방법에 대해 연구했다는 것을 알 수 있다. 그 중에 음역에 대해 서로 다른 명칭으로 부르고 있다. 『解體新書』 범례에서 기술하는 것은 直譯인데 이는 지금의 음역에 해당한다. '機里爾'는 네덜란드어 'alvleesklier'의 'klier'를 漢譯한 것인데 'alvleesklier'는 췌장이다. 그때 당시에는 전통한자어에 췌장에 해당하는 것이 없었고 췌장에 대해서 아무것도 모르는 상황이었다. 그래서 음역하는 방법밖에 번역할 수 없었던 것이다. 반면 『重訂解體新書』의 범례에서 '對譯'이라는 명칭을 사용했다. 예문은 『解體新書』와 같이 'klier'의 음역어를 선택했으나 대역어로 '機里爾'가 아닌 '吉離盧'가 사용되었다. 이는 일본에도 중국과 같이 음역할 때에 한자사용의 혼란 문제를 안고 있었다는 것을 보여주었다.

한자사용의 혼란문제를 안고 있는 일본이 중국과 달리 해결책을 만들었다. 난학자들이 음역할 때 한자의 뜻이 신생 한자어를 이해하는 데에 지장이 없도록 특정한 한자를 선정했다. 沈國威(2010)은 일부 음역한자를 다음(16)과 같이 열거했다.

(16) 瓦(ga) 牒(de) 鐸(do) 羅(lē) 業(ge) 牙(ga) 劫(ke) 杌(gu) 協(he)
　　　 空(a) 蓁(ben) 愕(go)

특정한 한자로 음역하니 중국의 신생 한자어처럼 음역어의 대혼란이 다소 억제되었다.

(ⅲ) 후기 번역 시기

후기에 들어가면서 초기에 나온 『采覽異言』처럼 거의 일방적으로 중국의 漢譯서적을 따르고 고유명사를 수용하는 것은 아니었다. 이때 나온 지리서 중에 일본 한자음을 사용하여 표기한 신생 한자어가 다수 나타나고 있다. 특히 한자를 읽는 방법으로 음독과 훈독 두 가지를 가지고 있어 보다 더 다양하고 일본어에 맞는 신생 한자어를 만들었다. 본서에서 주요문헌으로 쓰고 있는 福澤諭吉의 『世界國盡』의 범례에 다음(17)과 같이 서술하고 있다.

(17) 地名人名等は西洋の横文字を讀んで畧その音に近き縦文字を當ることなれは古來翻譯者の思々に色々の文字を用ひ同じ土地にても二も三も其名あるに似たり又或は唐人の翻譯書を見て其譯字を眞似したるもありこれは唐の文字の唐音を以て西洋の字音に當たるゆへ唐音に明るき學者達には分るべけれども我々共には少しも分らず故に此書中には勉て日本人に分り易き文字を用るやうにせり…(『世』 범례)

(지명·인명 등에 대해 서양의 가로 문자를 읽어서 그 음과 가까운 세로 문자로 바꿔 쓰는 것이 古來飜譯者의 습관이다. 이로 인해 같은 음에 해당하는 문자가 많고 같은 지명에 두세 개의 표기가 있다. 또한 중국인의 번역서를 보고 그 譯字를 모방한 것도 있다. 그러나 그것들이 한자의 중국음으로 서양 자음에 대응시킨 것이기 때문에 중국음을 잘 아는 학자들이 알 수 있으나 일반인들은 알 수 없다. 그러므로 이 책에서는 일본인을 위해 알기 쉬운

문자를 사용했다…)

위의 『世界國盡』의 범례에서 서술한 것처럼 福澤諭吉이 일본한자음을 이용해 일본만의 신생 한자어를 표기했다. 일본에서 한자에 음독과 훈독 두 가지 방식이 있기 때문에 신생 한자어를 만드는 데에도 두 방법을 다 사용했다. 예를 들면 다음(18)과 같다.

(18) 한자 음독방식으로 표기한 신생 한자어: 土留古(トルコ/터키) 能留英(ノルウェー/노르웨이) 衛士府都(エジプト/이집트) 邪麻伊嘉(ジャマイカ/자메이카)
한자 훈독방식으로 표기한 신생 한자어: 荒火屋(アラビア/아라비아) 金田(カナダ/캐나다) 女喜志古(メキシコ/멕시코) 武良尻(ブラジル/브라질)

이렇게 福澤諭吉은 중국지리서를 참고했으면서 일본만의 방법으로 신생 한자어를 표기했다.

2.2.2. 의역어의 형성

(i) 초기 번역 시기

森岡健一(1987)에 따르면 일본이 서양에 대해 인식하기 시작한 계기는 1549년 프란시스코 데 자비에르(Francisco de Xavier)의 일본 상륙과 선교였다. 이때는 일본 신생 한자어 형성 초기의 시작이라고 봐도 무방하다. 자비에르가 일본에서 선교하는 동안 많은 종교와 어학의 서적을 간행했고 주로 라틴어와 포르투갈어를 일본어로 번역했으며 전통한자어를 이용하고 서구적인 의미를 부여하여 신생 한자어로 재생시켰다. 森岡健一(1987)은 자비에르의 서적에서 나타나는 한자어를 다음(19)와 같이 제시했다.

> (19) 가. 難儀(tribulatio) 學問(scientia) 道理(ratia) 安堵(quies) 學匠
> (philosophus) 推量(opinio) 天(excelsum) 大切(amor) 眞實
> (veritas) 死期(mors)
>
> 나. 色身(caro) 菩提心・信心(devotio) 天狗(diabolus) 經文
> (scriptura) 御內証(spiritus) 果報(beatitas) 出家(religiosus)
> 報謝(praemium) 功德(merces) 合力(gratia)

(19가)는 전통한자어를 차용한 것이고, (19나)는 불교경전에서 나온 한자어를 사용한 것이다. 森岡健一(1987)에 의하면 자비에르의 서적에 완전한 신생 한자어 이를테면 신조어가 발견되지 못했다. 즉, 자비에르가 서양서적을 번역할 때 기존 한자어의 부족함을 의식했으나 의미첨가라는 방법만 사용했고 신조어를 만드는 시도를 차마 하지 못했다. 하지만 자비에르의 번역방법, 즉, 전통한자어와 불교경전에서 나온 한자어를 차용하는 방법이 후에 신생 한자어를 만드는 데에 힌트를 주었던 것은 분명하다.

(ⅱ) 중기 번역 시기

일본 신생 한자어의 형성 중기는 난학의 시대이다. 앞에도 언급했는데 난학시대의 대표적인 저작으로 杉田玄白의 『解體新書』(1774)와 大槻玄澤의 『重訂解體新書』(1826)를 뽑을 수 있다. 沈國威(2010)에 따르면 『解體新書』는 일본인이 한 언어를 다른 언어로 전환하는 진정한 번역을 처음으로 시행한 것이었다. 즉 이 책들은 단순히 외국어를 해석하는 것이 아니라 자국어의 어휘로 전환하고 표현한 것이다. 엄밀히 말해서 한자어도 일본인에게 다른 나라의 말이지만 오래 전부터 일본에 수용되었으며 일본어에 완전히 정착된 상태였다. 게다가 난학자들이 다 한학에 정통한 지식인이기 때문에 신생 한자어를 만드는 데에 별 어려움이 없이 진행할 수 있었던 것이다. 이때의 난학자들은 뜻글자인 한자의 장점을 최대한 이용하여 많은 전문용어를 만들었다.

앞서 제시한 (15)의 『解體新書』와 『重訂解體新書』의 범례에서 의역에 대한 설명이 있다. 『解體新書』 범례에서 기술하는 飜譯과 義譯이 지금의 의역에 해당한다. 飜譯과 義譯으로 나누는 것은 의역이라는 방법을 세분한 것이었다. '価題驗'은 네덜란드어의 'beenderen'인데 이는 전통한자어의 '骨'에 해당하므로 별 문제없이 '骨'로 번역할 수 있었다. 그리고 '加蠟假価(kraakbeen)'이라는 단어에 대해 기존 한자어가 없으나 뜻풀이의 형식으로 어떻게든 사람들을 이해시킬 수 있었고 뜻풀이의 한 문장에서 몇 글자를 선택하고 조립하여 새로운 한자어, 즉 신생 한자어를 만들 수 있었다. 전통한자어를 이용하든 뜻풀이에서 글자를 택하여 새로운 한자어를 조립하든 이 두 가지 방법은 다 의역으로 볼 수 있다.

『重訂解體新書』의 범례는 『解體新書』와 달리 의역을 直譯과 義譯으로 나누었다. 여기서의 直譯은 『解體新書』의 飜譯과 같은 것을 의미한다. 역시 마찬가지로 예로 骨을 들었다. 義譯에 대하여 '神經'이라는 신생 한자어의 성립과정을 서술했다. 네덜란드어 '泄奴(zenuw)'를 뜻풀이하면 '神液이 通流하는 經'으로 해석되는데 여기서 '神'과 '經'의 두 글자를 따고 다시 조립하여 '神經'이라는 신생 한자어가 만들어지는 것이다.

전통한자어를 차용할 때 전부 다 서구어의 의미에 완벽하게 맞는 것은 아니다. 이럴 때 난학자들은 의미첨가라는 방법으로 문제를 해결했다.

(20) 脂肪 兵傑鐸 羅 歇多 蘭 按歇多者脂肪也。遍布皮下筋上。以爲滑澤
肥豊溫暖軟和滋潤滑利之諸用。……漢人未審人身中有此物。(『重
訂解體新書』「身體元質篇第三」 32b-33a)

脂肪 歇多 蘭 按漢所謂脂肪。或脂。或月+散。或肥白。或肥白
油。皆於禽獸稱之耳。未說人身具此物也。今姑假譯曰脂肪也。蓋
凡百動形皆具焉。其肥瘦强弱全係于此物之多少也。(『重訂解體新
書』「頭首並外被諸器篇第六」 4b-5a)

(脂肪 兵傑鐸 라틴어 歇多(vet) 네덜란드어 歇多는 지방이라 하고 피
부 하와 근육 위에 분포한다. 매끄럽게 하고 따뜻하게 하며 촉촉
하게 하는 데에 역할을 한다. …… 漢人이 사람 몸에 이것이 있는
것을 몰랐다.)

(脂肪 歇多(vet) 네덜란드어 한자어로 脂肪이라 한다. 또는 脂, 月+
散, 肥白, 肥白油라 하기도 한다. 이것이 짐승 몸을 가리킬 때 쓰
는 말이고 사람 몸에도 이것이 있다는 것을 언급하지 않았다. 지
금은 그냥 脂肪으로 假譯하기로 했다. 동물이면 다 이것이 있고
비만하냐 말랐느냐, 또는 강하느냐 약하느냐가 다 이것이 얼마나
있는지에 따라 결정된다.)

난학자들은 전통한자어를 우선시해왔기 때문에 비슷한 의미를 가
진 한자어를 택해 새로운 의미를 첨가하는 방법이 나오기 시작했다.
(20)에 서술한 것과 같이 '脂肪'은 동물의 몸을 가리키는 전통한자어로
사람을 대상으로 쓴 적이 없었는데, 'vet'를 번역하기 위해 신조어를
만드는 것보다 비슷한 의미를 가진 전통한자어 '脂肪'을 차용했다. 앞
에도 언급했는데 이러한 방법은 일본 신생 한자어 형성 초기에 없는
것이었다.

이상 살펴본 결과로 난학자가 사용해 왔던 의역은 주로 세 가지 방

법이 있다는 것을 알 수 있다. 하나는 서구어를 형태소별로 하나하나를 번역하는 것이고 하나는 뜻풀이해서 몇 글자를 뽑아 재조립하는 것이며, 하나는 전통한자어를 차용하는 것이다. 본서에는 세 가지 방법을 각자 형태소번역, 뜻풀이번역과 차용번역이라고 부르기로 한다. 앞에 언급한 '軟骨'은 전형적인 형태소번역이고, '神經'은 대표적인 '뜻풀이번역'이며, '脂肪'은 차용번역[24]에 속한다고 할 수 있다.

『解體新書』와 『重訂解體新書』의 신생 한자어 중에 특이한 것으로 '海綿(스폰지)'이 있다.

> (21) 海綿 直譯邦名 斯洪疑 斯哄斯 斯洪疑烏斯 亞蘭 按此物漢名未詳。我邦呼曰海綿若呷水。産於海濱。形狀頗似木綿絮。色淡黃。質輕軟。褁百虛疎。鍼眼無數。西洋地方以此物供拭淨之用。猶我邦用綿絮楮紙。(『重訂解體新書』「飜譯新定名義解上」P4a-b)
>
> (海綿 일본어직역 斯洪疑 斯哄斯 斯洪疑烏斯(spons) 네덜란드어 이 물건의 한자어가 未詳이다. 우리나라에서는 海綿이라 하는데 흡수하는 역할을 할 수 있다. 바닷가에 나고 형태가 목면과 비슷하다.

---

24 마시니(2005)에서는 차음어, 차형어, 차의어, 차구어(차역어)를 통틀어서 차용어라 칭한다. 차음어는 한 언어가 외국어 단어의 의미와 음소 형태를 취하여 해당 언어의 음운 체계에 적용시킨 것을 가리킨다. 예를 들면 '亞細亞'가 있다. 차형어는 한 언어가 외국어 용어의 의미와 서사 형태를 모두 채택하고 있는 것을 가리킨다. 예를 들면 일본어 차형어 '共和'가 있다. 차의어는 전통 어휘에 이미 존재했지만 외국어 모델 어휘에 근거하여 새로운 의미를 띠게 된 용어를 가리킨다. 예를 들면 '機會'가 있다. 차구어(차역어)는 외국어 모델 어휘의 형태론적 또는 통사론적 구조에 근거하여 만들어진 중국어 단어나 구를 가리킨다. 예를 들면 '新聞紙'가 있다. 본서에서 전통한자어를 차용하는 방법은 마시니(2005)의 차의에 해당한다. 그러나 차의는 말 그대로 의미를 빌린다는 뜻인데 새로운 의미를 부여한다는 면으로 볼 때 이 용어는 적절하지 않다. 전통한자어의 형태만 빌렸다는 것을 감안하면 차형이라고 부르는 것이 더 타당하나, 실제로는 전통한자어의 의미를 완전히 버린 것이 아닌 것도 많았다. 따라서 본서에서는 전통한자어를 차용하는 방법을 빌려서 쓴다는 의미를 포함한 '차용번역'이라고 부르겠다.

색이 노랗고 질이 부드러우며 구멍이 무수하다. 서양 지방은 우리나라에서 목면과 종이를 쓰는 것처럼 이것을 깨끗이 닦는 데에 사용한다.)

　전통한자어에 海綿이 없었다. 대륙에서 사는 중국인이 바다에서 난 海綿이라는 것을 잘 몰랐기 때문이다. 반면에 바다로 둘러싼 섬에서 사는 일본인에게 海綿은 낯선 것이 아니었다. 『重訂解體新書』 원문에 海綿 옆에 가타카나 'ウミワタ'로 훈독음을 표기하고 있다. 서구어를 직역할 때 보통 전통한자어나 불교경전의 한자어를 차용하는 것이 일반적인데 海綿은 아주 특수한 경우라고 볼 수밖에 없다. 海綿(ウミワタ)은 엄밀히 볼 때 한자어가 아니라 일본서유어다. 이처럼 훈독을 이용하여 한자로 표기하는 방법은 일본만의 번역 방법이 되었다. 후에 한국과 중국으로 전해지고 정착되면서 일부 일본 훈독한자어가 동아시아 동형 한자어에 융합되는 계기가 되었다.

　난학자들이 새로운 한자를 만드는 시도도 했다. 예로 '腺(선)'을 들 수 있다. 沈國威(2010)에 따르면 이 한자가 처음으로 나온 문헌은 『解體新書』와 『重訂解體新書』가 아니었고 宇田川玄眞의 『醫範提綱』(1805) 이었다. 실제로 이 서적을 살펴보면 이것이 사실이라는 것을 알 수 있다. 『醫範提綱』의 題言에서 다음(22)와 같이 서술하고 있다.

(22) 此書ニ載ル諸器諸液ノ名稱並ニ新製字等皆重訂解體新書ヲ參考出
入シテ改譯シ醫範ニ載ル所ナリ.(『醫範提綱』題言 P6a)
(이 책에 등재한 諸器諸液의 명칭과 新製字는 모두 『重訂解體新書』를 참고하여 改譯한 후에 『醫範』에 수록된 것이다.)

腺 新製字 音泉 機里爾 (『醫範提綱』題言 P7b)

(腺 新製字 음이 '泉'이며 원래 機里爾이라 썼다.)

　『醫範提綱』에는 '腺'이 새롭게 만든 글자라 밝혔고 원래 표기인 '機里爾'와 같이 제시하고 사람들을 기억하게 해주었다. 그리고 '機里爾'는 『解體新書』에 처음 나온 것이라는 것을 앞에 언급한 『解體新書』의 범례를 보면 알 수 있을 것이다.

　한자를 새로 만드는 것은 난학자들이 선호하는 방법이 아니었다. 이는 새로운 글자의 수량을 보면 알 수 있다. '腺' 이외에도 몇 개 신조 한자가 발견할 수 있지만 수량이 극히 적은 편이다.

　이상 살펴본 결과로 보면 일본 신생 한자어 형성 중기는 신생 한자어를 만드는 데에 기본적인 번역 이론을 제공했다는 것을 알 수 있다. 沈國威(2010)에 의하면 이 시기에 만들어진 신생 한자어는 대부분이 과학 분야에 속하고, 특히 의학, 식물학, 화학 등 자연과학 분야의 신생 한자어를 거의 완성했다.

(ⅲ) 후기 번역 시기

　후기는 일본의 신생 한자어가 완성된 단계라 할 수 있다. 森岡健一 (1987)에 따르면 英學은 『諳厄利亞國語和解』(1811)가 나올 때부터 시작하였다. 하지만 그 때 일본이 아직 쇄국을 실시 중이었고 난학도 대세였던 때이다. 1859년 요코하마 개항으로 인해 대량의 漢譯書籍이 중국에서 일본으로 전해졌는데 이때부터 난학부터 영학으로 본격적으로 전환하기 시작했다. 개항 이후 일본으로 전해온 중국서적은 『海國圖志』, 『瀛寰誌略』 등 지리서와 『英華字典』을 비롯한 서양선교사가 편찬한 사전류와 어휘집이다. 이러한 중국에서 전해온 漢譯 서적과 일본에 전부터 있는 서적과 사전을 참고하면서 일본지식인들이 신생 한자어를 계속 만들었다.

후기에 일본 지식인들이 선배들로부터 내려 받은 대역방법을 그대로 사용하면서도 보완해 나갔다. 井上哲次郎 등이 편찬한 『哲學字彙』(1881)의 서언에서 신생 한자어를 만드는 방법에 대해 다음(23)과 같이 서술했다.

(23) 先輩之譯字中妥當者盡採而收之，其他新下譯字者，佩文韻府淵鑑類函五車韻瑞等之外，博參考儒佛諸書而定，今不盡引證獨其意義難深者，攙入注脚，以便童蒙。

字義往往從學科而異，故附括弧以分別，一目暸然易會者，及哲學之外不用者，并不附括弧，其例如左。

(倫)倫理學　(心)心理學　(論)論法　(世)世態學　(生)生物學　(數)數學　(物)物理學　(財)理財學　(宗)宗敎　(法)法理學　(政)政理學

(선배의 역어 중에 타당한 것을 가급적으로 사용한다. 그 외의 새로운 아래 역어들은 『佩文韻府』, 『淵鑑類函』, 『五車韻瑞』 등 사전류 이 외에 가능한 한 널리 유교서적이나 불교경전을 참조하여 정한다. 논증이 부족하여 유독 어려운 단어가 있으면 주석을 달아 사람들을 보다 더 쉽게 이해시킨다.

단어의 의미가 학과에 따라 다르므로 괄호 안에서 표기하여 구별한다. 쉬운 단어나 철학용어가 아닌 것은 괄호를 첨가하지 않는다. 예문은 다음과 같다.

(倫)倫理學　(心)心理學　(論)論法　(世)世態學　(生)生物學　(數)數學　(物)物理學　(財)理財學　(宗)宗敎　(法)法理學　(政)政理學)

이상을 보면 『哲學字彙』에서 신생 한자어를 만드는 방법이 세 가지 있다는 것을 알 수 있다. 첫째, 선배지식인들이 번역한 신생 한자어를 사용한다. 그중에 일본지식인, 서양선교사와 중국지식인이 번역한 것

을 모두 포함한다. 둘째, 신생 한자어를 만들 때 가급적으로 그 어원
과 출처를 찾아 근거 있는 신생 한자어를 만든다. 셋째, 학문별로 분
야별로 신생 한자어를 분류한다. 첫째 방법에 대해여 森岡健一(1987)
이 『哲學字彙』를 『英和對譯袖珍辭書』(1862), 『英和字彙』(1873), 그리고
『英華字典』(1866~1869)과 비교하여 다음(24)와 같이 일치하는 신생
한자어를 나열했다.

(24) 가) 『英和對譯袖珍辭書』와 일치하는 것:
　　　解剖學 吝嗇 一致 風格 同盟 隱語 年代記
　　　款條·品物 詭計 容貌 星學 銳利 利益 時代
　나) 『英和字彙』와 일치하는 것:
　　　模範 貪慾 古物學 拒絶 嫌惡 貴族政治 語錄 大望 分析 渴望
　　　外見 補任 聯合獨裁政治 虛妄
　다) 『英華字典』과 일치하는 것:
　　　解除 做成 勸諫 成丁 敎誨·勸戒, 暗潮, 天啓書 弁論, 翰林學士

이렇게 선배지식인들의 성과를 수용·보완하면서 신생 한자어의
체계화와 계통화도 순조롭게 진행되고 있다. 『哲學字彙』가 전통한자
어의 출처에 대해 자세한 주석을 첨부했다. a로 시작하는 신생 한자어
중에 출처를 밝힌 것은 다음(25)와 같다.

(25) Absolute　絶對　按, 絶對孤立自得之義, 對又作待, 義同, 絶對之
　　　字, 出于法華玄經
　　　Abstract　抽象, 虛形, 形而上　按, 易繫辭, 形而上者, 謂之道
　　　Acosmism　無宇宙論 按, 不信宇宙之存在者, 古來不爲少, 廖燕
　　　曰, 有我而後有天地, 無我而亦無天地也, 天地附我以見也

Afflux 朝宗 按, 書禹貢, 江漢朝宗于海

Agnosticism 不可思議論 按, 苟究理, 則天地萬象, 皆不可思議, 此所以近世不可思議論之大興也

Ambiguous 曖昧, 糊塗, 滑疑 按, 莊子齊物論, 滑疑之耀, 聖人之所圖也, 口義, 滑疑言不分不曉也

Apriori 先天 按, 易乾, 先天而天弗違, 後天而奉天時, 天且弗違

Aposteriori 後天 仝上

Aretology 達德論 按, 中庸, 智仁勇三者, 天下之達德也, 注謂之達德者, 天下古今所同得之理也

　이처럼 전통한자어를 차용하면서 그 출처까지 밝힌 것은 처음이라고 할 수 있다. 이러한 작업은 후에 어원연구에 큰 도움을 주었다. 그리고 앞에 언급한 학문별로 분야별로 신생 한자어를 분류한 것도 일본 신생 한자어 형성 후기의 특징이다. 분류된 것은 어휘집과 사전으로 간행되기도 하여 신생 한자어의 체계화에 큰 영향을 미쳤다. 후기에 간행된 어휘집과 사전류는 대표적인 것을 뽑으면 다음과 같다(沈國威 2010).

『解體學語箋』(1871)　　　　　『法律字彙』(1890)

『醫語類聚』(1873)　　　　　　『植物學字彙』(1891)

『化學對譯辭典』(1874)　　　　『言海』(1891)

『植學譯筌』(1874)　　　　　　『電氣譯語集』(1893)

『哲學字彙』(1881)　　　　　　『日本大辭書』(1893)

『法律字典』(1884)　　　　　　『日本大辭林』(1894)

『教育心理論理術語詳解』(1885)　『英和數學字彙』(1895)

『工學字彙』(1888)　　　　　　『日本大辭典』(1896)

『英獨和對譯礦物字彙』(1890)

2.2.3. 일본 신생 한자어의 대역방법

일본 신생 한자어의 도입에 대해 3시기로 나누어 논의했는데 일본 지식인들이 신생 한자어를 만들 때 중국과 마찬가지로 크게 음역과 의역으로 나눌 수 있다.

음역할 때 중국은 적지 않은 상용한자를 가지고 몇 개 심지어 몇 십 개의 같은 의미의 신생 한자어를 표기해 어휘의 혼란을 일으켰는 데 일본은 이러한 혼란을 방지하기 위해 음역할 때 특정한자를 사용 하려고 노력했다. 그리고 음역어의 대부분이 특히 지명과 인명에 대 해서 후기 이전까지는 중국에서 전해온 것들이다. 후기부터 일본만의 방법을 이용하여 신생 한자어를 많이 표기하기도 했었다.

의역은 直譯과 義譯으로 분류할 수 있다. 直譯할 때는 주로 전통한 자어와 불교경전의 한자어를 이용하는데, 이 과정에서 서구적인 의미 가 첨가됨으로써 신생 한자어가 비로소 만들어지게 된다. 가끔은 앞 에 언급한 '海綿'과 같이 일본서유어, 즉 훈독한자어를 차용하는데 그 수가 많지 않았다. 義譯은 주로 뜻풀이의 형식으로 하고 해석한 문장 에서 몇 글자를 뽑아 재조립시키는 방법이다. 그리고 서구어를 형태 소 하나하나를 해석하고 합성어처럼 조합한 것도 적지 않다. 예를 들 면 '軟骨 動血脈 靜血脈 自然對數 循環小數 初等代數學 解析幾何學' 등이 그러하다.

의역하는 데에 일본인이 신생 한자어의 대역 방법에 대해 가장 크 게 기여한 것은 접사성한자형태소의 사용이다. 접사성한자형태소를 이용하여 신생 한자어를 만드는 방법이 중국에서 활동하는 선교사와 중국지식인들도 일찍이 발견했으나 크게 전파되지 못하고 오히려 일본으로 건너와 큰 힌트를 주었다. 앞서 언급했던 『醫學英華字釋』(1858)의 접사성한자형태소의 사용이 일본에서 큰 반향을 일으켰다. 접사성한자형태소를 이용하는 방법이 가장 효율적이라고 발견한 일본지식인들이 이를 사용하여 많은 신생 한자어를 만들었다. 그 중에 대표적인 것을 뽑자면 '-家', '-的', '-式', '-法', '-性', '-學', '-課', '-所', '-院' 등이 있다.[25]

접사성한자형태소 중에 가장 큰 영향을 미쳤던 것이 바로 '-的' 이다. '-的'은 영어 '-tic'의 대역어인데 음역하는 방법을 사용했다. 이는 '-的'의 일본발음이 'teki'이어서 영어의 발음과 비슷하기 때문이다. 일본의 '-的'의 사용은 송민(1985)에 의하면 1870년부터 시작되었다. 시기를 보면 일본에서의 '-的'의 사용이 羅存德의 『英華字典』(1866~1869)에서 힌트를 얻은 가능성이 크다. 羅存德이 영어의 형용사를 漢譯할 때 '-的'을 자주 사용했다. 예를 들면 'Abluent'를 '致淨的, 可洗淨的, 洗淨'으로, 'Absorbable'를 '可縮透, 可浸透的'으로, 'Abstractive'를 '可能除的'으로, 'Abysmal'를 '無底的'으로, 'Acceleration'를 '使速的, 着急的'으로 등등과 같이 번역했다. 이 사전이 일본으로 전해진 후에 '-的'을 이용하여 만든 일본 신생 한자어도 급증했다. 반면 중국은 근대 이행기 후기에 되어서야 일본의 서적을 통해 '-的'을 비롯해 많은 접사성한자형태소의 장점을 알게 되었다. 하지만 중국에서 '的'의 조사로서의 용법이 너무나도 주도지위를 차지하고 있었기 때문에 접미사로서의 용도가 현재에 와서도 제대로 발휘하지 못하고 있다. 반면 한국은 일본으로부터 '的'의 접미사 용도를 수용한 후에 놀라운 조어력을 발휘하였다.

---

25 서려(2009)에서 이러한 한자들을 접사성한자형태소라 부르고 있다.

2.3. 한국 신생 한자어의 형성

한국의 근대이행기는 1870년대 개항 이후부터 시작되었다고 할 수 있다. 이때 서양문명이 본격적으로 들어오기 시작했고 신생 한자어의 대량 수용도 본격적으로 시작했다. 한국 신생 한자어의 수용은 갑오경장(1894)을 전후하여 크게 두 시기로 볼 수 있다. 갑오경장 이전에는 조선 왕조의 지식인들이 서양문물에 대한 지식을 접할 수 있는 길은 중국서적 뿐이었다. 대표적인 서적으로『해국도지』,『瀛寰誌略』,『이언』등을 꼽을 수 있다. 이 시기에 지식인들은 이러한 서적을 읽으면서 중국 신생 한자어를 접하게 되었을 것이다. 갑오경장 이후에 일본 신생 한자어가 점점 주도 위치에 서게 되었고 전에 들어왔던 중국 신생 한자어들의 일부를 대체했다.

조선 지식인들의 일본 신생 한자어 접촉은 조선수신사로부터 시작됐다. 강화도에서 일어난 雲揚號 사건(1875)을 계기로 조선 조정은 일본과 이른바 朝日修好通商條約을 맺게 되는데, 이 조약에 대한 마무리 협의를 위하여 이듬해인 고종13년(1876) 수신사 김기수가 일본에 파견되었다(송민 1999). 이후에도 여러 차례 수신사를 파견되었는데 이러한 기회를 통하여 조선의 일부 지식인들은 서양 문명을 도입하기 한창인 일본을 직접 돌아보면서 서양 문명을 체험할 수 있었다. 그들은 일본에서 보고 들은 것들을 일지나 견문록으로 기록하고 신생 한자어도 함께 소개하였는데 그 중에 상당수는 일본 신생 한자어였다.

갑오경장 이전까지만 해도 중국 신생 한자어와 일본 신생 한자어가 한국어에서 공존하는 상태였다. 갑오경장 이후에 일본 신생 한자어가 중국 신생 한자어를 대체하고 주도 지위에 올랐다. 특히 1910년 국권상실 이후에는 일본 신생 한자어의 일방적인 영향을 받기 시작했다. 본서에서는 한국의 근대이행기를 1870년대 개항부터 1910년 국권상

실까지로 보기로 한다. 1910년 이후에도 신생 한자어의 영향을 계속 받았으나 이때 이후 서양의 영향이라기보다는 일본의 영향이라고 하는 것이 더 타당하다고 판단하기 때문이다.

개항 이전 시기는 서양에 대한 지식이 하나도 없었던 것이 아니다. 개항 이전까지는 거의 중국서적을 통해 서양문명을 조금이나마 접촉을 했으나 그리 광범위하게 전파되지 못했다. 본격적으로 서양문명을 수용하기 시작한 시기가 1870년대 이후이지만 그 이전 시기가 완전히 공백기라고 보는 것도 타당하지 않다. 그러므로 본서는 한국의 1580년대~1870년대를 서양 문명 도입 준비기를 보기로 한다.

2.3.1. 음역어의 형성

서양 문명 도입 준비기에 최초로 나온 외국을 소개하는 서적이 李晬光의 『芝峯類說』(1614)로 알려져 있다. 이 서적이 '한국 최초의 세계에 관한 지도이자 지리서이다'라고 김경호(1997)은 평가하고 있다. 이 서적에 나오는 국가명칭은 다음(26)과 같이 총 45개이다.

> (26) 安南 老撾 三佛齊 祖法兒國 占城 暹羅 眞臘國 爪哇 古俚大國
>
> 滿剌加 榜葛剌 錫蘭山 溜山 撒馬兒罕 天方 渴石 土魯番
>
> 黑婁 哈烈 千闌大國 火州 魯陣 忽魯謨斯 亦思把罕 西城五盧
>
> 阿速 彭享 呂宋 甘巴利 肅愼氏 稗離國 養雲國 冠莫汗國
>
> 一群國 契丹 鐵甸 回回國 裸壤國 佛浪機國 南番國 永結利國
>
> 歐羅巴國 吉利吉思 牛蹄突厥 阿魯

이들 지명 중 19개가 利瑪竇의 『坤輿萬國全圖』(1602)에서 찾을 수 있다. 이들은 '安南, 老撾, 三佛齊, 占城, 暹羅, 眞臘國, 爪哇, 滿剌加, 榜葛

剌, 撒馬兒罕, 土魯番, 千蘭大國, 火州, 忽魯謨斯, 彭享, 呂宋, 回回國, 歐羅巴國, 牛蹄突厥'이다. 그러나『坤輿萬國全圖』보다 훨씬 이전에 기록해온『明史』(1368~1644)에 이들 지명뿐만 아니라『坤輿萬國全圖』에 나오지 않는 나머지 지명도 거의 다 나와 있다. 예를 들면 다음(27)과 같다.

(27) 忽魯謨斯, 西洋大國也。(『明史・列傳 二百十四』)
　　　黑婁, 近撒馬兒罕。(『明史・西域傳』)
　　　佛郎機, 近滿剌加. (『明史・列傳 二百十三』)

　　이러한 사실을 보면『芝峯類說』이『坤輿萬國全圖』보다 중국고전문헌을 더 많이 참고했다는 것을 확인할 수 있다. 유교국가인 조선은 한문경전을 중요시한 것이 당시에는 당연한 일이었고 利瑪竇와 같은 서양인이 쓴 책이나 지도에 대해 호기심은 가졌으나 가까이 하지 않으려고 했던 실정도 엿볼 수 있다.『芝峯類說』에서 동아시아를 중심으로 아시아 국가를 다룬 것이 압도적으로 많았고, 서양국가에 대한 기술은 '佛浪機國, 南番國, 永結利國, 歐羅巴國' 네 개밖에 없었다. 그 중에 南番國은『明史』에 그 출처를 찾을 수 있고, '佛浪機國'도『明史』에 '佛郎機'로 나왔다. 이에 비해『坤輿萬國全圖』에 프랑스를 지칭하는 한자어는 '拂郎察'로 되어 있다. 그리고 '永結利'에 관해서는 굳이 다른 한자로 표기하고『坤輿萬國全圖』의 '英吉利'와 구별하였다. 마지막으로 남은 '歐羅巴國'은『坤輿萬國全圖』의 '歐羅巴'를 쓰긴 썼는데 뒤에 '國'을 첨가하여 역시 다르게 표기했다. 이러한 사실을 통하여 李晬光이『坤輿萬國全圖』의 신생 한자어를 일부러 안 썼다고 인식할 수도 있다. 이렇듯 서양문명도입준비기의 한국이 서양을 알려고 했으나 그 참고서들이 대부분이 중국인이 쓴 서적이고 선교사들의 서적에 관해서 참고를 했으나 인용을 거의 안했다는 것 또한 사실이었다. '永結利國, 歐羅巴國'과 같이 중국고전문헌에서 찾을 수 없는 것들에 대해 조선지식인들이 同音異形 한자로 바꾸거나 다른 한자를 첨가하는 방법을 택했다. 이는 또한 조선지식인들이 신생 한자어를 수용하는 과정에 나름 생각해 낸 대역방법이었다.

1870년부터 1894년까지 나온 서양 관련 서적 중에 대표적인 것으로 김기수의 『日東記遊』(1876), 이헌영의 『日槎集略』(1881), 박영호의 『使和記略』(1882), 그리고 『이언』(1883)을 들 수 있다. 그중에 『日東記遊』, 『日槎集略』과 『使和記略』은 조선통신사의 일본견문록이고, 『이언』은 중국지식인 鄭觀應의 『易言』(초판 2권: 1871, 재판: 1880)을 한국어로 번역한 것이다. 견문록과 번역서의 특성으로 봐도 이 시기에 나온 서양 관련 서적에 나타난 음역어들이 일본이나 중국에서 이미 나온 신생 한자어를 인용할 가능성이 크다. 예를 들면 『이언』에 '화성돈'이라는 단어를 찾을 수 있는데, 이는 『易言』에 나온 '華盛頓'을 한국 한자음으로 그대로 전환한 것이다.

1894년 이후에 한국지식인들이 중국과 일본에서 음역어를 수용하면서 한국 독자적인 음역어도 많이 표기했다. 『西遊見聞』에서 다음 (28)과 같이 독자적인 한국 신생 한자어를 찾을 수 있다.

(28) 弗冷求(025-11), 老溫江(026-07), 寶樹支(026-09), 拔諫山(027-05),
     阿片仁(027-07), 詩實禮(027-09), 蔽賴尼秀(027-12), 時菸羅禮排多
     (027-12), 黑鉅(032-05), 聖老連秀(033-07), 弗樂求(033-11), 愛馬
     尊(037-01), 彬崖朱越那(037-09), 美時什被(052-08), 五利老高
     (052-13), 拔特海(056-03), 貴禮那(057-12), 寶妬尼亞(060-08), 那
     渡家湖(060-09), 禮滿湖(060-12), 馬祖賴湖(060-13), 聖撒排多
     (080-09), 混斗羅斯(080-10), 屈羅秀古(466-09), 布土幕河(490-02),

寶樹墩(502-03), 探秀河(508-10), 西美尼秀多(509-12), 立菸八
(515-12), 蘭桂沙(515-13), 細茵河(525-05), 排沙游(532-13)

이상의 신생 한자어는『西遊見聞』에 나오는 한국 신생 한자어 중의
일부에 불과하다. 인명과 지명에 관련된 신생 한자어는 대부분이 한국
한자음에 따라 표기한 것들이다. 위의 예시로 설명하면 '茀冷求(Blanc),
老溫江(Rhone R.), 寶樹支(Vosges Mts.), 拔諫山(Balcan Mts), 阿片仁
(Apennines), 詩實禮(Sicily), 蔽賴尼秀(Pyrences), 時菸羅禮排多(Sierra
Nevada), 茀樂求(Blanc), 愛馬尊(Amazon), 彬崖朱越那(Venezuela), 美
時什被(Mississippi), 五利老高(Orinoco), 拔特海(Baltic S.), 貴禮那
(Guiana), 寶妬尼亞(Bothnia), 那渡家湖(Ladoga), 禮滿湖(Leman L.), 馬
祖賴湖(Maggiore L.), 混斗羅斯(Honduras), 屈羅秀古(Glasgow), 布土幕
河(Potomac R.), 寶樹墩(Boston), 探秀河(Thames), 立菸八(Liverpool),
蘭桂沙(Lancashire), 細茵河(Seine R.), 排沙游(Versailles)'등은 한국한
자음에 충실한 신생 한자어이고 '黑鉅(Black Range), 聖老連秀(St.
Laurence), 聖撒排多(San Salvador), 西美尼秀多(Westminster)'등은 의
역과 음역이 결합한 한국 신생 한자어이다.

2.3.2. 의역어의 형성

19세기 중엽을 전후한 시기에 중국에서 간행된 서양에 대한 소개서
들이 조선으로 많이 들어왔다. 이들 중에 대표적인 서적으로 魏源의
『海國圖志』(초판 50권: 1844, 증보판 60권: 1847, 재차증보판 100권:
1852), 徐繼畬의『瀛寰誌略』(1848~1849)을 뽑을 수 있다. 물론 이 시
기에 선교사들이 쓴 책도 전해왔다. 이러한 서적들이 중국지식인과
공동작업을 통해 완성한 것이 많아 조선지식인들도 별 거리낌 없이

수용할 수 있었다. 이 서적들을 읽으면서 지식인들은 자연스럽게 중국 신생 한자어를 접하게 되고 서양지식을 배우기 시작했다. 그러나 이때 들어온 서적 중에 어느 하나도 한국어로 번역된 일이 없으므로 직접적인 한국어자료가 될 수 없다. 이처럼 서양문명을 많이 접하기 시작했음에도 글로 남기지 않았기 때문에 신생 한자어가 한국에서 전파하는 상황을 살펴볼 수가 없다.

1870년대 개항을 계기로 근대이행기의 제1단계에 들어간 후 중국의 漢譯書籍이 더 많이 들어오고 가장 특별한 의미를 지닌 서적으로 鄭觀應의『易言』을 들 수 있다. 이 책이 유일하게 한국어로 번역되어『이언』(1883)이라는 이름으로 간행되기도 했다. 『易言』을 한국어로 번역하는 것이 바로 신생 한자어를 수용하는 과정이고 또한 한국식으로 재조립하는 과정이다. 송민(1999)는『易言』과 언해본『이언』을 대조해 가며 그 내용을 꼼꼼히 검토했다.

언해본『이언』은 그때 당시의 조선지식인들이 신생 한자어에 대한 이해의 부족함을 보여줬다. 신생 한자어의 전문적인 의미를 제대로 이해하지 못했기 때문에 번역된 사례가 부적절하거나 자연스럽지 않았다. 또한 전혀 엉뚱하게 잘못 해석된 사례도 종종 나타났다. 이와 같은 실례를 송민(1999)는 다음(29)와 같이 제시했다.

(29) 가) 華盛頓崛起自立合衆部, 以挫强英
　　　화성돈〈사롭의 일홈〉이 굴긔하야 모단 부락을 합하야 강흔 영국을 쩍그니(권一 論公法a)
　　나) 製造槍礮等事, 悉假機器爲用
　　　양창과 대포룰 짓는 일을 다 고동을 트러 쓰게 하더(권一 論公法 2b)
　　다) 欲擾我中國自主之權

중국의셔 쥬쟝ᄒᄂ 권을 아ᄉ려 ᄒ니(권― 論公法 11b)

라) 以通商爲大經, 以製造爲本務

통샹ᄒᄆ로뻐 큰 법을 숨고 긔계 민ᄃᄂ 거ᄉ로뻐 근본의 ᄉ
무롤 숨으니(권― 論商務 20a)

마) 算學則以幾何爲宗

산학인즉 물목수효 다쇼를 구별ᄒᄆ로 쥬쟝을 숨고(권二 論
考試 附論洋學 43b)

바) 夫形而上者, 道也。形而下者, 器也。

대뎌 형용햐 올나가ᄂ 쟈ᄂ 도오 형용햐 나려가ᄂ 쟈ᄂ
그르시라(跋 3b)

　(29가)의 경우는 '合衆部'를 잘못 이해하여 '모단 부락을 합햐'로
번역한 것이다. 서양문명도입준비기에 전해온『海國圖志』에 "名曰兼攝
他國, 亦名合衆國"(『海』100권본 제51권 17b)과 같이 '合衆國'이라는 신
생 한자어가 이미 한국 국내에 들어 온 상태였음에도 불구하고 이와
비슷한 단어인 '合衆部'를 여전히 잘못 이해하고 있는 것이 당시 신생
한자어의 전파가 얼마나 잘 안 되고 있는지를 알 수 있다. (29나, 다,
라)의 경우는 '機器'를 '고동을 트러 쁘게 ᄒ디'로, '自主之權'을 '쥬쟝ᄒ
ᄂ 권'으로, '製造'를 '긔계 민ᄃᄂ 것'으로 각각 풀이했다. 게다가 '製造'
에 대한 풀이는 정확한 것도 아니었다. 이는 '製造'가 기계만 만드는
것이 아니기 때문이다. 그리고 (29마, 바) 경우는 '幾何'와 '形而上'을
엉뚱한 뜻풀이를 했다.

　『芝峯類說』이 나오는 1614년부터 250여년의 세월을 흘렀는데 신생
한자어에 대한 이해가 아직도 이 정도인 것은 개항 이전 시기를 근대
이행기라 칭할 수 없는 또 하나의 이유가 된다. 한편으로 언해본『이
언』이 근대이행기 초기의 수용양상을 제대로 보여주었다. 한국은 중

국, 일본과 달리 먼저 서구어를 대상으로 이해하려 하는 것이 아니고 오히려 신생 한자어를 대상으로 이해하고 해석하려 노력했다. 이러한 특수한 경우에 한자어를 풀이하여 재조립하는 과정도 생길 수 있어 한국만의 신생 한자어 대역 방법도 이로 인해 생긴 것이었다.

송민(1999)에는 『이언』에 나타난 신생 한자어를 수용하는 방법을 세 가지로 나누었다. 첫째는 한자 어형으로만 나타나는 경우이다. 이는 신생 한자어가 어느 정도 전파되어 있어서 굳이 주석을 달 필요가 없었던 것이다. 예를 들면 「論公法」에서 '器械, 萬國公法, 公法, 地球, 通商'을 각각 '긔계(4b), 만국공법(6a), 디구(6b, 7a, 7b), 통샹(6b, 10a)'으로 각각 직접 번역한 것들이 그러하다.

둘째는 다른 어형으로 대치된 경우이다. 이러한 신생 한자어들은 주로 당시 조선에서 어느 정도 알려져 있었으나 아직은 익숙하지 않는 것들이었다. 그러므로 지식인들은 번역할 때 형태소를 한두 개 더 첨가해서 의미를 보완하는 방법을 택했다. 이러한 형태론적 구성을 벗어나지 않은 방법은 신생 한자어를 빨리 이해하는 데에 도움을 주었다. 예를 들면 다음과 같다(송민 1999).

(30) 권一에서:
강富: 부국강병(論公法 1a, 2a), 强富: 부국강병지술(論公法 2a),
文明: 문명지치(論公法 3a), 槍礮: 양창과 대포(論公法 4b), 輪船:
화륜션(論公法 2b, 37a), 輪船火車電報: 화륜선과 화륜거와 뎐긔
션(論公法 4b)
貨: 물화(論稅務 10a), 條約: 약됴(論稅務 11b, 12a), 洋酒: 양국슐
(論稅務 14b)
鴉片: 아편연(論鴉片 16a), 罌粟: 잉속각(論鴉片 16b)
歐洲: 구라파쥬(論商務 20a), 羽毛: 우단모단(論商務 23a), 資本:

본젼(論商務 24b)

電信: 뎐긔션(論火車 35a, 44b), 格致: 격치지학(論電報 42a), 電
線: 뎐긔션(論電報 42a)

이상과 같은 어형대치방법은 전통한자어를 쓰는 경우가 있고 신생
한자어를 사용하는 경우도 있다. '强富'를 '부국강병(富國强兵)'이든 '부
국강병지술(富國强兵之術)'이든 다 전통한문의 풀이방식을 쓴 것이다.
'鴉片'과 '歐洲'와 같은 경우는 그때 당시 다소 정착된 신생 한자어인
아편과 구라파를 사용하고 '煙(연)'과 '洲(쥬)'를 덧붙여서 만든 신생 한
자어와 전통한자어의 조합이다. 그리고 '洋酒'의 경우에는 '양국슐'로
번역했는데 이는 신생 한자어와 고유어의 조합이 된 것이다. 또한 '輪
船, 火車'와 같은 경우는 각각 '火輪船'과 '火輪車'로 대치되었다. '火輪船'
과 '火輪車'는 마찬가지로 신생 한자어인데 『易言』보다 훨씬 전에 왔으
므로 당시의 지식인 사이에 정착된 상태라 볼 수 있다.[26] 마지막으로
해석을 할 때도 잘못 이해한 것이 있었다. 위의 예문 중에 저자가 '電
報, 電信, 電線'을 구별하지 못해 다 '뎐긔션(電氣線)'으로 번역했다.

셋째는 뜻풀이 식으로 번역된 경우이다. 이는 앞에 언급한 잘못 해
석한 경우와 같은 방법을 쓴 것이다. 앞에 소개한 것처럼 통사적 구성
으로 해석하는 것이 신생 한자어를 이해하려는 조선지식인의 노력으
로 볼 수 있다. 예를 들면 다음과 같다(송민 1999).

　(31) 권一에서

　　强富: 부국강병ㅎ는 거시(論公法 1a-b), 開鑛: 금은뎜을 열고(論公

---

26 '火輪船'과 '火輪車'는 『海國圖志』(1844~1852)에서 찾을 수 있고, 한국인이 쓴 『日
東記游』(1876)에서도 찾을 수 있다.

法 2a), 圓體: 둥군 형태(論公法 7b), 文敎: 문명한 교화(論公法 8a)

稅務: 부세밧는 스무(論稅務 10a), 進口: 포구로 드러오면(論稅務 10a), 關稅: 관문의 슈세(論稅務 13a)

商務: 쟝스ㅎ는 스무(論商務 20a), 本務: 근본의 스무(論商務 20a), 流通: 흘러 통ㅎ고(論商務 20a), 傳敎者: 교법을 젼ㅎ라 단니는 쟈(論商務 20b), 商船; 쟝스의 비(論商務 24b), 利權: 취리ㅎ는 권세(論商務 26a)

徵兵: 군스롤 됴발ㅎ고(論火車 36b), 馬車: 말게 메는 슐위(論火車 37a)

이상과 같은 통사적인 뜻풀이해석은 신생 한자어에 대해 익숙하지 않은 조선인들로 하여금 자국어로 이해하는 데에 자전과 비슷한 역할을 했다. 그리고 한편으로 그러한 뜻풀이는 신생 한자어의 정착과 동시에 없어지기 마련인 존재들이다. 실제로 뜻풀이를 했던 신생 한자어가 나중에 오히려 정착될 가능성이 크다. 이는 해석을 통하여 신생 한자어에 대한 독자들의 인식을 강화한 결과라고 할 수 있다. 예를 들면 '開鑛, 圓體, 文敎, 稅務, 關稅, 商務, 本務, 流通, 商船, 馬車' 등은 나중에 어형이 굳어지고 한국어에 정착된 것들이다.

중국 신생 한자어가 서적을 통해 조선에 전해오는 근대이행기의 제1단계에 일본의 신생 한자어도 많이 소개되었다. 그것도 일본서적이 아닌 조선지식인들이 쓴 일본견문록을 통해서였다. 송민(1986)은 그 신생 한자어를 간단히 정리했는데 내용은 다음과 같다.[27]

---

27 원문에 박영효『使和記略』의 신생 한자어로 '菓子'를 제시했는데 '菓子'는 서양문물에 대한 번역이 아닌 일본서유어이기 때문에 본서에서 이 단어를 제외했다.

(32) 火輪船 博物院 水礧砲 會社 鐵路關 電線 火輪車 甲板 子午盤 燈明

臺 造幣局 造船局 人力車 時計 步兵 大砲 電信 馬車 新聞紙 汽車

警察官 西人筆(金綺秀『日東記游』1876)

關稅局 輸出入表 騎兵 砲兵 工兵 測量 蒸汽機關 軍艦 陸軍 海軍

燈臺 鐵道 電信 鑛山 學校 地毯 郵便 懲役 歲入 證券 印紙 營業

豫算表 麥末餠 博覽會 博物館 公使 稅關 領事(館) 輸入 輸出 紙幣

醫學 數學 化學 理學 社長 鐵道局 待合所 電氣線 停車所 紡績所

監獄署 裁判所 博物會 療病院 郵便局 地球 盲啞院 乾葡萄 日曜日

半曜日 大統領 六穴銃 國力銀行局 寫眞(局) 開化 國會 政府 電報

(이헌영『日槎集略』1881)

汽船 國旗 停車場 汽車 競馬場 圖書館 博物館 動物園 練兵場 印刷

局 電報 卷煙草(박영효『使和記略』1882)

이상을 보면 중국보다 일본을 통해서 더 다양하고 많은 신생 한자
어를 수용했다는 것을 알 수 있다. 청일전쟁(1895)이 일어나기 전에
이렇게 많은 서양 관련 신생 한자어를 일본을 통해 도입했다는 것을
보면 일본에서 신생 한자어의 급증이 예견될 수 있다. 신생 한자어
급증한 것은 1868년 메이지 유신 이후에 英學과 번역활동이 더 광범
위하게 진행되었기 때문이었다.

1876년 외국과 맺게 된 최초의 조약인『朝日修好通商條約』을 계기
로 조선은 수신사를 일본으로 파견했다. 이 시기는 마침내 일본의 신
생 한자어가 많이 이루어진 상태였고 서양 관련 서적이 많이 간행된
단계였다. 조선의 수신사들은 이 신기하고 많은 사물과 서적을 직접
봤고 신생 한자어도 직접 체험하게 되었다. 그러므로 삼국에서 가장
적극적으로 서양문명을 수입하는 일본에서 조선지식인들이 더 많은
신생 한자어를 접하게 되었고 문자로 기록하여 조선으로 전하였다.

지식인들이 이 많은 신생 한자어를 기술하는 방법은 앞에 언급한 『이언』과 마찬가지로 뜻풀이의 방법을 사용했다. 예를 들면 다음(33)과 같다(송민 1986).

(33) 所謂新聞紙，日築字榻印，無處無之，公私聞見，街巷談說……
　　　(『日東記游』 卷三 俗尙)

　　　所謂電線者，諦視之，亦不可狀……(『日東記游』 卷二 玩常)

　　　始聞開化二字，第開化之說何意也。彼曰開化者，西人之說也。又日本書生之說也。破禮儀毁古風以隨今之洋風爲得計者也。(『日槎集略』 問答錄)

　　　新聞紙見米國大統領卽國王之稱，……(『日槎集略』 日記 辛巳 六月初十日)

　　　要寫余眞像，再三却之，不余聽也。(『日東記游』 卷一 留館)

이상과 같이 '新聞紙, 電線, 開化, 大統領'의 경우는 신생 한자어에 대하여 본문에서 설명하거나 주석을 달았다. '寫余眞像'의 경우는 '寫眞'을 풀어쓴 것이라고 볼 수 있다. 뜻풀이는 신생 한자어를 수용하는 제1단계의 방법인 만큼 해석 착오도 일어날 수 있었다. 예문에서 '大統領'에 대한 '卽國王之稱(국왕을 칭하는 것이다)'이라는 주석이 잘못 해석한 경우에 속한다.

한국의 근대이행기 제1단계에 지식인들이 사용했던 신생 한자어를 도입하는 방법들이 분명히 후에 한국 신생 한자어를 만드는 데에 힌트를 주었고 신생 한자어가 정착하는 데에 영향을 미쳤을 것이다. 그 증거는 『西遊見聞』(1895)과 『士民必知』(1895)에서 찾을 수 있다.

(34) 一時新聞紙의代用을供홈이可. (『遊』 備考 004-10)

故로此海에電線을沈架ᄒᆞ야歐洲及美洲의二大陸을……(『遊』 第二編 042-02)

開化의 等級. (『遊』 目錄)

大槩政府의始初ᄒᆞᆫ制度ᄂᆞᆫ帝王으로傳ᄒᆞ든지大統領으로傳ᄒᆞ든지其關係의最大ᄒᆞᆫ……(『遊』 第五編 140-06)

推智耶利爲大統領. (『士』 19b)

(34)를 보면 '新聞紙, 電線, 開化, 大統領' 등 신생 한자어가 『西遊見聞』과 『士民必知』에서 이미 정확하게 쓰이고 있는 것을 알 수 있다.

한국은 신생 한자어를 수용하는 데에 주로 중국이나 일본을 통해 기존 신생 한자어를 받아들이는 것이 일반적이었다. 그렇다고 해서 독자적으로 신생 한자어를 만든 적이 없다는 것은 아니다. 중국 서적인 『易言』의 신생 한자어를 수용할 때 형태소를 한두 개 더 첨가하거나 쉬운 한자어로 대체하는 것은 모두 조선지식인들이 중국 신생 한자어를 쉽게 이해하기 위해 이용한 대역 방법이다. 예를 들면 鵶片을 아편연으로, 罌粟을 잉속각으로, 資本을 본젼으로 번역했다. 鵶片과 罌粟의 경우는 각자 연(煙)과 각(殼)을 덧붙인 것이고 資本의 경우는 아예 다른 한자어로 대체했다. 중일서적과 비교하지 않는 이상 '아편연, 잉속각, 본젼'을 한국 독자적인 신생 한자어로 판단할 수 없으나 이러한 방법을 이용하여 만든 한국 신생 한자어가 존재했다는 것은 분명하다. 그리고 아예 새로 만든 신생 한자어도 있었다. 송민(1986)에 따르면 『日東記遊』에는 다음(35)와 같은 신생 한자어가 보인다.

(35) 船尾置大砲, 傍設影表, 形如仰霄俯壑(卷一 停泊)

故所以煙具 吹燈 筆研 刀鑴 時針 子午盤等, 隨手可取, 如探囊中也(卷一 行禮)

織造, 一依西法, 如所謂西洋布者(卷三 物産)

　'影表, 煙具, 吹燈, 筆硏, 刀鑴, 時針, 子午盤, 西洋布'는 송민(1986)에서
다 한국의 독자적인 신생 한자어로 보고 있다. 하지만 그 중에 '時針'
은 羅存德의『英華字典』(1866～1869)에서 'Hour-hand'의 번역어로 '指
時針'이라는 말이 이미 나온 상태였다. 이 사전이 일본에 큰 영향을
미쳤기 때문에 '指時針' 또한 '時針'이라는 말이 일본으로부터 전해졌을
가능성이 크다. 그러므로 '時針'을 한국 독자적인 신생 한자어로 보는
것은 문제점이 있다. '時針'을 제외한 나머지는 조선지식인들이 서양
문물을 보고 나름대로 붙인 이름이라고 할 수 있다. 이들 신생 한자어
를 보면 기본적으로 전통한자어의 대역 방법에 따라 만든 것이라 사
실을 알 수 있다. 특히 '吹燈'은 전형적인 중국어 문법에 따른 단어이
다. 한국어였으면 동사가 뒤로 가고 '燈吹'로 된다. 俞吉濬의『西遊見
聞』에서도 이러한 독자적인 신생 한자어를 찾을 수 있다. 예를 들면
다음(36)과 같다.

(36) 遠語機는電氣의流通ᄒ는力을藉ᄒ야遠方에言語롤相通ᄒ는鐵線을
　　 謂홈이니 (480-04)
　　 鐵線은几外에出ᄒ야其端에筒을附ᄒ야名曰傳語筒이오 (481-07)
　　 大都市에傳語線의都會廳이有ᄒ니 (481-14)
　　 材木 時票 琉璃 砂器 各種鑛物 石炭 (072-03)
　　 …龍吐水砲臺軍艦宮室의見本… (451-12～13)
　　 童穉는其父母의筆跡과名啣紙롤受ᄒ야 (239-03)
　　 大都會마다書籍庫롤設ᄒ며本草園을實ᄒ고 (171-03)
　　 瀝靑 自起黃 牧畜ᄒ諸物 (075-13)

중국과 일본 근대이행기의 모든 서적을 다 조사하지 않은 이상 한국 독자적인 것이라는 결론을 내린 것은 문제가 있을 수 있다. 하지만 俞吉濬이 주로 참고했던 福澤諭吉의 『西洋事情』이나 중국의 대표적인 漢譯 서적과 사전에서 이러한 말이 나오지 않았다. 그러므로 본서는 이상의 '遠語機, 傳語筒, 傳語線, 時票, 龍吐水, 名啣紙, 書籍庫, 自起黃' 등이 俞吉濬이 스스로 만든 신생 한자어라고 본다.

2.3.3. 한국 신생 한자어의 대역방법

근대이행기의 조선지식인들은 처음에 중국과 일본의 신생 한자어를 뜻풀이의 방식으로 수용했다. 어느 정도 알려진 것이라면 그대로 수용한 경우도 적지 않았다. 삼국 중 뒤늦게 서양문명을 수용하게 된 한국은 기존의 중국 신생 한자어나 일본 신생 한자어를 도입했다. 특히 일본 신생 한자어가 한국 신생 한자어의 급증에 큰 영향을 미쳤다.

기존 신생 한자어를 수용할 때 그대로 받아들이거나 다른 어형으로 대치하거나 뜻풀이 식으로 번역하는 방법을 사용했다. 다른 어형으로 대치하는 방법 중에는 전통한자어, 한국 고유어와 접사성한자형태소를 이용하는 방법이 일반적이었는데, 예를 들면, '强富'를 '부국강병'으로, '洋酒'를 '양국슐'로, '鴉片'을 '아편연'으로 하는 것이다. 그 중에 접사성한자형태소를 이용하는 방법은 특정 한자의 접사화를 추진했다.

한편, 표면상 일방적으로 받아들이기만 하는 한국인 것 같지만 독자적으로 만든 신생 한자어가 없는 것은 아니었다. 개념어에 관해서는 같은 한자문화권에 있기 때문에 중국과 일본의 신생 한자어를 거리낌 없이 수용할 수 있었다. 그래서 개념어의 독자적인 어휘가 그리 많지 않았고 대체로 중국 신생 한자어 혹은 일본 신생 한자어로 대체되었다. 반면 음역어에 관해서 특히 지명·인명의 신생 한자어를 그대로 수용하면 한국한자음으로 읽을 때 이상하지 않을 수가 없었다. 조선지식인들도 이 문제를 발견했기 때문에 한국한자음에 맞는 지명·인명의 신생 한자어를 표기하기 시작했다. 본서에서 주요 참고문헌으로 쓰는 『西遊見聞』이나 『士民必知』에 지명·인명의 독자적인 신생 한자어가 전체 음역어의 대다수를 차지했다.

2.4. 한·중·일 신생 한자어 대역방법의 양상

한·중·일 삼국은 신생 한자어를 수용하는 과정에 여러 가지 방법을 이용했다. 또한 그 많은 신생 한자어가 삼국 사이에서 자유롭게 진출할 수 있었던 것이 한자문화를 공유하고 있기 때문이다. 그러므로 삼국이 한자어를 만들면서 수용할 때 공통점을 많이 가지고 있었을 것이다.

첫째, 지명·인명을 제외하면 음역보다 의역을 선호한다. 이러한 사실은 한자의 뜻글자 특성과 관련된다. 앞에도 설명했는데 한자가 뜻글자이기 때문에 한자를 잘 아는 사람이면 누구든 그 뜻을 이해하려고 할 것이다. 또한 두개 이상의 음절을 포함한 외국어 단어가 많고 한자가 단음절이기 때문에 한자로 표기하면 단어의 글자 수가 많아질 수밖에 없고 이해할 때 더욱 어려워진다. 이러한 점을 감안하여 삼국이 의역을 선호할 수밖에 없게 되었다.

둘째, 의역할 때 가능한 한 전통한자어를 이용하려 했다. 한국이든 일본이든 중국이든 지식인들이 고전문헌을 중요시했던 것이 사실이다. 또한 전통한자어를 이용하여 외래어를 번역하는 것이 외국문명을 이해하는 데에 제일 쉬운 방법이었다. 의미의 확대, 축소와 전환의 방법을 사용하여 삼국은 전통한자어를 최대한 이용했다.[28]

셋째, 접사성한자형태소를 이용하는 방법이다. 이러한 대역 방법은 신생 한자어를 만들 때 가장 편리한 방법이라고 할 수 있다. 한자를 接辭化시켜 유형별로 신생 한자어를 만들 수 있었다. 이는 신생 한자어의 대량 생산에 가장 편리한 수단을 제공했다고 해도 과언이 아니다.

넷째, 뜻풀이번역을 사용한다. 중국과 일본은 이 방법을 사용하여 신생 한자어를 만들었고, 한국은 이 방법을 사용하여 신생 한자어를 수용했다. 어떻게 보면 이 방법이 당연한 결과일 수도 있다. 외국어를 처음으로 접하게 되는데 자국어에서 아무리 찾아도 대체할 단어가 없을 때 그 외국어 단어를 뜻풀이할 수밖에 방법이 없었을 것이다. 중국과 일본은 서구어를 직면하게 됐을 때 이 방법을 유용하게 썼고 한국은 신생 한자어를 접하게 되었을 때 이 방법을 사용했다.

다섯째, 새로운 한자를 만든다. 이 방법은 중국과 일본에 제한된다. 그리고 만들어진 한자들이 오늘 와서 대부분이 신생 한자어로 대체되면서 사라졌다는 사실로 볼 때 새로운 한자를 만드는 것이 좋은 방법이 아니었다고 할 수 있다. 지금은 중국에서 그때 만든 한자 중에 화학원소와 일본에서 만든 의학용어 한자를 몇 개 계속 쓰고 있고, 일본은 의학용어에 관련된 몇 개의 한자만 계속 쓰고 있다. 한국은 중국과 마찬가지로 일본에서 만든 의학용어 한자를 쓰고 있다. 중국의 화학원소 한자는 예를 들면 '氧, 氫, 氯'과 같은 것이 있고 일본의 의학용어 한자는 예로 '腺'을 들 수 있다.

여섯째, 기존 신생 한자어를 비판적으로 수용하며 새 한자어로 대체했다. 이 방법에 관하여 한국과 중국은 일본의 신생 한자어를 수용할 때 이와 같은 방식을 사용했고 일본은 중국의 신생 한자어를 수용할 때 사용했다. 한자권에 공존하고 한자어를 같이 사용하고 있다고

---

28 서려(2009)에서 의미의 확대, 의미의 축소, 의미의 전환 등 용어를 쓰고 있고, 송민(2000)에서 전통한자어의 차용을 통틀어서 '의미개신'이라고 서술하고 있다. 본서에서는 '의미의 확대, 의미의 축소, 의미의 전환'을 쓰겠다.

해서 모든 한자어가 삼국에서 다 통용될 수 있는 것은 아니었다. 전통 한자어의 경우는 일방적으로 중국에서 전해온 것이고 절대다수가 의미로 통했기 때문에 한국이나 일본이 한문을 수용할 때 자연스레 한자어도 같이 수용했다. 근대이행기에 와서 한자어의 출처가 더 이상 중국만이 아니었다는 것이 혼란을 일으킬 수밖에 없었다. 개념어가 크게 문제가 된 것은 없었으나 음역한자어 특히 지명·인명은 삼국에서 완전히 다른 형태로 나타나고 있었다. 언어가 음운상 서로 다른 삼국은 맹목적으로 타국에서 표기한 음역어를 받아들이는 것이 아니라 독자적인 신생 한자어를 만드는 길을 택했다.

이상의 여섯 가지 방법은 근대이행기의 한·중·일 삼국이 신생 한자어를 만들 때 사용했던 것들이다. 이렇게 많은 공통점으로 인해 그때 당시의 삼국은 신생 한자어의 교류가 활발했다. 이것이 바로 대역 방법의 공통성이 가져온 편리함이다.

이러한 공통점들이 있는 동시에 한·중·일 각국만의 독특한 대역 방법도 있었다. 바로 음역 방법이 다르다는 것이다. 서구어의 발음을 최대한 비슷하게 번역하기 위해 한중일 삼국은 각국의 한자음을 이용하여 음역어를 표기했다. 한국은 한국 한자음으로, 중국은 중국 한자음으로, 일본은 일본 한자음으로 서구어를 음역하고 그 한자음에 해당하는 한자로 표기했다. 이로 인해 음역어에 있어서 각국의 독자적인 것이 많다. 특히 일본은 한자를 읽는 데에 음독과 훈독으로 분류하고 있기 때문에 더 다양한 음역어를 표기할 수 있었다.

3. 신생 한자어의 유형

3.1. 신생 한자어의 유형 나누기

한·중·일 삼국은 근대이행기에 여러 방법과 경로를 통해 각자 신생 한자어를 수용하며 만들었다. 근대이행기를 거치면서 신생 한자어는 '중국→일본', '중국→일본→한국', '중국→한국', '일본→중국', '일본→한국' 이 다섯 경로로 동아시아에서 활발히 유통되고 있었다. 중국을 시발점으로 한 신생 한자어는 서양선교사들과 중국지식인들이 만든 중국 신생 한자어들이고, 일본을 시발점으로 한 신생 한자어는 일본지식인들이 만든 일본 신생 한자어들이다. 신생 한자어 중에 한국지식인들이 만든 한국 독자적인 신생 한자어도 존재했다. 한국의 신생 한자어가 중·일 신생 한자어처럼 외국으로 전파되지 못했기 때문에 그 독자적인 성격을 더 띠게 되었다.

삼국의 신생 한자어는 대체로 한 흐름에 있으면서도 각자의 특징을 갖고 있다. 근대이행기 한국어에 도입된 많은 신생 한자어가 그 출처가 중국이든지 일본이든지 간에 어휘의 활발한 교류를 입증해 준 것이 사실이다. 또한 그 와중에 한국지식인들이 스스로 만든 신생 한자어도 그 나름의 의미를 가진다. 이 장에는 근대이행기에 한·중·일 삼국 신생 한자어의 유형이 어떻게 되는지, 그 특징이 어떠한지를 살펴보고자 한다. 분류기준은 다음과 같이 정하기로 한다.

    가. 대역방법
    나. 명사종류

    대역방법에 따르면 한·중·일의 신생 한자어가 대체로 음역어, 의역어와 혼역어로 나뉠 수 있고, 명사 종류에 따르면 신생 한자어가 고유명사와 일반명사로 나뉠 수 있다. 본서에서 조사한 일반명사의 대부분이 개념어들이다.

    본서는 조사 자료로『海國圖志』,『瀛寰誌略』,『世界國盡』,『西洋事情』,『士民必知』,『西遊見聞』을 선정했다. 이러한 자료들은 한·중·일 삼국이 세계 각국을 종합적으로 소개하는 대표적인 서적들이고 많은 사람들에게 읽히고 신생 한자어의 교류와 각국의 언어특성을 잘 반영한 책들이다. 예를 들면『海國圖志』와『瀛寰誌略』은 한국과 일본에 전파되어 큰 영향을 미쳤다.『世界國盡』은 중국의 漢譯書籍을 참고하면서 독자적으로 만든 신생 한자어를 많이 포함시킨 자료이고『西洋事情』은『西遊見聞』에 많은 영향을 준 서적이다. 그리고『士民必知』는 영어를 직접 漢譯한 서적이라서 한국의 독자적인 대역 방법을 반영하고 있다.『西遊見聞』은 兪吉濬이『西洋事情』을 많이 참고하면서 독자적인 신생 한자어도 만들려고 시도했던 자료이다.

    조사 자료 중에『世界國盡』,『西洋事情』과『西遊見聞』은 한문가나혼용 또는 국한문혼용으로 작성되어 있으므로 Emeditor[29]를 이용하여 한자어를 모두 추출하는 방법을 사용했다. 음역어는 원칙적으로 다

---

29 문서 편집 프로그램.

신생 한자어로 보고 중복된 한자어는 하나만 추출했다. 개념어에 대해 1986년 이전까지의 연구는 주로 자료 수집을 완료한 후에 전통한자어의 의미와 비교하면서 신생 한자어를 선별했고, 1986년 이후에는 주로『明治のことば辭典』(1986)을 참고하면서 신생 한자어를 선별하였다. 본서는『漢語外來詞詞典』(1984), 日本語語彙硏究文獻데이터베이스,[30] '漢典'와 마시니가 쓴『근대 중국의 언어와 역사』(한글판 2005) 중에 정리된 19세기 자료 중의 신어 목록을 참고하면서 신생 한자어를 선별했다.『漢語外來詞詞典』(1984), 日本語語彙硏究文獻데이터베이스와 마시니가 쓴『근대 중국의 언어와 역사』(한글판 2005)는 신생 한자어를 일차 선별하는 데에 사용하고, '漢典'은 2차 선별하는 데에 사용한다. 즉, 일차에서 신생 한자어가 아니라고 판단된 어휘들을 '漢典'에 제시된 전통의미와 비교함을 통하여 의미변화가 있는 것을 선별하고 신생 한자어로 지정한다.『海國圖志』,『瀛寰誌略』과『士民必知』에 관해서는 모두 한문으로 작성되어 있으므로 한자어를 전부 추출하는 것은 무의미하다. 이 세 가지 자료에 관해 위의 네 가지 자료를 참고하면서 신생 한자어를 추출했다.

3.2. 대역방법에 의한 분류

삼국의 신생 한자어는 대역방법에 따라 대체로 음역어, 의역어와 혼역어로 나눌 수 있다. 이 절에서 삼국의 음역어, 의역어와 혼역어가

---

30 이 데이터베이스는 국제일본문화연구센터에 의해 만들어진 것이다. 19세기 중반 이후 일본에서 성립된 새로운 어휘의 개념, 의미 등에 대하여 연구한 문헌을 수록했다. 중국어, 한국어, 영어 등 서구어로 된 문헌도 많이 수록되어 있다. 논문, 단행본과 사전류가 다 수록대상이다. 2010년6월15일까지 7034개 어휘를 수록했다. 지금까지의 연구 중에 많이 사용되었던『明治のことば辭典』의 어휘도 전부 수록되어 있다. 주소는 'gainen.nichibun.ac.jp'이다.

어떤 것인지, 어떤 것이 있는지, 특징이 어떠한지를 보고자 한자. 나아가 대역방법에 따른 유형이 각각 신생 한자어의 교류에 어떤 영향을 주었는지를 논할 것이다.

3.2.1. 음역어

음역어는 말 그대로 한자를 표음문자로 사용해 외국어를 발음대로 적은 것이다. 이 유형은 고유명사에 많이 쓰였다.

중국의 음역어는 중국 한자음을 이용하여 외국어 어음을 표기한 것이다. 중국문헌 『海國圖志』와 『瀛寰誌略』에서 지명과 인명을 나타내는 데에 많이 사용했다.

> (1) 耶蘇 (『海』 敍 1-b)
>
> 法蘭西 (『海』 敍 2-a)
>
> 羅馬 (『海』 敍 2-a)
>
> 英吉利 (『海』 敍 2-b)
>
> 亞細亞 (『瀛』 序)
>
> 歐羅巴 (『瀛』 序)
>
> 阿非利加 (『瀛』 序)
>
> 亞墨利加 (『瀛』 序)

(1)의 '耶蘇, 法蘭西, 羅馬, 英吉利, 亞細亞, 歐羅巴, 阿非利加, 亞墨利加'는 각각 'Ιησους,[31] France, Roma, Anglia, Asia, Europa, Africa,

---

[31] '耶蘇'는 근대이행기 초기에 중국으로 온 서양 선교사들이 중국어를 배운 다음에 희랍어 'Ιησους'를 음역한 것이다. 중국에서는 영어 'Jesus'를 가지고 '耶蘇'를 설명하는 경우가 많다. '耶(ye)'는 '爺(ye)'와 같은 발음이고 '아버지'를 의미하며 'Jesus'의 'Je'에

America'의 음역어이다. 중국 한자음으로 읽으면 각각 'ye su, fa lan xi, luo ma, ying ji li, ya xi ya, ou luo ba, a fei li jia, ya mo li jia'인데 원어에 비교적 가까운 발음들이다. 이렇듯 한자의 음가만 이용하여 지명과 인명 등 고유명사를 번역했으나 한자에 同音異形字가 많이 존재하므로 음역어의 혼란을 일으키는 원인이 되기도 하였다.

일본의 음역어는 음독어와 훈독어로 나눌 수 있다. 이는 일본에서 한자를 음독과 훈독 두 가지 방법으로 읽을 수 있다는 특성과 관련된다. 음독어는 한자의 일본식 음독을 이용하여 서구어의 발음을 그대로 옮긴 것이다. 예를 들면 다음(2)와 같다.

(2) 瓦斯(『西』卷一 27-b-5)
　　越列機篤兒(『西』卷一 50-a-10)
　　尾留滿(『世』 2-b-8)
　　須磨多良(『世』 3-a-2)

'瓦斯, 越列機篤兒, 尾留滿, 須磨多良'은 각각 'gas, electric, Burma, Sumatra'를 'ガス, エレキトル, ビルマン, スマトラ'와 같이 가타가나로 음역하여 마지막으로 각 가나에 대응된 한자로 대체된 것들이다.

훈독어는 일본어의 한자훈독음을 이용하여 서구어를 음역한 것이다. 이러한 신생 한자어는 『世界國盡』에 많이 발견될 수 있다. 예를 들면 다음(3)과 같다.

(3) 尻屋(シリヤ)(『世』 4-a-6)
　　雨仁屋(アメニヤ)(『世』 4-a-6)

해당한다. '蘇(su)'는 '부활'을 의미하고 'Jesus'의 'su'에 해당한다.

荒火屋(アラビヤ)(『世』3-b-9)

佐原(サハラ)(『世』7-b-5)

　'尻屋, 雨仁屋, 荒火屋, 佐原'은 각각 'Syria, Armenia, Arabia, Sahara'
를 'シリヤ, アメニヤ, アラビヤ, サハラ'와 같이 음역하여 음에 해당하
는 훈독자로 대체한 신생 한자어들이다. 이러한 훈독어가 『世界國
盡』에 대량 사용된 반면에 『西洋事情』에 거의 나타나지 않는 것을 보
면 혼독어가 신생 한자어를 보급하는 데에 크게 성공하지 못했던 것
도 알 수 있다.

　한국의 음역어는 중국과 일본의 신생 한자어를 받아들이는 동시에
한국어만의 특성을 이용하여 표기한 것도 적지 않다. 예를 들면 다음
(4)와 같다.

(4) 奧樂基(으라키)(『士』46b)

　　赳排(『士』52a)

　　彬崖朱越那(『遊』第一編 020-04)

　'奧樂基, 赳排, 彬崖朱越那'는 각각 'Rocky, Cuba, Venezuela'를 한국
한자음으로 표기한 것이다. 중국 한자음과 일본 한자음으로 읽으면
각각 'ao le ji, jiu pai, bin ya zhu yue na'와 'oku raku ki, kyo hai,
hin gai shu etsu na'가 되는데 이는 원어의 발음에 멀어진 발음들이
다. 이러한 예들은 그때 당시의 한국지식인들이 서구어를 직접 한자
음으로 옮긴 다음에 해당한 한자로 표시한 것이다.

　이상 살펴본 결과로 한·중·일 삼국의 신생 한자어 음역어가 서로
통하는 면이 있는 동시에 각 나라만의 특징을 반영하고 있다는 것을
알 수 있다. 한·중·일 삼국의 근대이행기 서적을 조사한 결과로 음

역어 대부분은 완전히 다른 형태로 나타나고 있다. 중국은 중국어의 한자음에 맞게, 일본은 일본어의 한자음에 맞게, 한국은 한국어의 한자음에 맞게 각각 음역어를 표기했다. 이는 정확한 음역어에 대한 요구로 생긴 필연적인 결과이다. 중국과 일본이 신생 한자어의 수출국으로서 매우 큰 힘을 가지고 있었다고 해도 음역어의 외국전파에 크게 영향을 미치지 못했다. 그렇다고 해서 음역어가 다 각 나라의 독자적인 것이라는 것은 아니다. 공통으로 사용한 음역어가 존재했고 지금도 삼국에서 사용되고 있다. 예를 들면 '英國, 美國(米國), 歐羅巴, 亞細亞' 등이 있다. 그러나 이들이 각 나라의 독자적인 것에 비해 그 수가 많지 않았고, 그리고 대부분이 최초로 나온 세계지도인 『坤與萬國全圖』(1602)에서 찾을 수 있다. 이렇게 공통으로 사용하는 음역어들이 중국의 한자음에 의해 표기된 것들이긴 하나 한국과 일본으로 수용되면서 완전히 정착되었기 때문에 그 수명이 현재에도 계속되고 있다.

3.2.2. 의역어

의역어는 한문을 이용하여 외국어를 번역하는 것이다. 중국의 의역어는 직역어, 차의어, 고유 신조어[32]와 일어차용어[33]로 나눌 수 있다. 직역어는 외국어를 한문으로 그대로 번역한 것이다. 이 유형은 일반적으로 외국어의 문장 혹은 단어 구성을 그대로 유지했다고 볼 수 있다. 직역어는 보통명사를 번역하는 데에 주로 사용했지만 일부 고유명사의 번역에도 사용되었다. 예를 들면 다음과 같다.

---

[32] 마시니(2005)에서 고유 신어라 칭한다.

[33] 마시니(2005)에서 일본어 차형어라는 개념을 쓰고 있다. 그러나 일본 신생 한자어를 수용할 때 형태뿐만 아니라 의미도 같이 수용했기 때문에 차형보다 차용이 더 적절하다. 본서에서는 일어 차용어라고 칭하겠다.

(4) 海警 (『海』 卷一 籌海篇二 26-a)

　　死海 (『海』 卷十九 西南洋 五印度補輯 18-b)

　　文科 (『海』 卷二十七 天主教考下 27-a)

　　理科 (『海』 卷二十七 天主教考下 27-a)

　　醫科 (『海』 卷二十七 天主教考下 27-a)

　　新聞紙 (『瀛』 凡例)

　　月報 (『瀛』 凡例)

　　黑海 (『瀛』 卷一 地球)

　　紅海 (『瀛』 卷一 地球)

　　繁朮院 (『瀛』 卷七 佛朗西國)

　　軍功廠 (『瀛』 卷七 西班牙國)

　　公司 (『瀛』 卷二 南洋各島)

　　火輪車(『海』 重刻海國圖志敍 2-b)

　　火輪舟(『海』 重刻海國圖志敍 2-b)

　　教父(『瀛』 卷二 南洋各島)

　　(4)의 '海警, 死海, 文科, 理科, 醫科, 新聞紙, 月報, 黑海, 紅海, 繁朮院, 軍功廠, 公司, 火輪車, 火輪舟, 教父'는 각각 'Coast Guard, Dead Sea, the literary course, the science course, the medical department, Newspaper, monthly report, Black Sea, Red Sea, technical school, military Factory, corporation company, steam-carriage, steam-boat, church father'를 직역한 것이다. 그중에 '海警, 文科, 理科, 醫科, 新聞紙, 月報, 繁朮院, 軍功廠, 公司, 火輪車, 火輪舟, 教父'는 보통명사이고, '死海, 黑海, 紅海'는 고유명사이다. 이들 직역어는 기본적으로 외국어의 단어 구성을 그대로 유지했다.

　　차의어는 고전 중국어 어휘를 활용하여 외국어를 번역한 것이다.

차의는 의역할 때 가장 많이 사용된 방법이고 주로 보통명사를 번역하는 데에 사용했다. 예를 들면 다음과 같다.

(5) 測量(『海』 卷一 籌海篇一 18-b)

　　器械(『海』 卷二 籌海篇三 11-b)

　　會計(『海』 卷二 籌海篇四 24-a)

　　機會(『海』 卷二 籌海篇四 29-b)

　　南極(『瀛』 序)

　　新聞(『瀛』 自序)

　　北極(『瀛』 卷一 地球)

　　理事(『瀛』 卷二 南洋各島)

　　文學(『瀛』 卷五 普魯士國)

　　政治(『瀛』 卷七 英吉利國)

(5)의 '測量, 器械, 會計, 機會, 南極, 新聞, 北極, 理事, 文學, 政治'는 각각 'measurement, instrument, accountant, opportunity, South Pole, news, North Pole, manager, Literature, Politics'의 의역어인데 그 출처를 다음과 같이 모두 중국고전문헌에서 찾을 수 있다.[34]

(6) 測量　其器深廣, 難測量也. 『後漢紀 · 靈帝紀上』

　　器械　百工有器械之巧則壯. 『莊子 · 徐無鬼』

　　會計　歲終則會計其政. 『周禮 · 地官 · 舍人』

　　機會　速則濟, 緩則不及, 此聖賢所以貴機會也. 『範景仁墓誌銘』

　　南極　南極之崖, 有菜, 其名曰嘉樹. 『呂氏春秋 · 本味』

---

34 출처에 대해서는 '漢典'를 참고했다.

聞	舊業久抛耕釣侶, <u>新聞</u>多說戰爭功. 『春日喜逢鄕人劉松』
北極	禺强得之, 立乎<u>北極</u>. 『莊子·大宗師』
理事	官承吏之無田饌而徒<u>理事</u>者幾何人. 『管子·問』
文學	<u>文學</u>, 子游, 子夏. 『論語·先進』
政治	有敎然後<u>政治</u>也, 政治然後民勸之. 『新書·大政下』

이처럼 고전문헌의 한자어를 이용하여 서구어를 번역하는 경우가 대다수였다. 또한 서구어의 뜻에 맞춰 한자어 원래의 의미를 확대하고 축소하거나 심지어 아예 새로운 의미로 대체하여 번역어를 만들었다. 지식인들의 이러한 노력이 근대이행기에 한자어의 의미 변화에 큰 영향을 미쳤다.

고유 신조어는 그때 당시의 중국이 만든 진정한 의미의 신어인데, 주로 뜻풀이의 방식으로 만든 것들이었다. 그 중에 '차의어+접사성한자형태소'의 조합도 보이지만 본서는 이러한 신생 한자어도 고유 신조어로 보고 있다. 예를 들면 다음과 같다.

(7) 遠鏡(『海』 卷一 籌海篇一 2-a)

　　千里鏡(『海』 卷二 籌海篇三 11-a)

　　泰西(『瀛』 序)

　　洋敎(『瀛』 卷二 南洋各島)

　　窮理之學(『海』 卷三十三 小西洋 重輯 16-b)

　　天文之學(『海』 卷三十三 小西洋 重輯 16-b)

　　孤子院(『瀛』 卷五 普魯士國)

　　貧院(『瀛』 卷三十七 大西洋 大西洋各國總沿革 9-b)

　　幼院(『瀛』 卷三十七 大西洋 大西洋各國總沿革 9-b)

　　病院(『瀛』 卷三十七 大西洋 大西洋各國總沿革 10-a)

(7)의 신생 한자어들은 뜻풀이를 통하여 서구어나 서양문물의 명칭을 한문으로 새로 만든 것들이다. '遠鏡'과 '千里鏡'은 'telescope'를, '泰西'는 'The west'를 한문형식으로 번역한 것이고, '洋敎'는 외국의 종교를 통틀어 지칭하기 위하여 만든 것이다. (7)의 신생 한자어 중에 접사성한자형태소를 효율적으로 이용하여 만든 것도 보인다. '窮理之學'과 '天文之學'의 '窮理'와 '天文'이 전통한자어인데 당시의 지식인들이 그 뒤에 '之學'을 붙여 신생 한자어를 만들었다. 이런 식으로 만든 신생 한자어는 '之'가 나중에 탈락되고 접사성한자형태소로서의 '學'만 남게 된다. '孤子院, 貧院, 幼院, 病院'은 서양의 시설명칭을 '院'이라는 접사성한자형태소를 이용하여 만든 신생 한자어들이다.

일어 차용어는 1860년 이후에 일본으로 유학을 간 지식인으로 통해 중국으로 소개된 단어들인데, 순수한 일어차용어와 회귀차용어[35]로 나눌 수 있다. 순수한 일어차용어는 일본 신생 한자어를 그대로 받아들인 것이고, 회귀차용어는 처음에는 중국에서 사용되었다가 일본으로 유입한 후에야 광범위하게 사용되었고, 나중에 중국유학생을 통해 다시 중국으로 소개된 신생 한자어들이다. 일어차용어는 엄밀히 말하면 개념어에 속하고, 또한 음역어가 거의 없기 때문에 본서에서 의역어의 한 부류로 분류했다. 예를 들면 다음과 같다.

(8) 共和(『世』 6-b-7)

獨裁(『西』 卷一 5-a-9)

動物園(『西』 卷一 42-a-6)

機會(『西』 卷二 46-a-10)

---

35 중국에서 '回歸詞'라고 부르고 있고 마시니(2005)에서 '회귀차용어'를 사용하고 있다. 본서에서는 '회귀차용어'를 쓰겠다.

'共和, 獨裁, 動物園'은 근대이행기에 일본에서 만든 신생 한자어로서 나중에 중국으로 수입된 일어차용어들이다. '機會'라는 신생 한자어는 앞에도 언급했는데 중국지식인들이 전통한자어를 이용하여 만든 차의어에 속한다. 그러나 중국에서 광범위하게 사용되었던 시기는 이 단어를 일본에서 재수입된 이후였다. 그렇기 때문에 '機會'는 회귀차용어에도 속한다. 일본 메이지 유신이 성공한 후에 이를 본 중국의 지식인들은 나라를 구하는 길을 탐구하기 위해 일본유학길에 올랐다. 이들로 인해 일본의 대량 신생 한자어가 유입되어 중국 신생 한자어에 큰 영향을 주었다. 이러한 일어 차용어는 19세기 말부터 중국어에 큰 영향을 미쳤고 대부분이 정착되어 현대 중국어에도 그대로 사용되고 있다.

일본의 의역어는 중국 역어와 일본 신조어로 나눌 수 있다. 중국 역어는 일본으로 수입된 漢譯書籍에 나타난 신생 한자어들을 그대로 받아들인 것이다. 예를 들면 다음과 같다.

(9) 權(『西』 卷二 7-a-3)
　　　副統領(『西』 卷二 15-b-3)

'權'과 '副統領'은 일본 신생 한자어에 큰 영향을 준 중국서적인 『瀛寰誌略』에서 발견할 수 있다.[36] 이러한 중국역어가 일본이 근대이행기에 서양문명을 연구하는 과정에 난학에서 英學으로 전환하는 데에 큰 반향을 일으켰고 영학 지식을 빨리 습득하는 데에 도움을 줬다.

일본 신조어는 일본지식인들이 독자적으로 만든 신생 한자어로서

---

36 權(『瀛』 卷七 佛朗西國)
　　副統領(『瀛』 卷九 亞墨利加 北亞墨利加米利堅合衆國)

근대이행기에 많이 이루어졌고 한국과 중국의 신생 한자어에 큰 영향을 준 것들이다. 이는 출처에 따라 차의어와 신조어로 나눌 수 있다. 일본 차의어는 중국 차의어와 마찬가지로 중국고전을 토대로 하고 있었다. 예를 들면 다음과 같다.

  (10) 自由(『世界國盡』6-b-8)
        陸軍(『西洋事情』 卷二 11-b-7)

‘自由’는 『後漢紀·靈帝紀中』의 “上不自由, 政出左右”에서 찾을 수 있고, ‘陸軍’은 『晉書·宣帝紀』의 “若爲陸軍以向皖城, 引權東下”라는 문장에서 발견할 수 있다. 중국고전에서 한자어를 찾아 서구어를 번역한 것이 중국에서나 일본에서나 제일 많이 사용된 의역 방법이다.

  신조어는 일본지식인들이 새로 만든 신생 한자어이다. 예를 들면 다음과 같다.

  (11) 傳信線(『西』 卷一 52-b-2)
        政黨(『西』 卷二 8-a-8)
        裁判局(『西』 卷二 7-a-8)

  (11)의 ‘傳信線’은 ‘telephone line’를, ‘政黨’은 ‘political party’를, ‘裁判局’은 ‘courthouse’를 직역한 것들이다. 이들 신생 한자어는 외국어의 단어 혹은 형태소를 하나하나 순서대로 번역하여 만들어진 것들이다. 그 중에 ‘傳信線’은 전통한자어 ‘傳信’[37]과 ‘線’을 결합시켜 만든 것이고, ‘政黨’과 ‘裁判局’은 전통한자어에 그 흔적을 찾을 수 없는 완전한

---

37 ‘傳信’은 『漢書』의 “皆持尺五寸木傳信”에서 ‘소식을 전하다’를 의미한다.

신생 한자어라고 할 수 있다. '政黨'은 'political party'를 직역한 것이지만 '裁判'은 'court'를 뜻풀이방법을 통해 만든 신생 한자어이다. 일본지식인들이 '裁判'을 나중에 'house'의 대역어인 '局'과 결합시켜 'courthouse'의 대역어인 '裁判局'을 만들었다.

한국의 의역어는 대부분 중국과 일본에서 수용했으나 독자적인 한자어도 적지 않다. 그 출처에 따라 중국역어, 일본역어와 독자적 신생 한자어로 나눌 수 있다. 앞서 언급한 『西遊見聞』에서의 '遠語機, 傳語筒, 傳語線, 時票, 龍吐水, 名啣紙, 書籍庫, 本草園, 自起黃' 등은 독자적인 신생 한자어에 속한다. 그 중에 '傳語筒, 傳語線, 書籍庫, 本草園'은 전통한자어 '傳語, 書籍, 本草'[38]를 '筒, 線, 庫, 園'과 결합시켜 만든 신생 한자어이고, '遠語機, 時票, 龍吐水, 名啣紙, 自起黃'은 뜻풀이의 방식으로 만든 것들이다.

이상 살펴본 결과로 보면 한·중·일 삼국에서 의역어를 만드는 데에 대체로 전통한자어 차용을 이용했다는 것을 알 수 있다. 삼국의 지식인들이 전통한자어를 외국어의 대역어로 쓰이거나 다른 한자어 혹은 한자와 결합시켜 신생 한자어로 만들었다. 그리고 전통한자어에서 도저히 그 의미를 찾을 수 없는 것에 대해 뜻풀이 혹은 직역의 방식으로 신생 한자어를 만들었다. 주목해야 할 점은 한국이나 일본에서 만든 신생 한자어가 철저히 고전한문의 문법에 의해 만들어졌다는 것이다. 한문이 중국에서 수출된 것이지만 오랜 시간을 거쳐 한국과 일본에 완전히 정착되었으므로 한국과 일본의 지식인들도 자유자제로 한문을 만들고 교류할 수 있었다. 이렇게 전통한자어를 이용하여 만든 신생 한자어와 전통한문형식으로 만든 신생 한자어가 존재했기

---

38 '傳語'는 『後漢書』의 "又令慶傳語中常侍鄭衆求索故事"에서 '말을 전하다'를 의미하고, '書籍'은 『三國志』의 "吾家書籍文章"에서 '책'을 뜻하며, '本草'는 『神農本草經』에서 '漢藥의 통칭'을 의미한다.

때문에 일반명사, 또는 개념어가 한·중·일 삼국에서 별 어려움 없이 광범위하게 전파되었던 것이다.

3.2.3. 혼역어

혼역어는 음역과 의역을 겸용한 번역어인데 주로 고유명사를 만드는 데에 사용되었다. 그 중에 접사성한자형태소 '國', '洲', '海' 등을 이용하여 만든 신생 한자어가 많이 발견될 수 있다. 중국문헌 속의 예를 들면 다음과 같다.

(12) 歐羅巴洲(『海』后敍 5-b)

恆河(『海』卷三 海國沿革圖敍 1-b)

英國(『海』卷五 東南洋一 阿細亞洲總說 2-a)

印度洋(『海』卷十 東南洋五 沿革 8-b)

耶穌之敎(『海』卷十 東南洋五 沿革 15-b)

阿片煙(『海』卷十三 東南洋 英荷二夷所屬葛留巴島 20-a)

瑞國(『瀛』凡例)

嗹國(『瀛』凡例)

婆羅洲(『瀛』卷一 地球)

波羅的海(『瀛』卷一 地球)

巽他峽口(『瀛』卷二 南洋各島)

亞速海灣(『瀛』卷四 俄羅斯國)

예문 중의 '歐羅巴洲, 婆羅洲, 耶穌之敎, 阿片煙'은 각각 'Europa, Borneo, Jesus, opium'을 음역하여 '洲', '之敎'와 '煙'을 붙여 만든 것들이고, '恆河, 印度洋, 波羅的海, 巽他峽口, 亞速海灣'은 각각 'Ganges

River, Indian Ocean, Baltic Sea, Sunda Strait, Azov Bay'를 반은 음역하고 반은 의역한 것들이다. 그리고 '英國, 瑞國, 嗹國'은 'Anglia, Sweden, Danmark'의 음역어의 약어와 접사성한자형태소 '國'을 결합시켜 만든 것들이다.

일본의 혼역어는 일본음역어의 특성이 그대로 포함되어 있다. 즉 음독어와 훈독어를 이용하여 만든 것이 많다는 것이다. 예를 들면 다음과 같다.

> (13) 加奈里屋島(『世』8-a-4)
>
> 宇良留山(『世』8-b-4)
>
> 禮陰河(『世』13-b-4)

'宇良留山', '禮陰河'는 각각 'Ural Mountains'와 'Rhine River'의 혼역어이다. 그 중에 '宇良留'와 '禮陰'은 'Ural', 'Rhine'을 'ウラル', 'レイン'와 같이 음독으로 표기하여 가나에 해당된 한자로 대체한 것이고 '山'과 '河'는 각각 'Mountains'와 'River'의 의역어이다. '加奈里屋島'는 음독어, 훈독어와 의역어를 모두 이용한 신생 한자어이다. '加奈里屋'은 'Canarias'를 'カナリヤ'로 음역한 다음에 가나에 대응된 한자로 표기한 것인데, 그 중에 '加奈里'는 음독을 사용한 음독어이고 '屋'은 훈독을 사용한 훈독어이며, '島'는 'island'의 의역어이다.

한국의 혼역어에 대하여 음역어와 마찬가지로 중국과 일본의 신생 한자어를 받아들이는 동시에 한국의 독자적인 신생 한자어를 만든 것도 있다. 예를 들면 다음과 같다.

> (14) 佛厄河(블릭)(『士』28a)
>
> 伐額河(북하슈)(『士』28b)

'佛厄河, 伐額河, 趙批島'는 각각 'Black Sea, Cuba'의 혼역어인데, 이는 역시 한국한자음을 사용한 음역어로 '河, 島'와 결합한 것들이다.

혼역어는 음역어와 마찬가지로 삼국에서 광범위하게 공유되지 못했다. 그 이유도 음역어와 마찬가지로 쉽게 이해할 수 있는 정확한 번역어를 만들기 위해 자국어의 한자음에 맞는 것을 택했기 때문이다. 혼역어 그 자체가 삼국에서 공유되지 못했으나 혼역어의 의역부분이 대부분이 공유되었다. 의역부분을 살펴보면 대부분이 '國, 洲, 海, 河, 島' 등 접사성한자형태소를 많이 사용하고 있는데 이를 통하여 접사성한자형태소의 강한 생산력을 엿볼 수 있다.

3.3. 명사종류에 의한 분류

신생 한자어가 명사종류에 따라 고유명사와 일반명사로 나눌 수 있다. 본절에서는 신생 한자어의 고유명사로서의 특징과 일반명사로서의 특징을 살펴보고 그 특징이 동아시아에서 전파하는 데에 어떤 역할을 했는지 어떤 영향을 주었는지를 논의하고자 한다.

3.3.1. 고유명사

고유명사는 낱낱의 특정한 사물이나 사람을 다른 것들과 구별하여 부르기 위하여 고유의 기호를 붙인 이름이다.[39] 신생 한자어 중에 국명, 지명과 인명은 고유명사에 해당한다. 근대이행기에 한·중·일

---

39 『표준국어대사전』을 참조.

삼국의 지식인들은 서양문명을 배우면서 수많은 낯선 고유명사도 접하게 되었다. 한편, 선교사들이 서양문명을 전파하는 과정에 고유명사도 같이 소개해야 했다. 서양 고유명사를 어떻게 하면 적절하게 번역할 수 있는가 하는 문제가 근대이행기의 선교사와 동양지식인의 공통고민이었다.

동아시아 삼국이 외국어 고유명사 즉, 국명, 지명, 인명을 번역하는 데에 공통된 점은 주로 음역어를 사용했다는 것이다. 본서에서 조사한 자료 중에 음역어가 고유명사의 절대다수를 차지했다. 외국 고유명사의 신생 한자어는 일찍이 서양 선교사와 중국지식인들에 의해 많이 표기해왔고, 중국문화의 영향을 받았던 한국과 일본에서도 이러한 신생 한자어가 많이 도입되었다. 이렇게 볼 때 고유명사의 신생 한자어에 대하여 삼국이 관련성을 갖고 있다고 볼 수 있다.

19세기말 이전에 삼국이 사용했던 고유명사의 신생 한자어를 예로 들면 다음 표 5와 같다.

표 5

원어	『海』(中)	『瀛』(中)	『世』(日)	『西』(日)	『士』(韓)	『遊』(韓)
Arabia	亞拉比亞/亞剌百/阿拉比/亞拉北亞/阿豚比阿/曷剌比亞/亞剌比亞/阿那比阿/阿拉比阿/阿臘比阿/亞拉百/亞剌比	阿剌伯/亞剌伯/阿丹/阿剌克/亞拉比亞/亞拉鼻亞/阿爾拉密阿/阿辣波亞/阿黎米也/阿蘭/天方/天堂	荒火屋	亞喇伯	阿拉彼亞/阿剌伯/阿勅伯	亞羅比亞/阿羅比亞
Asia	亞細亞/阿細亞/亞齊亞/阿悉亞/亞悉亞/亞西亞/阿西阿/阿細阿/亞細/阿西亞/阿悉阿/阿細	亞細亞	亞細亞	亞細亞	亞洲/亞細亞	亞細亞

Columbo	哥倫波/哥隆波/閣龍/哥倫布/可倫/可倫波/戈攔麻士/可侖	哥倫/閣龍/哥隆波/可侖/個倫/可倫波	古論武子	閣龍		
France	法蘭西/佛蘭西/佛郎西/法耳西/佛國/佛郎機/拂郎祭/弗蘭西/法郎西/拂朗祭/拂蘭祭/和蘭西/勃蘭西/拂郎機/佛蘭國/發郎薩/福楞察/佛郎斯/佛浪斯/付蘭楚斯/拂郎察/佛蘭/佛蘭機	佛朗西/勃蘭西/佛蘭西/法蘭西/佛蘭西/佛郎機/佛朗機/佛朗祭/奧廬/奧祿/牙裏亞	佛蘭西	佛蘭西/佛國/法國/拂蘭西	法蘭西/佛狼西	佛蘭西/不蘭西
Italy	意大里/意大里亞/羅汶/以他里大/意大理/以大里/以他里/伊達里/意達里亞/以大利/宜大里牙/伊大理/伊大里/依達里	意大利亞/意大里/以他裏/以他利/伊達利/羅問/羅汶/那嗎/薩都爾尼啞/厄諾地裏亞/奧索尼啞/意大利亞列國	伊太里	伊多利/伊太里	意大里	利太利/伊太利
Napoleon	破拿倫/那波倫/那波里雲/拿破侖/那波良/波那良/那波里稔/那波利稔/那波侖/波那穩/陂那里穩/波那里稔/波利稔/那波利穩/陂那穩	拿破侖/拿破利/那波良	奈保禮恩	拿破崙/拿破倫	拿破倫	拿破崙
Paris	巴利/巴黎斯/巴立斯/巴利斯/把理斯/巴離士/巴勒	巴勒/帕爾勒士/巴黎斯	巴里斯	巴理斯	巴黎	巴里/巴黎
Sweden	瑞丁/瑞國/雪際/綏亦古/蘇以天/士千里/綏林/瑞典/雪爾際亞/綏亦占	瑞典/瑞國/蘇以天/瑞丁/綏林/瑞西亞/綏亦古/西費耶斯科/里都亞尼亞/匪馬爾加/波的亞/藍旗	端典	瑞典/瑞田/端典	瑞典	瑞典

Swiss	瑞士/蘇益薩/綏沙蘭/瑞西/大爾馬齊亞/賽薩林穆斯苛/瑞西亞	瑞士/瑞子/束色楞/綏沙蘭/蘇益薩/黑爾威西亞	末洲/端西	瑞西	瑞西	端西
Washington	華盛頓/洼申頓/瓦升敦/瓦盛頓/瓦昇屯/華盛	華盛頓/兀興騰/瓦乘敦	和新頓	華盛頓	華盛頓	華盛敦

　근대이행기에는 같은 의미를 가진 고유명사가 다수 존재했다. 표 5의 『海國圖志』와 『瀛寰誌略』은 작성하기 전까지의 중국에서 사용된 고유명사 신생 한자어를 거의 다 모은 후에 쓴 책이라 한 명사에 여러 가지 한자 표기가 있다는 재미있는 현상을 보여 주고 있다. 'Asia'의 음역어로 『海國圖志』에만 '亞細亞, 阿細亞, 亞齊亞, 阿悉亞, 亞悉亞, 亞西亞, 阿西阿, 阿細阿, 亞細, 阿西亞, 阿悉阿, 阿細' 등 12개가 기술되어 있다. 'France'의 음역어로 『海國圖志』에는 '法蘭西, 佛蘭西, 佛郎西, 法耳西, 佛國, 佛郎機, 拂郎祭, 弗蘭西, 法郎西, 拂朗祭, 拂蘭祭, 和蘭西, 勃蘭西, 拂郎機, 佛蘭國, 發郎薩, 福楞察, 佛郎斯, 佛浪斯, 付蘭楚斯, 拂郎察, 佛蘭, 佛蘭機' 등 23개가 있고, 『瀛寰誌略』에는 '佛朗西, 勃蘭西, 佛蘭西, 法蘭西, 佛郎機, 佛朗機, 佛朗祭, 奧廬, 奧祿, 牙裏亞' 등 10개가 있다.

　근대이행기의 중국서적은 고유명사의 혼란문제를 가장 잘 반영하고 있다. 이는 고유명사의 음역 작업이 가장 먼저 중국에서 진행되고 통일된 체계와 언어 환경에서 번역작업을 진행하지 못했기 때문이다. 근대이행기 초기에 서양선교사가 서양을 소개하고자 하는 의도로 세계지도를 제작했다. 그때 나온 것은 최초의 세계지도인 利瑪竇의 『坤輿萬國全圖』(1602)이다. 이 지도는 나중에 나온 모든 서양 관련 서적의 표본이 되었다. 그럼에도 불구하고 1602년 이후에 나온 세계지리를 소개하는 서적에는 利瑪竇의 고유명사를 인용하면서도 같은 의미를 가진 고유명사를 계속 다른 한자로 표기했다. 중국에는 다양한 방언이 있고 그 차이가 커서 利瑪竇가 만든 고유명사 표기는 그 지역의 발음으로 하면 외국어의 원래 발음과 멀어질 수 있기 때문이다. 그러므로 세계지리서를 만들 때마다 그 지역 방언의 발음을 기초로 하여 외국어발음에 가장 가까운 발음의 한자를 선택해야 했다. 모든 서적이 같은 데에서 만들어진 것이 아니었기 때문에 전에 나온 고유명사를 인용하면서 같은 의미의 것을 계속 표기해야 했다. 게다가 한자에 同音異形字가 너무나도 많이 있기 때문에 고유명사 표기의 혼란을 한층 더 일으켰다.

고유명사에 관해 처음에 주로 중국으로부터 수용하는 입장에 서 있던 한국과 일본에서는 비교적 광범위하게 전파된 것을 인용했으므로 그나마 혼란문제를 덜했다. 그러나 본국 한자음에 맞게 표기한 것을 더하면 중국과 같은 고유명사의 혼란문제에 직면하게 되었다. 표 5에서 'Swiss'의 음역어로『世界國盡』에는 '末洲'와 '端西'가 그 대표적인 예이다. '末洲'는 일본한자음으로 표기한 것이고, '端西'는 중국에서 수용한 고유명사이다.

고유명사 혼란문제에 대해 한·중·일 삼국은 각각의 해결책을 통해 극복하려고 했다. 한국과 일본은 표음문자인 한글과 가나문자를 가지고 있기 때문에 굳이 표의문자 한자를 표음문자처럼 쓰지 않고 한글과 가나문자를 사용하여 고유명사를 원어발음에 더 가깝게 표기했다. 반면, 표의문자만 가지고 있는 중국은 한자음의 통일에 힘을 쓸 수밖에 없었다. 우선 정부가 북경 官話를 한자음의 정음으로 규정하여 고유명사를 통일시키려 했다. 북경관화의 발음으로 표기된 것이 아니더라도 이미 광범위하게 알려진 고유명사는 그대로 쓰는 것을 원칙으로 했다. 예를 들면 '瑞士'가 그러하다. 'Swiss'의 음역어인 '瑞士'는 福建 한자음을 기초로 하여 표기한 것이라서 북경관화의 발음인 'rui shi'로 보면 원어에서 멀어진 발음이다. 그럼에도 불구하고 새로운 고유명사 표기를 만들지 않고 잘 알려진 '瑞士'를 'Swiss'의 음역어로 정했다. 이 말은 현대중국어에도 계속 쓰이고 있다. 한자음 정음 이후 방언의 간섭이 사라졌으나 한자 선택에 대한 구체적인 규정이 여전히 없다. 한자 선택으로 인한 고유명사 표기 혼란을 해결하기 위해 지식인들은 가능한 한 상용한자를 쓰려고 했고, 긴 세월동안에 살아남은 대표적인 외국어를 음역하는 한자를 선택하여 고유명사 표기를 만들었다. 예를 들면 'a'에는 '阿(a), 亞(ya)', 'ra'에는 '拉(la)', 'bi'에는 '比(bi)', 'f'에는 '法(fa)' 등이 있다. 표 5의 'Arabia', 'Asia', 'France'에 해당하는 대역어들이 많이 있지만 현대 중국어에서 '阿拉比亞', '亞細亞', '法蘭西'만을 사용하고 있다.

표 5를 통하여 한·중·일 삼국의 신생 한자어의 고유명사의 수용경로를 알 수 있고, 중국이 주도지위에 서 있었다는 것도 알 수 있다. 『世界國盡』, 『西洋事情』, 『士民必知』와 『西遊見聞』의 고유명사 신생 한자어가 대부분이 『海國圖志』와 『瀛寰誌略』에서 찾을 수 있다. 'Asia'의 음역어 중에 한국과 일본의 서적에 공통으로 나온 '亞細亞'가 『海國圖志』와 『瀛寰誌略』에 이미 나와 있다. 'France'의 음역어 중에 한국과 일본의 서적에 공통으로 나온 '佛蘭西'도 마찬가지로 중국서적에서 찾을 수 있다. 이와 같은 예들은 근대이행기에 매우 많다.

한국과 일본이 중국의 고유명사를 그대로 받아들였으나 자국어의 한자음에 맞추려 보니 결국엔 새로 표기할 수밖에 없었다. 한자를 공유하고 있는 동시에 한자음이 다르다는 점이 가장 큰 원인이었다.

일본서적에서도 일본한자음을 이용해 표기한 고유명사를 다수 발견할 수 있다. 표 5의 일본서적에는 '奈保禮恩', '荒火屋', '和新頓', '古論武子', '末洲' 등이 있는데, 이들은 그때 당시의 일본인이 직접 만든 음역어 표기이다. 福澤諭吉이 'Napoleon', 'Arabia', 'Washington', 'Colombo', 'Swiss'를 각각 'ナポレオン', 'アラビヤ', 'ワシントン', 'コロ

ンブス’, ‘スゴス’로 음역한 다음에 해당하는 한자로 전환했다. 『世界國盡』의 원문에 교유명사의 한자 옆에 가나문자로 표기한 주음을 발견할 수 있다. 이러한 고유명사들은 그때 중국에서 많이 사용되고 있는 ‘拿破侖’, ‘阿剌伯/亞喇伯’, ‘華盛頓’, ‘哥倫布’, ‘瑞士/瑞西’ 등을 사용하지 않고 일본한자음의 음독과 훈독을 이용하여 표기한 신생 한자어이다. ‘奈保禮恩’, ‘和新頓’, ‘古論武子’는 일본한자음의 음독을 이용하여 만든 음독어 표기이고, ‘荒火屋’과 ‘末洲’는 훈독은 이용하여 만든 훈독어 표기이다.

한국서적에도 일본과 마찬가지로 한국한자음을 이용하여 표기한 고유명사를 찾을 수 있다. 표 5의 ‘亞羅比亞, 阿羅比亞, 利太利’가 그러하다. ‘亞羅比亞’와 ‘阿羅比亞’는 ‘Arabia’를 음역한 것이고, ‘利太利’는 ‘Italy’를 음역한 것이다. 이들은 중국서적이나 일본서적에 찾을 수 없었고 오직 한국서적에만 존재했다. 그러나 표 5에서 보여준 것처럼 그때 당시의 중국과 일본서적에 비슷한 어형을 가지는 고유명사도 찾을 수 있다. 『海國圖志』에 ‘Arabia’의 음역어로 ‘亞拉比亞’가 있고, ‘亞羅比亞’와 한 글자의 차이밖에 없다. 그리고 ‘亞’와 ‘阿’가 근대이행기에 똑같이 ‘a’의 음역어로 쓰이고 있기 때문에 ‘亞拉比亞’는 엄밀히 말하면 ‘阿羅比亞’와 한 글자의 차이만 있다고 할 수 있다. 이러한 사소한 차이로 인해 ‘亞羅比亞’와 ‘阿羅比亞’는 중국에서 수용된 것으로 오해하기 쉽다. 이들이 한국에서 만들어진 표기라는 증거는 바로 중국 한자음에 있다. ‘拉’과 ‘羅’는 중국한자음으로 보면 각각 ‘la’, ‘luo’로 발음하고 음이 엄연히 다른 한자이다. 표 5를 보면 중국서적에는 서구어 ‘ra’에 해당하는 한자가 ‘拉’, ‘剌’, ‘臘’, ‘辣’ 등이 있는데, 이들이 모두 ‘la’로 발음하는 동음이형자이다. 또한 중국에서 ‘羅’로 음역어를 표기할 때 ‘羅馬’와 ‘歐羅巴’가 있는데, 이들 고유명사 중의 ‘羅’가 각각 ‘Roma’의 ‘ro’, 그리고 ‘Europe’의 ‘ro’를 음역한 것이다. 이상 살펴본 결과로 볼 때

'Arabia'의 음역어인 '亞羅比亞'와 '阿羅比亞'가 한국에서 만든 독자적인 고유명사 표기인 것을 알 수 있다. 그리고 'Italy'의 음역어인 '利太利'도 마찬가지로 중국한자음으로 하면 첫 음이 'i'가 아닌 'li'로 되어 버리기 때문에 한국에서 만들어진 표기로 볼 수 있다.

중국에서 만든 고유명사 표기가 한일 양국으로 전파되는 과정에 그 나라 사람들이 알기 쉬운 한자로 바꾸거나 아예 잘못 수입된 경우도 있다. 『世界國盡』과 『西洋事情』의 신생 한자어는 경우에 따라 중국 신생 한자어를 가져와 그중 일부 한자를 일본인이 알기 쉬운 동음한자로 바꾸는 경우를 발견할 수 있다. 예를 들면 'Italy'의 음역어를 '意大里'에서 '伊太里'로, 'Paris'의 음역어를 '巴黎斯'에서 '巴里斯/巴理斯'로 전환한 예들이 그러하다. 표 5 중에 『世界國盡』이 'Sweden'을 '端典'으로 표기했는데 『西洋事情』에서 '瑞典/瑞田/端典'으로 표기했고, 『士民必知』와 『西遊見聞』 중에 모두 '瑞典'으로 표기했다. 이상을 통해 '端典'이란 표기가 '瑞典'의 잘못된 표기라는 것을 추측해 본다. 이와 마찬가지로 'Swiss'를 '端西'로 표기한 것도 '瑞西'의 잘못된 표기라는 가능성이 크다고 할 수 있다.

한국서적을 보면 근대이행기 신생 한자어 고유명사의 전파에 중국이 가장 중요한 역할을 했다는 것을 할 수 있다. 한국은 삼국에서 가장 늦게 서양문명을 접하게 되었고 서양에 대한 소개도 그만큼 늦은 시기에 시작되었다. 한국은 서양이 소개될 즈음에 중국과 일본에서 만든 신생 한자어가 이미 많이 나와 있던 상태여서 한국지식인들이 새로운 표기를 만들기보다 기존 신생 한자어를 사용했다. 『士民必知』의 한자 표기는 당시의 번역자들이 선택한 표기였을 것이고, 따라서 이들 표기는 당시 어느 정도 통용되던 표기였을 가능성이 높다. 또한 이 책이 번역되었던 1895년은 일본의 영향을 받았다고 알려진 『西遊見聞』이 출간된 해이고, 이 시기는 일본의 정치적 영향력이 강해

진 만큼 그로 인해 일본계 어휘가 급증했던 때이다. 따라서 이 시기를
전후하여 이미 세계에 관한 지식은 중국뿐만 아니라 일본에서도 도입
되었을 것으로 추정할 수 있다. 그러나 표 5를 볼 때, 이 문헌의 고유
명사는 중국 신생 한자어가 더 우세하다는 걸 발견할 수 있다. 그리고
兪吉濬의『西遊見聞』은 일반적으로 일본의 영향을 많이 받았다고 알려
져 있다. 그러나 적어도 국명의 표기에 있어서는 일본 신생 한자어의
영향이 크지 않았다는 점이 표 5를 통해서 확인될 수 있다. 『西遊見
聞』에 보이는 외국 지명은 兪吉濬이 알고 있던 중국식 지명의 토대
위에서 일본식 지명을 수용한 것으로 볼 수 있다.

외국 국명을 표기하는 데에 한·중·일 삼국의 공통된 또 하나의
특징은 약어를 사용하는 점이다. 『海國圖志』, 『瀛寰誌略』, 『西洋事情』,
『世界國盡』, 『西遊見聞』, 『士民必知』에 나오는 약어를 일부 정리하면
다음과 같다.

(15)『海』: 俄/鄂(Russia), 英(English), 法/佛(France), 美/米/彌
(America), 葡/布路/葡萄(Portugal), 奧(Austria), 㻬(Danmark),
瑞(Swiss), 日(Germany)

『瀛』: 英(English), 咪/米(America), 佛(France), 葡(Portugal), 荷
(Holland), 嗹(Denmark)

『西』: 佛(France), 英(English), 蘭(Holland)

『世』: 佛(France), 英(English)

『遊』: 歐(Europe), 美(America), 細(Asia), 弗(Africa), 俄(Russia)

『士』: 露(Russia)

(15)의 약어는 대부분 지금도 삼국에서 광범위하게 사용되고 있는
것들이다. 예를 들면 '俄/露, 英, 法/佛, 美/米' 등이 있다. 그 중에 미국

의 약어에 관하여 일반적으로 중국식 표기는 '美'이고, 일본식 표기는 '米'라고 인식되고 있지만, (15)를 통해 그렇지 않다는 것을 알 수 있다. 『海國圖志』와 『瀛寰誌略』에서 이미 미국을 '米'자로 약어화하고 있었고, 나중에 일본으로 소개된 다음에 일본에서 전파되어 광범위하게 사용된 것일 가능성이 크다. 한국은 중국 신생 한자어의 영향을 받아 '美'를 수용하여 현재에도 사용되고 있다.

이상으로 살펴본 바로 볼 때 근대이행기 한·중·일 삼국에서 사용되고 있는 신생 한자어의 고유명사 표기는 상당한 부분이 중국에서 먼저 나온 것으로 볼 수 있다. 중국에서 선교사와 중국지식인들에 의해 표기된 고유명사 신생 한자어들은 일본과 한국으로 수출되어 당분간 사용되긴 했으나 나중에 대부분이 한국에서는 한글표기로 대체되고 일본에서는 가나표기로 대체되고 말았다. 하지만 고유명사 신생 한자어의 약어들은 지금도 그 명맥을 이어가고 있다. 한편, 고유명사 신생 한자어를 만드는 데에 한·중·일 삼국이 각자 독자적인 특성을 갖고 있다. 즉, 한국과 일본은 중국 신생 한자어만 수용한 것이 아니라 그 나름의 방식으로 많은 신생 한자어를 만들기도 하였다. 한국지식인들은 한국 한자음을 이용해 독자적인 신생 한자어를 표기했고, 일본인들은 일본 특유의 한자음독음과 훈독음을 모두 이용하여 가장 다양한 음역어를 표기하였다. 이렇듯 삼국은 서양국가와 지리를 접촉하면서 많은 신생 한자어를 산출했고 수용했다. 사용했던 방법에 대하여 삼국이 의역이 아닌 음역을 선호했다는 것 또한 사실이다.

3.3.2. 일반명사

일반명사는 일반개념을 나타내는 명사로 여러 가지 사물의 특성을 나타낸다. 한·중·일 삼국은 근대이행기에 세계 각 나라의 지리와

역사에 관한 정보뿐만 아니라, 과학기술, 정치, 경제, 사회 등 다방면
으로 세계를 기술하였다. 이러한 과정에서 다수의 일반명사가 만들어
졌다. 새로 탄생한 일반명사들을 개념어 혹은 신문명어라고도 한다.
본서에서 자료 수집을 한『海國圖志』,『瀛寰誌略』,『世界國盡』,『西洋事
情』,『士民必知』,『西遊見聞』이 세계지리에 대한 소개를 전제로 하여
서양문명과 문물을 소개한 서적이라서 수량으로 볼 때 고유명사가 일
반명사보다 많다. 그러나 일반명사가 고유명사보다 훨씬 다양하고 수
명이 길다. 그 이유는 대역 방법의 다양성과 사용의 연속성으로 볼
수 있다. 고유명사를 번역할 때 주로 음역을 사용하고 의역이 극히
적은 반면 개념어는 음역, 의역, 혼역 등 다양한 방법을 비교적 균등
하게 사용했다. 다음은『海國圖志』,『瀛寰誌略』,『世界國盡』,『西洋事
情』,『士民必知』,『西遊見聞』의 신생 한자어의 일반명사를 정리하여
특징적인 것을 살펴보겠다.

(1)『海國圖志』신생 한자어의 일반명사

표 6

신생 한자어의 일반명사	의역어와 혼역어	음역어
590개	338개	252개
100%	57.3%	42.7%

표 7

의역어와 혼역어	1음절	2음절	3음절	4음절	5음절	6음절	7음절
338개	8개	184개	103개	26개	9개	6개	2개
100%	2.3%	54.4%	30.5%	7.7%	2.7%	1.8%	0.6%

표 6과 같이 『海國圖志』에서는 총 590개의 신생 한자어 일반명사를 발견할 수 있다. 그 중에 약 57.3%는 의역어와 혼역어에 속하고 약 42.7%는 음역어에 속한다. 또한 표 7을 보면 2음절어가 54.4%나 차지하여 음절수별로 나눈 것 중에 가장 많이 나타나고 있다는 것을 알 수 있다. 표 7은 음역어를 제외하고 의역어와 혼역어만을 음절별로 정리한 결과이다. 이는 음역어가 외국어의 음절수만큼 얼마든지 늘어날 수 있으므로 정리해도 별의미가 없기 때문이다. 일반명사의 의역어와 혼역어를 음절수별로 정리한 것의 일부를 제시하면 다음과 같다.

(16) 1음절어: 權, 鎦, 微, 釩, 分, 時, 點, 秒

2음절어: 敎科, 道科, 理科, 文科, 法科, 病院, 貧院, 幼院, 醫科, 火帽, 火床, 火塔

3음절어: 博物館, 耶穌敎, 育孤館, 義學館, 濟貧館, 造船廠, 中學館, 地理館, 天文館, 天主敎, 火輪車

4음절어: 機關鳥鎗, 大事會議, 大爵公侯, 墨那敏敎, 兵部大臣, 分巡察院, 三角帽人, 巡按察院, 紳士會議, 審事大臣, 審辦大臣, 十字聖架, 耶穌公敎, 養濟醫院, 五爵公會, 自來火藥, 自來火銃, 地球儀器, 持璽大臣, 天主公敎, 風鋸水鋸, 皮草公司, 鄕紳會議, 戶部大臣, 會議公署, 會議官員

5음절어: 加爾威諾敎, 管國帑大臣, 克力士頓敎, 內國務宰相, 羅馬天主敎, 貿易部大臣, 聖徒言行傳, 水師部大臣, 外國務宰相

6음절어: 羅馬天主公敎, 路加傳福音書, 馬克傳福音書, 馬泰傳福音書, 約翰傳福音書, 議士協辦大臣

7음절어: 管印度國務尙書, 聖徒保羅寄人書

『海國圖志』의 신생 한자어 일반명사 중에 1음절어는 '權, 鎦, 微, 釩,

分, 時, 點, 秒' 등 8개를 찾을 수 있다. 중국 전통한자어가 1음절어,
즉 단음절어임에도 불구하고 1음절어가 그다지 많지 않은 것은 한자
어가 변화해가고 있다는 것을 말해준다. (16)의 8개의 1음절 신생 한
자어가 모두 중국 전통한자에 새로운 의미를 첨가하거나 새로운 의미
로 대체한 것들이다. 예를 들면 '分'은 전통한자의 뜻으로 해석하면 '나
누다, 가르다'였는데, 근대이행기에 'minute'의 대역어로 사용하기 시
작했다. 이는 의미첨가의 예이다. '鎘'가 전통한자의 뜻으로 해석하면
'瓶, 단지'였는데, 근대이행기를 거치면서 금속원소인 '카듐'의 의미
로 대체되었다. 이는 의미전환의 예이다.

  2음절과 그 이상 음절수의 일반명사 중에 접사성한자형태소의 사용
이 보이는데, (16)의 예들 중에 '文科, 理科, 醫科, 法科, 敎科, 道科'의
'科', '貧院, 幼院, 病院'의 '院', '火床, 火帽, 火塔'의 '火', '中學館, 天文館,
地理館, 博物館, 義學館, 濟貧館, 育孤館'의 '館' 등이 그러하다.

  『海國圖志』에는 '之'가 들어가 있는 4음절 구를 많이 찾을 수 있고,
'之'를 제외한 일반명사도 존재하다. 예를 들면 '造船之廠'와 '造船廠',
'耶穌之敎'와 '耶穌敎', '火輪之車'와 '火輪車', '天主之敎'와 '天主敎' 등이 병
존했다. 조사 '之'가 들어가 있는 것은 단어가 아니다. 그러나 이러한
것들은 본격적으로 접사성한자형태소를 이용하여 신생 한자어를 만
들기 직전에 존재했던 것이기 때문에 신생 한자어의 前身으로 봐도
무방하다. 진정한 신생 한자어가 되기 직전의 형태를 살펴보는 것도
신생 한자어 형성의 흐름을 파악하는 데에 유용한 정보를 제공할 수
있기 때문에 본서에서는 '之'가 들어가 있는 구도 살펴 볼 것이다.

  같은 서적에 '之'가 있는 것과 없는 것이 동시에 존재한 사실은 한자
를 접사처럼 이용하여 신생 한자어를 만드는 과정을 보여준다. 실제
로 '之'가 들어가 있는 구들이 점점 사라지고 '造船廠, 耶穌敎, 火輪車,
天主敎'와 같은 신생 한자어가 정착되었다. 『海國圖志』의 4음절 구 중

에 '之'가 들어가 있는 것은 앞에 언급한 것을 제외하면 '窮理之學, 拜火之敎, 釋迦之敎, 鑄造之局, 天文之學' 등이 있다. 이들은 나중에 '窮理學, 拜火敎, 釋迦敎, 鑄造局, 天文學'으로 변하게 된다.

일반적으로 한자어는 이음절어가 가장 많고, 4음절 이상의 형태는 거의 없다고 볼 수 있다. 그럼에도 불구하고 『海國圖志』의 5음절어, 6음절어와 7음절어를 합하면 총 17개나 발견할 수 있다. 그 중에 10개가 혼역어이다. 즉, 음역 방식이 포함되어 있다는 것이다. 음역어가 들어가 있는 한 음절제한이 있다고 할 수 없으므로 음절수가 늘어날 수밖에 없는 것이다. (16)의 예시 중에 '克力士頓敎'의 '克力士頓'이 'christ'의 음역어이고, '羅馬天主敎'의 '羅馬'가 'Roma'의 음역어이며, '路加傳福音書'의 '路加'가 'Loukas'의 음역어이고, '馬克傳福音書'의 '馬克'이 'mark'의 음역어이다. 그리고 '馬泰傳福音書'의 '馬泰'가 'Matteo'의 음역어이고, '約翰傳福音書'의 '約翰'이 'John'의 음역어이며, '聖徒保羅寄人書'의 '保羅'가 'Paul'의 음역어이다.

5음절과 그 이상의 신생 한자어 중에 혼역어가 아닌 것들은 실제로 서양문물에 대한 뜻풀이고 신생 한자어의 前身으로 볼 수도 있지만 본서에는 이들을 합성어 형식을 취한 신생 한자어로 본다. 예를 들면 '貿易部大臣, 水師部大臣'은 신생 한자어 '貿易部, 水師部'를 전통한자어인 '大臣'과 결합시켜 만든 신생 한자어들이다. 이 서적에는 '造火器之局, 鐵轆轆之路, 官府會議之所, 庶民會議之所, 五爵鄕紳之會, 五爵鄕紳之公會' 등 앞서 언급한 '之'가 들어가 있는 5음절 또는 그 이상의 구를 찾을 수 있다. '之'를 이용하여 만든 구들은 나중에 다 간결한 것으로 대체되고 말았다. '造火器之局'은 '造火器局'으로 변하고, '鐵轆轆之路'는 '鐵路'로 변하며, '五爵鄕紳之會'와 '五爵鄕紳之公會'는 '議會'로 대체되었다. 그리고 '庶民會議之所'는 '下議院'이 되고, '官府會議之所'는 '上議院'으로 대체되었다.

『海國圖志』의 신생 한자어 일반명사의 음역어는 전체의 42.7%이나 차지하고 있다. 비록 의역어보다 적지만 현재의 일반명사가 절대다수가 의역어라는 사실로 보면 이 수치는 결코 작은 것이 아니다. 근대이행기의 전체를 보면 『海國圖志』가 간행된 1852년은 중기에 해당한다. 그러나 이 책은 초기에 간행된 漢譯 서적들을 수집하여 작성한 백과전서와 같은 것이다. 그러므로 초기 번역어의 형태가 그대로 유지된 부분도 있다고 봐야 한다.

낯선 서양문물을 처음으로 접하고 한자어로 번역을 시도했는데 뜻풀이와 전통한자어를 차용하는 동시에 외국어 발음을 한자로 음역하는 경우도 있다. 특히 외국어를 뜻풀이의 방식으로 번역할 수 없는 경우엔 음역만 하는 경우도 적지 않았다. 예를 들면 『海國圖志』에 '沙聶祿, 勿伯勒祿, 馬爾所, 亞伯理, 馬約, 如虐, 如畧, 亞我斯篤, 斯等伯祿, 呵多伯祿, 諾文伯祿, 特生伯祿'이라는 신생 한자어들이 있다. 이들은 「葡萄亞國沿革」에서 찾은 것들인데 문장내용을 보면 12개월의 명칭을 음역한 것이다. 원어는 영어가 아닌 포르투갈어이다. '沙聶祿'은 'janeiro'를 음역한 것이고 1월을 의미한다. 나머지는 각각 'fevereiro, março, abril, maio, junho, julho, agosto, setembro, outubro, novembro, dezembro'의 음역어이고 '二月, 三月, 四月, 五月, 六月, 七月, 八月, 九月, 十月, 十一月, 十二月'을 의미한다. 한자어에 12개월의 명칭이 있는 데에도 불구하고 군이 음역을 한 이유는 원어 발음에 대한 소개가 필요했기 때문이다.

한편, 뜻풀이를 선택할 수 있었는데 긴 영어문장을 전부 음역한 것도 있다. 예를 들면 다음과 같다.

(17) 甘文好司(卷四十一 大西洋 佛蘭西國總記 1-b)

律好司(卷五十 英吉利國總記 職官 2-a)

巴厘滿(卷五十 英吉利國總記 職官 2-b)

甘彌底阿付撒布來士(卷五十 英吉利國總記 職官 2-b)

甘彌底阿付委士菴棉士(卷五十 英吉利國總記 職官 2-b)

布來勿岡色爾(卷五十 英吉利國總記 職官 3-b)

加密列岡色爾(卷五十 英吉利國總記 職官 3-b)

律古色拉(卷五十 英吉利國總記 職官 3-b)

律布來阿付西爾(卷五十 英吉利國總記 職官 3-b)

不列士頓阿付岡色爾(卷五十 英吉利國總記 職官 3-b)

色吉力達厘士迭火厘火倫厘拔盟(卷五十 英吉利國總記 職官 3-b)

色吉力達厘阿付士迭火哥羅尼士奄窩(卷五十 英吉利國總記 職官 3-b)

'甘文好司, 律好司, 巴厘滿, 甘彌底阿付撒布來士, 甘彌底阿付委士菴棉士, 布來勿岡色爾, 加密列岡色爾, 律古色拉, 律布來阿付西爾, 不列士頓阿付岡色爾, 色吉力達厘士迭火厘火倫厘拔盟, 色吉力達厘阿付士迭火哥羅尼士奄窩'가 각각 'House of Commons, House of Lords, parliament, committee of supply, Committee of Ways and Means, The Privy Council, cabinet council, Lord Chancellor, Lord Privy Seal, President of the Council, Secretary of Stats for the Foreign Department, Secretary of Stats for Colonies and War'를 음역한 것들이다. 하나하나를 보면 'House'를 '好司(hao si)', 'Commons'를 '甘文(gan wen)', 'Lord'를 '律(lü)', 'parliament'를 '巴厘滿(ba li man)', 'committee'를 '甘彌底(gan mi di)', 'of'를 '阿付(a fu)', 'supply'를 '撒布來士(sa bu lai shi)', 'Ways'를 '委士(wei shi)', 'and'를 '菴, 奄(an)', 'Means'를 '棉士(mian shi)', 'Privy'를 '布來勿(bu lai wu), 布來(bu lai)', 'Council'를 '岡色爾(gang se er)', 'cabinet'를 '加密列(jia mi lie)', 'Chancellor'를 '古色拉(gu se la)', 'Seal'을 '西爾(xi er)', 'President'를

'不列士頓(bu lie shi dun)', 'Secretary'를 '色吉力達厘(se ji li da li)', 'Stats'를 '士迭(shi die)', 'for'를 '火(huo)', 'the'를 '厘(li)', 'Foreign'를 '火倫(huo lun)', 'Department'를 '厘拔盟(li ba meng)', 'Colonies'를 '哥羅尼士(ge luo ni shi)', 'War'를 '窩(wo)'로 음역했다.

이상의 영어 원문은 Hugh Murray의 『An Encyclopaedia of Geography』(1844)에서 찾을 수 있다. 실제로 『海國圖志』의 내용과 비교해 보면 당시의 중국지식인들이 Hugh Murray의 책의 일부를 번역했다는 것을 알 수 있다. 이렇게 긴 음역어들은 대부분이 영국의 관직명이다. 번역자가 한문으로 해석하는 방식이 아닌 음역을 선택한 것을 보면 서양문명을 접촉한 초기에 서구문물이 중국인에게 얼마나 낯설고 이해하기 어려운 존재인지 알 수 있다.

(2) 『瀛寰誌略』 신생 한자어의 일반명사

표 8

신생 한자어의 일반명사	의역어와 혼역어	음역어
78개	72개	6개
100%	92.3%	7.7%

표 9

의역어와 혼역어	1음절어	2음절어	3음절어
72개	1개	41개	30개
100%	1.4%	56.9%	41.7%

표 8과 같이 『瀛寰誌略』에서는 총 78개의 신생 한자어 일반명사를 발견할 수 있다. 그 중에 약 92.3%는 의역어와 혼역어에 속하고 약 7.7%는 음역어에 속한다. 이 수치는 『海國圖志』보다 대폭 감소된 것

이다. 이는 음역으로 일반명사 신생 한자어를 만드는 것이 비효율적
이고 이해하기 힘든 것이라는 것을 인식한 결과이다. 앞서 언급했는
데 『海國圖志』는 근대이행기 초기에 간행된 漢譯 서적들을 수집한 것
이고 『瀛寰誌略』과 비슷한 시기에 간행되기 했으나 성격이 초기의 신
생 한자어에 속한다.

표 9를 보면 2음절어가 56.9%나 차지하고 『海國圖志』와 마찬가지
로 음절수에서 가장 많이 나타나고 있다는 것을 알 수 있다. 한편, 3
음절어가 41.7%나 차지하고 『海國圖志』의 30.5%보다 대폭 증가한 결
과이다. 그리고 3음절 이상의 신상 한자어는 아예 사라졌다. 이는 근
대이행기 중기에 와서 음절수가 긴 단어가 전파하는 데에 불편함을
줄 수 있다는 것을 깨닫게 되었고 초기에 만들어진 신생 한자어들을
간결화한 결과라고 볼 수 있다.

일반명사의 의역어와 혼역어를 음절수별로 정리하면 다음과 같다.

(18) 1음절어: 權

2음절어: 客長, 牽手, 經線, 公司, 教父, 教師, 交易, 南極, 濂水,
理事, 貿易, 文學, 泊面, 白人, 北極, 石炭, 稅館, 洗禮, 新聞, 洋教,
月報, 緯線, 醫院, 醫者, 爵房, 雜人, 赤道, 銓石, 政治, 地球, 鑽石,
鐵路, 出納, 測量, 土人, 學署, 學院, 火輪, 火門, 會議, 黑人

3음절어: 孤子院, 公會所, 軍功廠, 軍器局, 女尼院, 大書院, 大學堂,
登頭金, 療畜館, 武藝院, 文學院, 繁尤院, 副統領, 新聞紙, 葯草圃,
洋教王, 育嬰館, 議事官, 議事處, 自來火, 自鳴鐘, 藏書樓, 正統領,
總統領, 泰西人, 巴禮王, 巴禮院, 鄕紳房, 火輪船, 火輪車

『瀛寰誌略』은 『海國圖志』와 비슷한 시기에 간행되었으나 세계백과
전서의 형식과 달리 徐繼畬가 스스로 쓴 서적이고 양이 많지 않기 때

문에 신생 한자어가 『海國圖志』보다 양이 적다. 또한 중국지식인이 직접 쓴 책이라서 사용되고 있는 일반명사들이 재차 비교와 선택을 통하여 결정된 것은 분명하다. 그러므로 의미가 중복된 것이 거의 없다고 볼 수 있다.

4음절어와 5음절어를 찾을 없으나 '地理之學, 自來火之槍, 火輪之車船'과 같은 신생 한자어의 전신을 발견할 수 있다. 3음절 이상의 신생 한자어가 없는 것은 徐繼畬가 한자어의 특성에 의해 보다 간결한 것을 선택했다는 것을 말해준다. 이상 3개의 구는 '之'를 이용하여 만든 것들이다. 이들은 나중에 '地理學, 自來火槍, 火輪車船'으로 변했을 것이다.

『瀛寰誌略』의 일반명사 중에 음역어가 '鴉片, 加非, 可可子, 巴禮, 彌卅, 化人巴禮' 6개밖에 없다. 이 사실은 개념어를 만드는 데에 음역보다 의역을 더 선호했다는 것을 확실하게 해 주었다.

(3) 『世界國盡』 신생 한자어의 일반명사

표 10

신생 한자어의 일반명사	의역어	음역어
38개	36	2
100%	94.7%	5.3%

표 11

의역어	1음절어	2음절어	3음절어	4음절어
36	1	29	5	1
100%	2.8%	80.6%	13.9%	2.8%

표 10을 보면 『世界國盡』에서는 총 38개의 신생 한자어 일반명사를 발견할 수 있다. 그 중에 약 94.7%는 의역어에 속하고 약 5.3%는 음

역어에 속한다. 이는 『瀛寰誌略』보다 더 감소된 수치이다. 이 서적이 간행된 1869년이 근대이행기에서 신생 한자어의 성숙기라고 볼 수 있다. 지식인들은 음역으로 일반명사 신생 한자어를 만드는 것이 비효율적이고 이해하기 힘든 것이라는 것을 이미 알고 있는 상태였다. 일반명사 중에 음역어의 수량이 적은 것도 신생 한자어의 형성이 성숙한 단계에 들어갔다는 것을 말해준다. 일본이 그때 당시 메이지 유신 직후라서 서양문명에 대한 수용 속도가 한·중·일 삼국 중에 가장 빠르게 진행되고 있었고, 이해도가 가장 깊었다. 그렇기 때문에 효율적으로 한자어로 의역하는 것이 더 많이 선택되었다. 이는 음역어가 적은 원인 중의 하나이기도 하다.

『世界國盡』의 신생 한자어 일반명사 중에 음역어가 '比羅三井天, 瓦斯' 둘밖에 없었다. '比羅三井天'은 'Pyramid'를 'ヒラミ井デ'로 음역한 다음에 한자로 표기한 것이다. 그 중에 '比(ヒ)', '羅(ラ)', '天(デ)'은 한자의 일본 음독음으로 음역한 것이고, '三(ミ)', '井(井)'은 훈독음으로 음역한 것이다. 즉 '比羅三井天'이 음독과 훈독을 모두 사용한 일본만의 음역방식이다. '瓦斯'는 'gas'를 'ガス'로 음역한 다음에 한자로 표기한 것이고, 음독음만 이용하여 만든 신생 한자어이다. 이것은 후에 한국과 중국으로 전해졌고 현재 중국에서 여전히 사용되고 있다.

표 11을 보면 2음절어가 80.6%나 차지하여 음절수별로 나눈 것 중에 가장 많이 나타나고 있다는 것을 알 수 있다. 한편, 중국과 비하여 일반명사의 의역어가 4음절까지만 있다. 이는 신생 한자어의 간결화도 성숙한 단계에 들어갔다고 할 수 있다.

일반명사의 의역어와 혼역어를 음절수별로 정리하면 다음과 같다.

(19) 1음절어: 權

2음절어: 經濟, 共和, 交易, 敎育, 軍艦, 器械, 暖帶, 萬國, 文明,

文學, 法律, 北極, 上院, 西洋, 世界, 新聞, 洋銀, 藝術, 人民, 自由,

赤道, 政府, 帝國, 蒸氣, 地球, 進步, 下院, 學校, 會議

3음절어: 大統領, 議事院, 傳信機, 蒸氣船, 蒸氣車

4음절어: 合衆王國

『世界國盡』은 전문적인 지리서이기 때문에 개념어가 많이 나타나지 않았다. 개념어 중에 2음절이 가장 많고 다음절어 중에 4음절 이상이 없는 것은 한자어의 간결화를 말해주고 있다. 이 서적이 간행된 1860 년대의 일본은 영학을 활발하게 진행하고 있는 시기이었다. 난학자들이 만들어 놓은 대역방법을 이용하면서 중국에서 수입된 많은 漢譯 서적과 『英華字典』들을 참고했다. 그렇기 때문에 신생 한자어를 만드는 데에 사용된 이론과 방법이 거의 완성된 상태였다. 이 서적에 나온 일반명사는 양이 많지 않지만 대부분이 한·중·일 삼국의 현재에도 사용되고 있는 단어들이다. (19)의 '經濟, 共和, 交易, 敎育, 文明, 文學, 法律, 北極, 西洋, 世界, 新聞, 藝術, 人民, 自由, 赤道, 政府, 帝國, 蒸氣, 地球, 進步, 下院, 學校, 會議' 등이 그러하다. 이는 그때부터 많은 신생 한자어가 정착되었다는 것을 말해준다.

(4) 『西洋事情』 신생 한자어의 일반명사

표 12

신생 한자어의 일반명사	의역어와 혼역어	음역어
295개	290개	5개
100%	98.3%	1.7%

표 13

의역어와 혼역어	1음절어	2음절어	3음절어	4음절어	5음절어	6음절어
290	1	202	79	6	1	1
100%	0.3%	69.7%	27.2%	2.1%	0.3%	0.3%

　표 12를 보면 『西洋事情』에서는 총 295개의 신생 한자어 일반명사를 발견할 수 있다. 그 중에 약 98.3%는 의역어와 혼역어에 속하고 약 1.7%는 음역어에 속한다. 혼역어가 '英語'밖에 없으므로 의역어가 압도적으로 많다고 할 수 있다. 백분율로 보면 음역어가 『世界國盡』의 5.3%보다 조금 감소된 수치이다. 비슷한 시기에 간행된 두 권의 서적에 의역어와 음역어가 비슷한 비율로 일반명사를 구성하고 있다. 근대이행기 중기에 간행된 『西洋事情』에 나타난 일반명사도 신생 한자어를 만드는 데에 의역이 가장 효율적임을 말해주고 있다.

　『世界國盡』의 신생 한자어 일반명사 중에 음역어가 '瓦斯, 越列機, 越列機篤兒, 頓, 阿片' 다섯 개밖에 없다. '瓦斯'는 『世界國盡』에도 나타난 신생 한자어이고, '越列機篤兒'는 'electric'을 'エレキトル'로 음역한 다음에 한자로 표기한 것이다. '越列機'는 '越列機篤兒'의 줄임말이다. '頓'은 중량단위인 'ton'을 음역한 것이고, '阿片'은 중국에서 전해온 'opium'의 음역어 '鴉片'을 더 쉬운 한자로 바꾼 것이다.

　표 13을 보면 2음절어가 69.7%나 차지하여 음절수별로 나눈 것 중에 가장 많이 나타나고 있다는 것을 알 수 있다. 3음절어도 80개나 있고 27.2%를 차지하고 있다. 『世界國盡』과 비교하면 5음절어와 6음절어가 있으나 각 하나밖에 없기 때문에 일반명사가 기본적으로 4음절까지라고 할 수 있다. 이는 『世界國盡』의 신생 한자어와 마찬가지로 신생 한자어의 간결화를 말해주고 있다.

　일반명사의 의역어와 혼역어를 음절수별로 정리하면 다음과 같다.

(20) 1음절어: 權

2음절어: 家稅, 看板, 改新, 開化, 建設, 經濟, 階級, 鼓舞, 孤院,
空氣, 公務, 公法, 公費, 工業, 共和, 課稅, 交易, 教育, 交際, 敎化,
國軍, 國民, 國法, 國語, 國律, 國債, 國會, 軍務, 軍艦, 權力, 權柄,
權威, 權衡, 規矩, 規則, 機關, 機器, 紀律, 欺詐, 機會, 女王, 老院,
壟斷, 農民, 農業, 鍛鍊, 談判, 大厦, 鍍金, 獨裁, 督察, 登級, 歷史,
雷同, 陸軍, 利息, 利潤, 理學, 裏海, 立方, 馬力, 麻布, 萬國, 麥酒,
盲院, 免許, 貿易, 文明, 文法, 文學, 文化, 物理, 物産, 飜譯, 法律,
法則, 法皇, 辨論, 病理, 病院, 步兵, 報酬, 保證, 附錄, 分配, 貧院,
士官, 産業, 常務, 商法, 商社, 上席, 商業, 上院, 生産, 西洋, 石炭,
選擧, 世界, 稅金, 稅法, 稅額, 歲入, 歲出, 訴訟, 訟師, 水道, 輸入,
數學, 時勢, 市場, 試驗, 新聞, 實驗, 審斷, 心學, 啞院, 樂譜, 安全,
語學, 硏究, 熱帶, 英語, 外國, 牛痘, 牛酪, 威權, 委任, 幼院, 遊園,
融通, 意見, 醫師, 醫學, 利息, 引力, 人民, 人種, 立君, 入用, 自然,
自由, 自主, 裁斷, 裁判, 全權, 專賣, 癲院, 定價, 政權, 政黨, 政治,
條例, 條約, 宗旨, 主義, 主張, 證券, 蒸氣, 蒸溜, 證書, 地球, 智力,
地理, 地稅, 職業, 進步, 質物, 集會, 次官, 撰擧, 天主, 鐵道, 鐵路,
體裁, 總督, 出納, 出版, 測量, 打賭, 墮胎, 退職, 特權, 特殊, 特典,
版本, 砲兵, 品位, 下院, 學科, 學校, 學費, 合議, 解剖, 革命, 現金,
刑罰, 化學, 會計, 會社, 會議, 休會

3음절어: 家産稅, 乾牛酪, 經濟家, 經濟學, 究理學, 軍務局, 窮理學,
器械學, 棄兒院, 內質素, 奴隷論, 大隊長, 大統領, 大學校, 動物園,
望遠鏡, 名代人, 物産學, 物品稅, 博覽場, 博覽會, 博物館, 發明家,
帆前船, 本草園, 本草學, 扶助金, 副統領, 飛脚印, 常備兵, 生物論,
石炭山, 小學校, 收稅法, 修身學, 修心學, 輸入稅, 輸入品, 植物園,
新聞紙, 新發明, 野戰砲, 夜學校, 兩替座, 預備隊, 外國局, 委任狀,

議事官, 議事堂, 議事院, 醫學校, 裁判局, 裁判司, 裁判所, 傳信機, 傳信線, 傳染病, 政治學, 政學家, 製造局, 製造所, 造物主, 造船局, 重騎兵, 蒸氣船, 蒸氣車, 地理學, 地質論, 天文學, 鐵塔艦, 總都督, 測量學, 痴兒院, 土工兵, 評議官, 評議司, 避電線, 護國兵, 會議局
4음절어: 共和政治, 立君獨裁, 新聞紙局, 積金預所, 蒸氣機關, 出入港稅
5음절어: 輸出輸入品
6음절어: 炭化水素瓦斯

(20)의 2음절어와 3음절어를 보면 대부분이 현재에도 잘 쓰이는 한자어인 것을 알 수 있다. 이는 신생 한자어가 정착되고 안정된 상태에 있다는 것을 말해준다.

접사성한자형태소를 이용하여 만든 신생 한자어가 전보다 많이 나타나고 정착된 상태를 보여주고 있다. 예를 들면 '學'을 이용해 만든 신생 한자어가 (20)중에 '數學, 醫學, 理學, 化學, 語學, 心學, 測量學, 天文學, 器械學, 窮理學, 地理學, 究理學, 修身學, 物産學, 經濟學, 修心學, 器械學, 政治學, 本草學' 등이 있고, '院'을 이용해 만든 신생 한자어가 '上院, 下院, 病院, 老院, 幼院, 貧院, 孤院, 啞院, 盲院, 癲院, 議事院, 棄兒院, 痴兒院' 등이 있다.

4음절어와 그 이상의 음절수의 개념어가 대부분이 합성어이다. '蒸氣機關'은 '蒸氣'와 '機關' 두 개의 2음절어로 이루어진 합성이고, '立君獨裁'는 '立君'과 '獨裁'로, '共和政治'는 '共和'와 '政治'로, '輸出輸入品'은 '輸出品'과 '輸入品'으로, '炭化水素瓦斯'는 '炭化水素'와 '瓦斯'로, '積金預所'는 '積金'과 '預所'로 쪼갤 수 있는 합성어이다. 그 중에 '積金預所'는 뜻으로 보면 '적금을 맡기는 장소'로 해석되고 일반적으로 '銀行'으로 나타난 'bank'의 역어이다. 나머지 '新聞紙局'과 '出入港稅'는 접사성한자형태소 '局'과 '稅'를 이용하여 만든 신생 한자어이다. '新聞紙局'은 삼음절어인 '新聞紙'와 '局'으로 이루어진 것이고, '出入港稅'는 '關稅'의 일종인데 한국과 중국은 '輸出入稅'와 '進出口稅'라고 부르고 있었다.

『西洋事情』의 가장 큰 특징은 접사성한자형태소의 효율적인 사용이다. 접사성한자형태소를 이용하여 만든 개념어가 일반명사 중에 74개나 차지했다. 본서에서 조사한 6종류의 서적에서 『西遊見聞』과 같이 가장 많이 나타나고 있다. 사용한 한자형태소는 '學', '院', '權', '法', '稅', '兵', '官', '所', '局', '論', '園', '家', '線' 등이 있다. 이처럼 접사성한자형태소의 강한 생산력이 『西洋事情』에서 충분히 반영되고 있다. 이상과 같이 접사성한자형태소를 이용하여 효율적으로 신생 한자어를 만드는 방법이 중국과 한국으로 수출되어 신생 한자어의 대량 산출에 큰 영향을 미쳤다.

(5) 『士民必知』 신생 한자어의 일반명사

표 14

신생 한자어의 일반명사	의역어	음역어
36개	34개	2개
100%	94.4%	5.6%

표 15

의역어	1음절어	2음절어	3음절어	4음절어
34	1	25	4	4
100%	2.9%	73.5%	11.8%	11.8%

『士民必知』는 전형적인 세계지리서이므로 일반명사가 그리 많지 않다. 표 14를 보면 총 36개의 신생 한자어 일반명사 중에 의역어가

94.4%나 차지하고, 음역어가 5.6%밖에 없다. 그리고 표 15에서 보여준 4음절까지 있는 것으로 볼 때 신생 한자어가 간결화단계를 거쳐 후기의 성숙한 모습을 갖추고 있다는 것을 알 수 있다. 『士民必知』가 간행된 1895년은 근대이행기 후기에 속하고 이때의 신생 한자어는 거의 정착된 상태였다고 볼 수 있다.

일반명사의 의역어를 음절수별로 정리하면 다음과 같다.

> (21) 1음절어: 電
> 2음절어: 經線, 空氣, 共和, 教堂, 交易, 教皇, 機器, 文明, 民主, 冰帶, 商務, 西洋, 洋布, 熱帶, 溫帶, 緯線, 入口, 自然, 赤道, 政治, 宗教, 地毯, 出口, 統領, 會議
> 3음절어: 南北極, 大統領, 電機線, 火輪車
> 4음절어: 師範學校, 鐵甲大艦, 火輪戰船, 火輪車路

(21)의 신생 한자어를 보면 대부분이 현재에도 잘 사용되고 있는 것을 알 수 있다. 이는 1895년을 전후하여 훗날에도 계속 사용하게 될 신생 한자어가 한국에서 많이 정착되었다는 것을 말해준다. 예를 들면 '電, 空氣, 共和, 教堂, 交易, 教皇, 機器, 文明, 民主, 南北極, 大統領, 師範學校' 등이 그러하다.

『士民必知』가 漢譯된 시기가 일본영향이 컸던 때임에도 불구하고, 이 책에서 나오는 일반명사들이 거의 대부분『瀛寰誌略』혹은 기타 1860년 이전에 출판된 중국 문헌에서 찾을 수 있는 점이 흥미로운 일이다. 물론 이들 신생 한자어는 대부분이 일본을 통하여 한국으로 들어온 것이지만 최초 출처가 중국인 것을 보면 신생 한자어 수용경로의 하나인 '중국→일본→한국'에 대한 흔적을 엿볼 수 있다. 한국 신생 한자어의 구체적인 출처에 대하여 5장에서 다루기로 한다.

(6) 『西遊見聞』 신생 한자어의 일반명사

표 16

신생 한자어의 일반명사	의역어와 혼역어	음역어
490개	485개	5개
100%	99.0%	1.0%

표 17

의역어와 혼역어	1음절어	2음절어	3음절어	4음절어	5음절어	6음절어	7음절어
485	1	228	207	38	9	1	1
100%	0.2%	47.0%	42.7%	7.8%	1.9%	0.2%	0.2%

표 16을 보면 『西遊見聞』에는 490개의 신생 한자어 일반명사를 찾을 수 있다. 그 중에 의역어와 혼역어는 485개가 있고 99.0%를 차지했다. 음역어는 '茄菲, 雲亞爰, 銘旌功布, 噸, 巴力門' 5개밖에 없고, 전체의 1.0%를 차지했다. 음역어의 백분율이 본서에서 조사한 여섯 권의 문헌 중에 가장 작은 수치이다. 이는 근대이행기 후기에 와서 신생 한자어를 만드는 데에 음역어를 거의 안 쓰게 되었다는 것을 말해준다. 나머지 다섯 개의 음역어 중에 '雲亞爰, 銘旌功布'는 그 의미를 알지 못하고, '茄菲'는 'coffee'의 음역어이고, '噸'은 'ton'의 음역한 것이며, '巴力門'은 'parliament'를 음역한 것이다. 현재 중국어에 '噸'과 '茄菲'의 이체자인 '咖啡'만 사용되고 있고, 한국과 일본에서는 한글 또는 가나표기로 대체되었다. 그때 당시에 'parliament'의 의역어인 '議會'도 존재했다. 의역어에 대한 이해가 깊어지면서 음역어인 '巴力門'은 점점 사라지고 '議會'로 완전히 대체하게 된다.

『西遊見聞』 일반명사의 의역어와 혼역어를 음절수별로 정리한 것을 일부 제시하면 다음과 같다.

    (22) 1음절어: 權

        2음절어: 價格, 開化, 客室, 建設, 硬度, 經度, 經營, 經濟, 階級, 契員, 空氣, 公法, 工兵, 工業, 公園, 廣告, 教育, 交際, 舊敎, 國歌, 國法, 全權, 主權, 職權, 農學, 醫學, 化學, 舞會, 歌會, 馬戲, 演戲, 野戲, 貧院, 病院, 酸素, 淡素, 炭素, 電線, 産業, 工業, 刑法, 文法, 步兵, 砲兵, 陸軍, 證書, 眼醫, 書籍庫, 藏書庫, 天主敎, 耶蘇敎, 禮拜堂, 議事堂

        3음절어: 政治學, 法律學, 博覽會, 演說會, 老人院, 幼兒院, 傳語線, 電機線, 牛痘法, 摸本法, 海關稅, 物産稅, 輕重兵, 常備兵, 獨立軍, 博覽館, 博古館, 博物園, 動物園, 電信機, 遠語機, 黃色人, 白色人, 積金所, 製造所, 郵征局, 電信局, 收稅法, 變遷法, 離婚書, 遺願書, 共和黨, 民政黨, 內治醫, 外治醫, 遊觀場, 貿易場, 得訟者, 落訟者, 都會廳, 巡察廳, 電氣信, 電氣燈, 航海師, 器械師

        4음절어: 汽電器械, 農作器械, 立君獨裁, 博物會館, 紡績器械, 法律衙門, 寶玉回婚, 砂器回婚, 私立病院, 師範學校, 三神敎宗, 償債文券, 議事上院, 議事下院, 借財約書, 電氣炭燈

        5음절어: 貨物讓給書, 火災保險書, 海上保險書, 自由通商黨, 窮理學器械, 天文學器械, 飮食除毒法, 金鋼石回婚, 獨立大會堂

        6음절어: 家宅借貸文券

        7음절어: 工人弟子許入書

『西遊見聞』은 잘 알려진 것처럼 일본의 영향을 많이 받은 책이고, 특히 일반명사 즉 개념어가 대부분이 일본으로부터 유입했다고 해도 과언이 아닐 정도로 일본 신생 한자어가 많다. 예를 들면 '開化, 經濟,

階級, 空氣, 教育' 등이 그러하다. 그 중에 2음절어 '硬度'가 특이한 점을 보이고 있다. 원문은 '大洋洲의長廣은東西가四十硬度며南北이三十緯度에不滿ᄒ니'이다. 원문을 보면 이 '硬度'가 '經度'인 것을 알 수 있다. 이는 분명히 同音異形字인 '硬'자로 잘못 쓴 것이라고 판단된다.

앞서 언급했는데 일본서적인 『西洋事情』이 간행된 시기에는 접사성 한자형태소를 이용하여 신생 한자어를 만드는 것이 이미 광범위하게 사용되어 있었다. 『西洋事情』의 영향을 많이 받은 『西遊見聞』에는 접사성한자형태소를 이용하여 만든 신생 한자어가 많이 발견할 수 있다. (22)의 예시 중에 '全權, 主權, 職權'의 '權', '農學, 醫學, 政治學, 法律學'의 '學', '舞會, 歌會, 博覽會, 演說會'의 '會', '馬戲, 演戲, 野戲'의 '戲', '貧院, 病院, 老人院, 幼兒院, 私立病院, 議事上院, 議事下院'의 '院', '酸素, 淡素, 炭素'의 '素', '電線, 傳語線, 電機線'의 '線', '産業, 工業'의 '業', '刑法, 文法, 牛痘法, 摸本法'의 '法', '海關稅, 物産稅'의 '稅', '步兵, 砲兵, 輕重兵, 常備兵'의 '兵', '陸軍, 獨立軍'의 '軍', '博覽館, 博古館'의 '館', '博物園, 動物園'의 '園', '電信機, 遠語機'의 '機', '黃色人, 白色人'의 '人', '積金所, 製造所'의 '所', '郵征局, 電信局'의 '局', '收稅法, 變遷法'의 '法', '證書, 離婚書, 遺願書, 借財約書, 貨物讓給書, 火災保險書, 海上保險書, 工人弟子許入書'의 '書', '共和黨, 民政黨, 自由通商黨'의 '黨', '眼醫, 內治醫, 外治醫'의 '醫', '遊觀場, 貿易場'의 '場', '得訟者, 落訟者'의 '者', '都會廳, 巡察廳'의 '廳', '航海師, 器械師'의 '師', '書籍庫, 藏書庫'의 '庫', '天主敎, 耶蘇敎'의 '敎', '禮拜堂, 議事堂, 獨立大會堂'의 '堂' 등이 있다. 강한 생산력을 지니고 자립성이 없으며 맨 뒤에 오는 것을 보면 이들은 모두 접미성한자형태소에 속한다고 할 수 있다.

표 17을 보면 5음절 또 그 이상의 신생 한자어는 전체의 2.3%만 차지했다. 이는 신생 한자어가 4음절까지 절대적인 우세를 점하고 있다는 것을 알 수 있다. 그리고 (22)의 예시를 보면 5음절 또는 그 이상

의 신생 한자어가 모두 합성어에 속한다는 것을 알 수 있다. 예를 들면 '貨物讓給書'는 '貨物'과 '讓給書'로, '火災保險書'는 '火災'와 '保險書'로, '自由通商黨'은 '自由'와 '通商黨'으로 쪼갤 수 있다.

이상 『海國圖志』, 『瀛寰誌略』, 『世界國盡』, 『西洋事情』, 『士民必知』, 『西遊見聞』의 일반명사를 살펴본 결과로 한·중·일 삼국의 신생 한자어 일반명사는 음역어보다 의역어를 더 선호한다는 것을 재차 확인했다. 그리고 근대이행기에 신생 한자어를 만드는 데에 접사성한자형태소에 대한 새로운 발견과 이로 인한 대량 한자어의 산출도 주목해야 할 점이다. 이 여섯 종류 서적의 간행시기와 순서를 볼 때 신생 한자어의 발전방향과 정착과정을 알 수 있다. 다음절어화가 급격히 발전하되 2음절이 가장 많고 5음절 또 그 이상의 신생 한자어가 뒤로 갈수록 없어지고 있다. 이상 분석한 것은 바로 신생 한자어의 발전과정이다.

한·중·일 삼국의 문헌을 각자 정리했으나 분석결과로 보면 거의 똑같은 양상을 반영하고 있다. 의역어의 절대적인 우세나 접사성한자형태소의 사용이라는 공통된 모습이 신생 한자어를 근대이행기의 동아시아에서 순조롭게 공유하게 하고 광범위 전파하게 만들었다.

4. 신생 한자어의 형성에 따른 언어변화

  한·중·일 삼국은 각국의 근대이행기에 들어간 후에 정치, 경제, 사회 등 여러 방면에서 크나큰 변화를 겪었고, 어휘체계도 이 계기로 인해 획기적인 변화와 급속한 발전을 일으켰다. 언어의 변화란 한 언어의 체계를 구성하는 모든 영역에서 발생한 변화들의 합이다. 음운, 형태, 통사, 의미, 어휘 등 언어의 모든 영역에서 변화가 일어나지만, 가장 빠르고 可視적인 변화는 어휘의 영역에서 발생한다. 동시에 이러한 어휘의 변화는 형태론적 변화와 의미론적인 변화를 가져오곤 했다. 이는 한국어나 중국어나 일본어나 공통적으로 일어나는 변화들이다.

  신생 한자어의 전체적인 유통경로를 보면 처음에 중국어가 주도권을 잡고 있었으나 근대이행기 중후기에 갈수록 일본이 신생 한자어를 만드는 중요한 '원산지'가 되었다. 현대 한국어와 중국어의 어휘체계에 편입된 일본 신생 한자어가의 대다수가 상용한자어가 되고, 학술용어의 대부분을 차지하고 있다. 그리고 무엇보다 동아시아 공동문어 체계 내에서 어휘생산의 주체가 중국에서 일본으로 이동하였다는 사실을 상징적으로 드러냈다는 점에서 일본 신생 한자어는 한국어와 중국어 어휘체계에 미친 영향력이 크다. 서구어의 번역과 수용 과정에 동아시아 한자권에서 어휘 생산의 주체가 중국에서 일본으로 이동했을 뿐만 아니라, 이에 따라 중화주의 또는 중국적 세계 질서의 언어적 변용이라고 할 수 있는 중국의 언어 패권이 무너지는 상징적인 사건으로 해석될 수 있다. 이러한 점에서 신생 한자어의 영향과 의의는 매우 크다고 볼 수 있다. 한·중·일 삼국 중에 중국은 장기간 동안 이웃 언어들과의 언어접촉 과정에서 끊임없이 이웃 언어들을 간섭만 하고 이웃 언어들로부터 영향을 절대 받지 않는 중국어에 대한 환상을 가지고 있었다. 이러한 환상은 중화주의 또는 중국적 세계 질서를 이론적으로 정당화하는 방편으로 작용하였다. 하지만 서양과의 언어접촉에 대한 연구가 발전되면서 그 과정에서 중국어로 유입된 차용어 목록의 수가 증가함에 따라 세계의 다른 언어들과 마찬가지로 중국어 역시 주변 언어들과 공존하며 끊임없이 영향을 주고받는 언어들 가운데 하나에 지나지 않는 사실은 더욱 분명해졌다. 이렇듯 동아시아 언어에 절대적인 지위를 오랫동안 차지한 중국어는 그 위력이 무너지고 한·중·일 삼국어는 근대이행기에 만들어진 신생 한자어로 인해 큰 변화를 겪게 되었다. 특히 형태, 그리고 의미의 변화가 가장 눈에 띈다. 이 장에서는 신생 한자어가 한·중·일 삼국어에 공통적으로 가져온 변화를 어휘의 증가와 변화, 음운적인 변화, 음절수의 변화, 한자의 접사화, 전통한자어의 의미변화로 나누어 논의하기로 한다.

4.1. 어휘의 증가와 변화

4.1.1. 어휘의 급격한 증가

근대이행기에 동아시아 언어의 가장 큰 변화가 어휘의 대량 증가이다. 특히 한자어는 서양문물을 짧은 기간에 엄청난 양을 수용한 것과 같이 비약적인 증가곡선을 보여주었다. 일본국어학자 宮島達夫(미야

지마다츠오)가 일본어 현대 어휘의 형성 과정을 조사한 결과를 차트로 표현하면 그림 1과 같다.

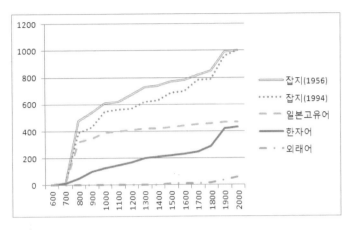

그림 1

宮島達夫는 우선 일본국립국어연구소가 1956년에 90여 종의 잡지에 대한 어휘조사 결과 중에 사용빈도가 높은 상용어휘를 1000 개를 선정하였다. 다음으로 메이지시기 이후의 영향이 큰 영일사전, 일본국어사전, 신문, 고전문학작품 등을 조사함을 통하여 1000개의 상용어휘의 출현시기와 각 시기의 어휘증가 상황을 조사했다. 그리고 1994년에 70여종의 잡지를 이와 같은 방법으로 조사했다. 이상의 조사결과를 차트로 표현한 것이 그림 1이다.[40] 이 차트가 보여준 곡선을 보면 근대이행기가 일본어휘가 가장 많이 증가하는 시기인 것을 알

---

40 그림 1의 차트는 沈國威(2010)에서 소개된 宮島達夫(2009)의 내용을 근거로 하여 작성했다. 沈國威(2010)가 정확한 수치를 보여주지 않고 차트만 소개하였기 때문에 본고는 沈國威(2010)의 차트가 보여준 모호한 수치를 선택하여 비슷한 차트를 만들었다. 여기서 중요한 것이 수치가 아니라 어휘증가의 상황과 곡선을 보여주는 것이니 이러한 방법을 취했다. 원 차트는 沈國威(2010) 17페이지에 있다.

수 있다. 그 중에 특히 한자어가 비약적인 증가곡선을 보여줬다. 그리고 근대이행기에도 19세기가 가장 급격한 변화를 일어났다는 것이 그림 1을 통하여 알 수 있다.

중국어의 상용어에 대해 曹煒(2004)가 宮島達夫와 같은 방법으로 조사했다. 曹煒(2004)는 『漢語大詞典』을 사용하여 『漢語水平詞彙等級大綱』의 2979개 단어의 출현시기를 고찰했다. 조사결과를 표로 정리하면 다음과 같다.

표 18

첫출현 시기	秦漢 시기	魏晉南北朝	隋唐五代十國	宋	元	明	清	五四運動 이후
수량	1129	248	252	175	99	154	229	693
%	37.9	8.32	8.46	5.87	3.32	5.16	7.69	23.26

표 18에서 보여준 수치를 차트로 표현하면 다음과 같다.

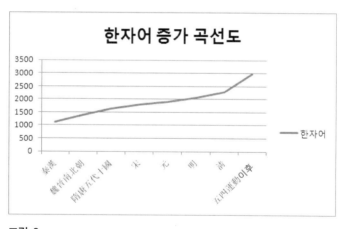

그림 2

그림 2를 보면 중국어의 어휘증가가 역시 근대이행기에 가장 활발

했다는 것을 알 수 있다. 특히 청나라시대의 변화가 비교적 비약적인 곡선을 보여줬다.

한국의 신생 한자어에 대한 연구는 많은 성과를 이루어졌으나 아직까지 宮島達夫와 같은 방법으로 한자어 증가변화를 분석하는 연구가 나오지 않았다. 그러나 중국어와 일본어를 살펴볼 때처럼 만든 곡선도가 없어도 한국 한자어의 증가가 분명히 일본어과 중국어와 비슷한 변화곡선을 보여줄 것이다. 근대이행기에 한국이 주로 일본과 중국에서 신생 한자어를 수입했으므로 이 시기의 한자어 증가도 이전시기보다 많았을 것기 때문이다.

한·중·일 삼국이 근대이행기에 동통으로 한자어의 대량 증가과정을 겪었는데, 그 중에 가장 많이 추가된 어휘는 바로 전문용어이다. 중국어는 高名凱·劉正埮(1958)에서 통계한 신생 한자어의 분포를 보면 주로 인문과학, 자연과학 등 분야의 전문용어가 대부분을 차지했다는 것을 알 수 있다. 구체적으로 분류하면 다음과 같다.[41]

(1) 정치용어: 115
    문학예술용어: 94
    화폐용어: 83
    철학용어: 75
    경제용어: 73
    수학용어: 87
    화학용어: 64
    문화·교육·출판·체육용어: 53
    사회용어: 49

---

41 楊錫彭(2007)『漢語外來詞硏究』7-8 참고한 것이다.

의학용어: 48

종교용어: 46

물리학용어: 42

군사용어: 41

법률용어: 39

심리학용어: 26

생물학용어: 24

기계학용어: 21

일용품: 19

교통용어: 18

건축·가옥·주소용어: 15

방직업용어: 13

의류용어: 12

지리용어: 10

생리학용어: 10

외교용어: 7

언어학용어: 5

기타: 132

   (1)의 분류를 보면 대부분이 전문용어인 것을 알 수 있다. 이러한 특징에 대하여 한국어와 일본어도 마찬가지였다. 서구문물을 소개하고 수용하는 과정에 수반된 전문용어도 필요하게 되기 마련이기 때문이다.

4.1.2. 어휘의 외적 변화

신생 한자어가 어휘체계에도 큰 변화를 가져왔다. 신생 한자어가
들어와 정착되면서 전통한자어의 어형도 이에 따라 변하고 사라지기
도 한다. 그리고 대량 수용된 신생 한자어들도 경쟁을 거쳐서 단 하나
만이 살아남게 된다. 국립국어연구원이 편찬한『국어의 시대별 변천
연구 4-개화기 국어』(1999)에서 바뀐 어휘와 사라진 어휘를 정리했는
데 그 일부를 옮겨보면 다음과 같다. '/' 표시 앞부분은 근대이행기 어
형을, 뒷부분은 현대 한국어 어형을 나타낸다.[42]

(2) 전체변화

경언회(競言會)/웅변대회(雄辯大會), 고원(雇員)/사무원(事務員),
공담(公談)/여론(輿論), 공소원(公訴員)/검찰(檢察), 공일(空日)/
일요일(日曜日), 과목밭(果木밭)/과수원(果樹園), 구류간(拘留
間)/구치소(拘置所), 국중명일(國中名日)/국경일(國慶日), 낙송
(落訟)/패소(敗訴), 노인원(老人院)/양로원(養老院), 문초(問招)/
심문(審問), 방송(放送)/석방(釋放), 방직이(房直이)/교도관(矯導
官), 병세(兵勢)/군사력(軍事力), 병학(兵學)/군사학(軍事學)

'競言會, 雇員, 公談, 公訴員, 空日, 拘留間, 國中名日, 落訟, 老人院, 兵
勢, 兵學' 등도 근대이행기에 만들어진 신생 한자어들이다. 이들이 각
각 '雄辯大會, 事務員, 輿論, 檢察, 日曜日, 拘置所, 國慶日, 敗訴, 養老院,

---

42 4.1.2의 예문은『국어의 시대별 변천 연구 4 - 개화기 국어』(1999) 138~171면을
참고한 것이다.『국어의 시대별 변천 연구 4 - 개화기 국어』(1999)에서 '경쟁변화'라는
신생 한자어의 경쟁으로 인한 변화를 따로 설정하였으나 전체변화나 부분변화에도 '경
쟁변화'가 포함되어 있으므로 본고에는 '경쟁변화'를 제외시켰다.

軍事力, 軍事學'으로 전체변화를 했다. 최종적으로 남게 되고 잘 쓰이는 용어로 된 것들은 대부분이 일본에서 만들어진 것이다. 이는 근대이행기에 신생 한자어가 형성, 동의중복, 대체 이 세 단계를 반복적으로 겪었다는 것을 입증했다. 특히 한국에서 중국신생한자어, 일본신생한자어가 대량 공존했었다. 독자적인 만든 것을 덧붙이면 같은 의미를 가진 신생 한자어가 다수 존재했다. 신생 한자어가 이러한 혼란 속에 부단히 선택되고 탈락되었다. 마지막에 남은 것은 그때 당시에 영향을 가장 많이 준 나라에서 나온 것이고 생명력이 가장 강한 것들이다. (2)의 예시들은 한국어에서의 변화를 반영한 것이므로 근대이행기에 일본의 영향이 가장 컸던 것으로 알 수 있다.

'果木밭, 房直이'은 전통한자어와 한국고유형태소의 결합이고 한국의 전통어휘이다. 이들이 각각 '果樹園, 矯導官'으로 전체변화를 했다. 근대이행기에 신생 한자어가 서로간의 경쟁이 물론이고 신생 한자어가 전통어휘 특히 고유어와의 경쟁도 어휘체계에 변화를 가져왔다.

전통한자어를 이용하여 신생 한자어를 만들기도 하는 동시에 신생 한자어가 전통한자어를 아예 대체했다는 것이 근대이행기 신생 한자어 정착과정에 또 하나의 특징이다. (2)의 '問招, 放送'은 전통한자어들이다. '問招'는 죄나 잘못을 심문하는 것이고, '放送'은 풀려난다는 의미이다. 이들이 각각 '審問, 釋放'으로 전체변화를 했다. 그리고 주목해야 할 점은 '放送'은 전통한자어로서 '釋放'로 대체되었으나 'broadcasting'의 대역어, 즉 신생 한자어로 다시 나타났다는 것이다. '放送'이라는 하나의 한자어에서 근대이행기 신생 한자어 형성에 전통한자어를 이용하면서도 탈락시켰다는 두 가지 특징을 엿볼 수 있다.

(3) 부분변화
   선행 어소가 바뀐 경우: 거민(居民)/주민(住民), 관병식(觀兵式)/

열병식(閱兵式), 광언(狂言)/망언(妄言), 규목(規目)/과목(科目), 근력(筋力)/기력(氣力), 해관(海關)/세관(稅關), 화륜선(火輪船)/기선(汽船)

후행 어소가 바뀐 경우: 교장(敎場)/교실(敎室), 농식물(農植物)/농작물(農作物), 대심원(大審院)/대법원(大法院), 도서원(圖書院)/도서관(圖書館), 등탑(燈塔)/등대(燈臺), 우체물(郵遞物)/우편물(郵便物), 학당(學堂)/학교(學校)

어소 첨가: 양인(洋人)/서양인(西洋人), 원경(遠鏡)/망원경(望遠鏡), 내부(內部)/내무부(內務部), 민송(民訟)/민사소송(民事訴訟), 법부(法部)/법무부(法務部), 유원(遊園)/유원지(遊園地), 학자(學資)/학자금(學資金)

어소 생략: 농사업(農事業)/농업(農業), 정치당(政治黨)/정당(政黨), 간사인(幹事人)/간사(幹事), 명함지(名銜紙)/명함(名銜), 신문지(新聞紙)/신문(新聞), 은행옥(銀行屋)/은행(銀行), 학비전(學費錢)/학비(學費)

어순 변화: 명운(命運)/운명(運命), 문창(門窓)/창문(窓門), 성음(聲音)/음성(音聲), 수개(修改)/개수(改修)

부분변화에는 '居民, 觀兵式, 狂言, 規目, 筋力, 海關, 火輪船'이 '住民, 閱兵式, 妄言, 科目, 氣力, 稅關, 汽船'으로 변한 것처럼 선행어소가 바뀐 경우가 있고, '敎場, 農植物, 大審院, 圖書院, 燈塔, 郵遞物, 學堂'이 '敎室, 農作物, 大法院, 圖書館, 燈臺, 郵便物, 學校'로 변한 것처럼 후행어소가 바뀐 경우가 있으며, '洋人, 遠鏡, 內部, 民訟, 法部, 遊園, 學資'가 '西洋人, 望遠鏡, 內務部, 民事訴訟, 法務部, 遊園地, 學資金'으로 변한 것처럼 어소첨가가 있다. 그리고 '農事業, 政治黨, 幹事人, 名銜紙, 新聞紙, 銀行屋, 學費錢'이 '農業, 政黨, 幹事, 名銜, 新聞, 銀行, 學費'로 변한 것처럼

어소생략이 있고, '命運, 門窓, 聲音, 修改'가 '運命, 窓門, 音聲, 改修'로 변한 것처럼 어순 변화가 있다.

(3)의 부분변화의 예시들이 신생 한자어의 최종정착단계에 한국이 일본의 영향을 더 많이 받았다는 것을 입증했다. 변화하기 전의 한자어들이 대부분이 전통한자어나 중국에서 만든 신생 한자어들이다. 이들 중에 현대중국어에서 여전히 사용되고 있는 것도 적지 않다. 예를 들면 '居民, 狂言, 海關, 火輪船, 大審院, 圖書院, 燈塔, 郵遞物, 學堂, 洋人, 遠鏡, 命運, 門窓, 聲音, 修改'가 그러하다. 그 중에 '居民, 狂言, 海關, 燈塔, 郵遞物, 洋人, 命運, 門窓, 聲音, 修改'등이 현재 중국어에도 사용되고 있는 어휘들이다. 반면 변환한 후의 신생 한자어들이 대부분이 일본에서 만든 것들이다. 즉, 한국에서 최종적으로 정착된 신생 한자어는 대부분이 일본신생한자어의 영향을 받았다는 것이다. 물론 대치한 어형 중에 현재 중국어와 일치된 것도 있으나 일제 한자어가 근대이행기의 영향을 보면 이들 한자어도 일본어의 영향을 받았을 것이다.

어소생략은 대부분이 동의중복문제를 내포한 단어들 중에 나타난다. '幹事人'의 '幹事'는 '사람'의 의미를, '名銜紙'의 '名銜'과 '新聞紙'의 '新聞'은 '종이'의 의미를, '銀行屋'의 '銀行'이 '건물, 방'의 의미를, '學費錢'의 '學費'가 '돈'의 의미를 내포한다. 신생 한자어를 주로 받아들이는 입장에 선 한국은 초기 단계에 알기 쉬운 한자를 덧붙이는 방식으로 생소한 신생 한자어를 수용했다. 동의중복문제를 안고 있었음에도 불구하고 먼저 이해하고 기억해야 기 때문에 '신생 한자어+쉬운 전통한자어'의 결합으로 많은 신생 한자어를 수용하고 한국식 신생 한자어를 만들다. 그러나 나중에 이러한 동의중복문제가 신생 한자어의 정착으로 인해 드러나게 되고 신생 한자어의 중복된 부분은 최종적으로 삭제하게 된다. '幹事人, 名銜紙, 新聞紙, 銀行屋, 學費錢'은 각각 '人, 紙, 紙, 屋, 錢'이라는 중복된 부분이 삭제되고 '幹事, 名銜, 新聞, 銀行, 學費'

로 변한다.

(4) 사라진 어휘

가리(街里)/거리(距離), 가칭(假稱)/사칭(詐稱), 간증인(干證人)/
증인(證人), 개로식(開路式)/개통식(開通式), 거민(居民)/주민(住
民), 그림광고/전시회(展示會), 길표/통행증(通行證), 나라명절/
국경일(國慶日)

(4)의 사리진 어휘를 보면 전통한자어 '街里, 假稱, 居民'이 신생 한
자어 '距離, 詐稱, 住民'으로 대체되고, 신생 한자어 '干證人, 開路式'이
다른 신생 한자어 '證人, 開通式'으로 변며, 고유어 '그림광고, 길표, 나
라명절'이 신생 한자어 '展示會, 通行證, 國慶日'로 대체되었다는 것을
알 수 있다. 근대이행기 후기의 일본신생한자어가 한국어에 대한 영
향을 컸었다는 점을 보면 '距離, 詐稱, 住民, 開通式'은 한국이 일본으로
부터 수입된 것으로 볼 수 있다. 한편, '그림광고, 길표, 나라명절'은
새로운 사물에 대한 나름의 명명인데 이들이 최종적으로 한자어로 대
치되었다는 것을 보면 새로운 사물을 명명할 때 고유어보다 한자어가
더 효율적이고 안정하다는 것을 입증했다.

이상 살펴본 바로 근대이행기에 신생 한자어의 대량 출현으로 인해
어휘체계에 큰 변화를 가져왔고 그 중에 한국어와 중국어는 일제 신
생 한자어의 영향을 받아 더 많은 변화를 겪어야 했다는 것을 알 수
있다. 그리고 근대이행기는 한자어의 대량증가시기이기도 하고, 어휘
가 전문화한 시기이기도 하며, 어형 변화가 대폭 변화한 시기라는 것
도 증명해 주었다.

4.2. 음운적인 변화

근대이행기에 한국과 일본은 음역어의 표기로 한자와 자국어의 표음문자 두 가지를 사용했다. 서구문물을 소개하는 동시에 그 많은 낯선 문물과 제도에 이름을 붙여야 할 것이다. 한·중·일 삼국은 가능한 한 한자어를 이용하여 번역어, 즉 의역어를 만들었으나 인명·지명 등 고유명사를 소개할 때 의역어보다 음역어를 선택했다. 특히 한국어와 일본어에 각각 한글과 가나문자와 같은 표음문자를 가졌으니 음역할 때 더 편했을 것이다. 그러나 그럼에도 불구하고 근대이행기 중반이전에 한국과 일본은 자국문자로 음역하는 것보다 오히려 한자로 표기하는 것을 선택했다. 이것은 오랫동안 한자문화권에 속해 있고 한자의 영향을 받았기 때문으로 볼 수 있다. 물론 후기에 갈수록 한글이나 가나를 이용하여 만든 음역어가 대부분을 차지하기 시작했다. 이것도 한자의 패권이 무너진 후부터였다. 서양문명과 사상을 수용하면 수용할수록 근대화 국가를 만들기 위해 노력도 급급했다. 특히 중국이 서양국가로 인해 반식민지로 되어가고 있는 것을 보면 한국과 일본은 각각 한자를 폐지하는 운동도 한동안 진행되었다. 한국에서는 국어순화운동이고, 일본에서는 언문일치운동이었다.

자국문자를 이용하여 만든 신생어로 인해 일본어에는 새로운 음절을 만들어졌다. 서양어휘를 유입하는 大正(다이쇼)시대부터 기본적으로 음역방식을 채용한 일본은 그때부터 일본어의 음절과 음소가 부족하기 때문에 많은 외래어의 발음에 대응할 수 있는 일본어 음성을 찾을 수 없었다는 것을 인식하기 시작했다. 그렇기 때문에 음역을 하는데에 반드시 필요한 것으로서, 일본인은 외국어의 발음을 모방해서 많은 새로운 음절을 만들기 시작했다. 이러한 음절들이 일본어 음성의 근대적인 발전에 차례차례 정착되고 있었다. 예를 들면 ファ, チェ,

フィ 등 음절이 있다. 또한 일본어에는 한자어, 고유어의 촉음과 몇 개의 방언을 제외하면 일반적으로 か행, き행, た행, ぱ행만이 첫음절에 나타난다. 서양어가 음역될 때부터 예외가 나타나기 시작했다. 예를 들면 ベッド(베드), バック(백), グッズ(굿) 등 ば행, が행으로 시작한 것들이 있다. 즉, 음역할 때의 일본어 어음 범위는 한자어와 일본 고유어에 비하면 음역이 어느 정도 확대되었다고 할 수 있다.

한국어도 일본어와 같은 시도를 했었다. 『아학편』을 보면 영어의 발음을 표기하기 위해 한글을 몇 개 새로 만들기도 했다. 그러나 한국이 일본과 다른 점은 만드는 시도가 있었으나 결국에 사라지고 정착되지 못하였다. 이것은 한국어의 음성구조가 일본어보다 복잡하고 굳이 새로운 음절을 만들지 않아도 원어에 가까운 소리를 낼 수 있기 때문이었다.

이상과 같이 음운적으로 서양어의 수입이 크건 작건 한국어와 일본어에 영향을 주었다는 것이 사실이다. 그러나 이러한 영향을 외래어가 가져온 것이지 한자어와 무관하다. 신생 한자어가 음운적으로 직접적인 영향을 준 언어는 중국어이다.

중국은 한·일 양국과 같이 표음문자를 가지지 않았기 때문에 표의문자인 한자로 음역할 수밖에 없었다. 그러나 한자음을 이용하여 신생 한자어를 만드는 과정에 중국이 겪어야 한 가장 큰 문제는 어음의 불통일이었다. 한자의 중국음은 지역에 따라 달라진다. 성조가 물론이고 성모(초성)와 운모(중성과 종성)가 변하는 경우도 있다. 특히 근대이행기 초창기에 중국에서 음역어를 만드는 중심지가 廣東省과 福建省이었으니 그 지역방언에 따른 한자음이 수도권의 북경어와 상당히 다르다. 그리고 중국어의 음운체계가 남쪽으로 갈수록 入聲[43]이 발달

---

43 입성은 한국어의 받침과 비슷한 것이다.

되어 있어 이러한 한자음을 기초로 하여 만든 음역어는 북쪽사람이 이해하기에 여간 어려운 일이 아니었다. 이 문제는 중국내에서 신생 한자어의 전파가 처음에 순탄하지 않았다는 이유이기도 하였다.

이와 같은 문제를 가지고 있어 통일된 방법을 필요했음에도 불구하고 중국에서 정부가 개입하여 신생 한자어를 만들기 시작한 것은 아주 늦은 시기였다. 일본 메이지유신의 성공을 보고 나서부터 본격적으로 서양문물을 배우려 하기 시작하긴 하였으나 거의 초중기에 만들어진, 중국 남쪽에서 이미 유통되고 있는 음역어를 없애서 다시 만들수가 없었다. 예를 들면 스위스의 음역어인 '瑞西'는 남쪽 방언음으로 읽으면 원어에 가깝지만 북경 표준음으로 읽으면 원어에 일정한 거리가 있다. 이는 남쪽에서 '瑞(rui)'의 성모, 즉 초성은 's'이고 북쪽에서 'r'이기 때문이다. 그럼에도 불구하고 그대로 표준어에 수용되었다는 것을 보면 민간에서 거의 보급된 신생 한자어를 인위적으로 없앨 수가 없었다는 사실을 알 수 있다. 이 어형은 현재 중국어에 '瑞士'이긴 하나 첫 글자가 바꾸지 않았기 때문에 원어와의 거리가 여전히 멀다.

'瑞西'가 방언 한자음을 무시하고 어형을 받아들인 것인데 어떤 경우에 방언 한자음, 심지어 서구어음을 그대로 표준한자음으로 받아들일 때도 있었다.

(5) 戛(jia→ga)納
　　伽(jia→ga)馬

(5)의 '戛納'는 칸영화제의 'cannes'의 음역어인데, 원래의 한자음으로 발음하면 'jia na'가 된다. 그러나 현재 중국어에 이를 'ga na'로 읽고 있다. 즉, 원래 그 한자의 음에 없는 발음을 도입하게 되고, 원해한 음만 가지고 있는 한자를 여러 음을 가지는 한자로 만들었다는 것

이다. 중국에서 이를 多音字로 부르고 있다. 그 외에 'gamma'의 음역어 '伽馬'도 같은 경우이다. 원래 'jia ma'로 읽어야 하는데 원어 발음대로 'ga ma'로 읽고 있다. 이는 바로 신생 한자어의 유입이 중국어에 가져온 음운적인 변화이다.

4.3. 한자어 음절수의 변화

신생 한자어가 한・중・일 한자어에 공통적으로 미친 형태적인 영향은 한자어 음절수의 변화이다. 전통한자어의 음절수가 동아시아 전체로 볼 때 대부분이 이음절이었고, 표의문자로서의 한자의 특징으로 보면 한 음절만으로 뜻을 표현하는 단음절어도 다수 존재했다. 그렇기 때문에 동아시아의 전통한자어는 단음절 또는 이음절 어휘가 주도 위치에 있었다고 할 수 있다. 그러나 한자어가 점차 다음절어의 방향으로 변화해 온 것은 부인할 수 없다.

陳文彬(1958), 文斌(1951)에 따르면 『水滸傳』(약 1649)의 다음절어는 54.5%, 단음절어는 45.5%이고, 『紅樓夢』(1765)에서는 각각 50.7%와 49.3%를 차지했으며, 『兒女英雄傳』(1840)에서는 각각 50.06%와 49.04%를 차지했다. 盛育冬・張宏洪(1980)에 따르면 『西遊記』(16세기)에는 다음절어가 26%, 단음절어가 74% 포함되어 있다. 마시니(2005)에 따르면 1949년 이후에 쓰인 문학 작품에서 단음절어와 다음절어의 백분율이 각각 14.2%와 85.8%를 이루게 되었다. 이상의 수치를 차트로 표현하면 그림 3과 같다.

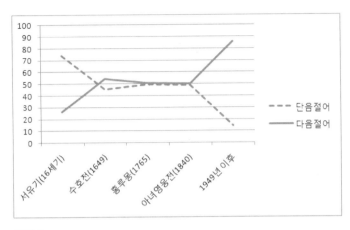

그림 3

그림 3을 보면 중국어에 단음절어가 점점 감소되고 다음절어가 점점 증가된다는 것을 알 수 있다. 즉, 한자어의 다음절화가 근대이행기에 일어났다는 것이다. 우선 한자어의 본원지인 중국에서 다음절화가 시작됐다. 이는 본질적으로 중국어에서 음소 단순화가 진행되어 온 것에 대한 반응이었다(王力 2004). 음소가 단순해짐에 따라 동음이의자가 많이 생기기 마련이다. 혼란을 피하기 위해 단음절한자어는 저절로 다음절어로 변화하기 시작했다. 한편, 예부터 중국에서 한문서적을 수입해 온 한국과 일본은 또한 점점 다음절어로 변화해온 한자어를 수용하였다. 이러한 다음절어화가 가장 많이 일어난 시기는 바로 근대이행기였다. 즉, 서구문물을 수입하는 동시에 만든 신생 한자어가 한자어의 다음절어화를 더욱 촉진하였다고 할 수 있다.

서구어의 한 단어는 대부분 다음절어로 구성되었으므로 이를 음역할 때 다음절 한자어를 만들 수밖에 없었다. 예를 들면 중국 신생 한자어 중에 'Atlantic'을 음역한 '亞德蘭的', 'Washington'을 음역한 '華盛頓', 'Austria'를 음역한 '奧大利亞' 등이 있고, 일본 신생 한자어 중에

'Napoleon'을 음역한 '奈保禮恩', 'Arabia'를 음역한 '荒火屋', 'Colombo'를 음역한 '古論武子' 등이 있으며, 한국 신생 한자어 중에 'Canada'를 음역한 '佳那多', 'Pyrences'를 음역한 '蔽賴尼秀', 'Sierra Nevada'를 음역한 '時茲羅禮排多' 등이 있었다. 한국어와 일본어의 이러한 한자음역어들은 대부분이 사라지고 말았으나 한자어의 다음절어화의 일환임을 부정할 수 없을 것이다.

일반명사의 다음절화도 근대이행기에 활발히 진행되어 왔다. 중국과 일본은 근대이행기에 파생어와 복합어의 형식으로 한자어의 음절수를 늘려가면서 대량의 신생 한자어를 만들었다. 대표적인 대역방법은 접사성한자형태소의 사용이다. 그 많은 신생 한자어들이 한국으로 그대로 수용되고 한국 한자어의 다음절어화도 촉진되었다. 송민(2002)는 『獨習日語正則』(1907)에 나타나는 이음절 한자어를 정리하였고, 이들 중에 신생 한자어가 많으며, 그 적지 않은 어형과 의미가 한국어에 간섭이나 차용으로 나타났다고 밝혔다. 예를 들면 '價格, 家券, 閣議, 看護, 開拓' 등이 있다. 여기에 정리된 이음절 한자어가 모두 신생 한자어라고 단언할 수는 없으나 그 기반 위에서 생겨난 삼음절 파생어, 사음절 또는 그 이상의 복합어의 대부분은 신시대의 개념을 표현하고 있으므로 신생 한자어로 볼 수 있다. 이러한 다음절 신생 한자어는 그 수량이 상당히 많은데, 대부분은 당시의 한국어에 거의 그대로 수용되었다고 송민(2002)는 밝혔다. 한편, 한국지식인들이 파생과 복합 등 조어방식에 힌트를 얻어 독자적으로 다음절 한자어를 만들기도 했다. 예를 들면 '家室稅, 家宅借貸文券, 故物學, 考試室, 工人弟子許入書, 官許稅, 傳語線, 傳語筒' 등이 그러하다. 이러한 독자적 신생 한자어도 다음절어화의 일환으로 볼 수 있다.

4.4. 한자의 접사화

근대이행기의 한·중·일 삼국은 다음절어, 특히 파생어를 만드는 과정에 자연적으로 한자형태소를 사용하기 시작했다. 이러한 과정은 단음절한자어의 접사화를 직접적으로 촉진했다. 한자의 접사화는 대체로 명사의 접사화와 조사의 접사화로 볼 수 있는데 명사의 접사화가 대부분을 차지하고 조사의 접사화에는 '的'만 존재했다.[44] 본장에서는 명사의 접사화와 조사의 접사화를 각각 살펴보기로 한다.

4.4.1. 명사의 접사화

명사의 접사화는 명사성 의미를 가지고 있는 한자를 접사처럼 쓰는 것이다. 특정한 의미를 가진 한자형태소가 신생 한자어의 구성에 접사성형태소로 전환되면서 생산성을 가지게 된다. 이때부터 명사성한자형태소는 접사성한자형태소가 된다. 이러한 변화는 근대이행기에 급격한 모습을 보여주었고 신생 한자어를 만드는 데에 효율적인 방법을 제공했다. 동시에 신생 한자어를 대량 산출하는 과정이 명사의 접사화를 촉진했다.

접사기능 형태소의 발전은 이음절 어기와의 결합과 밀접하게 연관되어 있다. 예를 들면 명사성 한자 '學'이 '政治', '動物', '植物', '天文' 등 이음절 한자어 뒤에 붙으면 '政治學, 動物學, 植物學, 天文學' 등 학문의 한 분야가 된다. 원래 각각 다른 의미를 가지는 한자어를 학문이름으로 만들어 공통된 것이 생기게 된다. 그 순간부터 '學'은 더 이상 단순

---

44 '的'이라는 한자형태소의 품사에 대하여 한자의 종주국인 중국의 문법규정에 따른 것이다.

한 명사성한자형태소가 아니라 접사성한자형태소가 된다. 형태론적인 관점에서 볼 때 이러한 변화에서 온 접사성한자형태소의 사용이 20세기 동안에 만들어질 신생 한자어의 주요 대역방법이 되었다. 이로 인해 만들어진 다음절 신생 한자어는 한·중·일 삼국의 한자어 어휘역사에서 훨씬 더 거대한 혁신을 만들어냈다고 할 수 있다.

다음절어의 증가는 '어기+접미사기능 형태소' 구조와 '접두사기능 형태소+어기' 구조가 널리 퍼진 데에 원인이 있다. 어기와 접미사기능 형태소의 관계는 단순한 한정-피한정 관계로 간주될 수 있다. 앞서 언급한 접미사 '學'을 이용하여 만든 신생 한자어들이 있는데, '歷史學, 物理學, 算學' 등이 그러하다. 전통한문에 수식관계를 표현할 때 수식어와 피수식어 사이에 조사 '之'가 삽입되었다. 이음절한자어는 전통한자어에서 이미 흔한 존재이기 때문에 '算學'처럼 한정-피한정 관계에 다시 수식관계를 표현하는 조사 '之'로 연결할 필요가 없었다. 그러나 '學'이 접미성형태소로 쓰여 이음절 어기 뒤에 연결되고 단어들이 삼음절어로 구성되면서 상황이 크게 달라졌다. 근대이행기 초기에 어기가 일반적으로 조사 '之'를 이용하여 '學'과 연결되었고, 따라서 '學'은 '幾何之學', '地理之學'에의 쓰임과 같이 접미성형태소가 아니고 여전히 단음절 한자형태소였다. 그러나 조사 '之'가 탈락되면서 19세기에 '學'이 이음절어와 직접 연결되어 접미성형태소로서 기능하기 시작했고, 삼음절 파생어를 만들어내기도 하였다. 초기에 만들어진 구에 가까운 신생 한자어 '幾何之學', '地理之學'도 '幾何學', '地理學'으로 변하여 더 신생 한자어다운 모습을 띠기 시작하였다.

본서에서는 같은 한자로 두 개 이상의 신생 한자어를 만든 경우, 그 한자는 접사성한자형태소로 보기로 한다. 이 원칙으로 판단하면 주요참고문헌으로 삼은 여섯 권의 문헌 중에 『西洋事情』과 『西遊見聞』에서 한자접사를 이용하여 만든 신생 한자어가 가장 많이 발견될 수 있다. 접사성한자형태소와 그것에 비롯된 신생 한자어를 정리하면 다음과 같다.

(6) 『西洋事情』과 『西遊見聞』의 접사사용:

家: 政學家, 經濟家, 發明家

庫: 書籍庫, 藏書庫

館: 博覽館, 博古館, 博物館, 博物會館

官: 次官, 士官, 議事官, 評議官

敎: 天主敎, 耶蘇敎

局: 郵征局, 電信局, 軍醫局, 銀行局, 新聞局, 消火局, 造幣局, 會議局, 裁判局, 外國局, 造船局, 製造局, 軍務局, 新聞紙局

軍: 陸軍, 獨立軍

權: 全權, 主權, 職權, 大權, 政權, 商權, 專賣權, 特權

機: 電信機, 遠語機

黨: 共和黨, 民政黨, 綠背黨, 淸醒黨, 中立黨, 女權黨, 學問黨, 宗敎黨, 抗拒黨, 服從黨, 淸淨黨, 開化黨, 守舊黨, 自由通商黨

堂: 禮拜堂, 議事堂, 獨立大會堂

論: 奴隸論, 生物論, 地質論

法: 稅法, 文法, 收稅法, 國法, 變遷法, 恒久法, 豫防法, 消毒法, 衛生法, 鍍金銀法, 飮食除毒法, 刑法, 牛痘法, 摸本法

兵: 步兵, 砲兵, 工兵, 輕重兵, 常備兵, 護國兵, 重騎兵, 土工兵

師: 航海師, 器械師

書: 證書, 離婚書, 遺願書, 借財約書, 貨物讓給書, 火災保險書, 海上保險書, 工人弟子許入書

線: 電線, 傳語線, 電機線, 避電線, 傳信線

稅: 地稅, 家稅, 家産稅, 物品稅, 輸入稅, 出入港稅, 海關稅, 物産稅,

官許稅, 證印稅, 土地稅, 家室稅

素: 酸素, 淡素, 炭素, 水素, 元素

所: 積金所, 製造所, 火葬所, 停車所, 接賓所, 積金實所, 裁判所, 積金預所

業: 産業, 工業

園: 動物園, 植物園, 博物園, 本草園, 木草園

院: 貧院, 病院, 老人院, 幼兒院, 孤兒院, 棄兒院, 痴兒院, 狂人院, 盲人院, 啞人院, 敎導院, 議事院, 濟衆院, 治病院, 大審院, 手術院, 太審院, 私立病院, 議事上院, 議事下院, 上院, 下院, 老院, 幼院, 孤院, 啞院, 盲院, 癲院

醫: 眼醫, 內治醫, 外治醫, 齒牙醫, 婦人醫

人: 黃色人, 白色人, 黑色人, 灰色人, 赤色人, 外國人, 泰西人, 保證人, 有訟人, 幹事人

者: 得訟者, 落訟者, 製物者, 掌禮者

場: 遊觀場, 貿易場, 商賈場, 博物場

廳: 都會廳, 巡察廳, 問事廳

學: 格物學, 經濟學, 故物學, 鑛物學, 究理學, 窮理學, 禽獸學, 器械學, 金石學, 農學, 道德學, 動物學, 歷史學, 理學, 物産學, 博古學, 博物學, 法律學, 兵學, 本草學, 生物學, 修身學, 修心學, 數學, 植物學, 心學, 語學, 言語學, 醫學, 理學, 人身學, 電氣學, 政治學, 宗敎學, 地理學, 天文學, 天主學, 哲學, 草木學, 測量學, 化學

會: 舞會, 歌會, 野會, 幼稚會, 博覽會, 演說會

戲: 馬戲, 演戲, 野戲

(6)의 접사들은 크게 네 가지 유형으로 나눌 수 있다. 첫째, 사람을 지칭하는 접사이다. '家, 師, 官, 人, 者'가 이에 해당한다. 더 세분하면

'家, 師'는 그 방면에 뛰어난 사람, 또는 그것을 직업으로 하는 사람을 가리키고, '官'은 공적인 직책을 맡은 사람을 가리키며, '人, 者'는 '사람'을 의미한다. 둘째, 장소, 기관, 건물이름을 나타내는 접사이다. '庫, 局, 館, 堂, 所, 園, 院, 場, 廳'이 이에 해당한다. 셋째, 사물을 가리키는 접사이다. '機, 書, 線'이 이에 해당한다. 더 세분하면 '機'는 '기계, 장치'를, '書'는 '서류'를, '線'은 '길게 뻗쳐 있는 선 따위의 것'을 지칭한다. 넷째, 나머지 각 유형을 가리키는 접사이다. '敎'는 '종교', '軍, 兵'은 '군대, 병사', '權'은 '권리, 자격', '黨'은 '정당', '論, 學'은 '학문, 학설', '法'은 '법률', '稅'는 '세금', '素'는 '원소', '業'은 '직업', '醫'는 '의학 분야', '會'는 '단체, 조직의 활동', '戲'는 '연극, 유희'를 각각 나타내고 있다.

이상과 같이 근대이행기에 단음절한자형태소가 접사처럼 이용되면서 수많은 파생어가 이루어졌고, 그 절대다수는 그대로 한국어로 수용되었다.

4.4.2. 조사의 접사화

'的'은 중국어에서 원래 두 낱말 사이의 수식관계를 나타내거나 체언구조를 만들 때 쓰는 하나의 구조조사(허사)로서 최초의 구어 형식은 '底'였다. '底'가 처음으로 나타난 것은 당나라의 선사어록(禪師語錄)이다.[45] 이 '底'가 점차 실사를 나타내는 말로 흔히 쓰이게 되자 14세기경 원나라에 이르러 그 발음이 비슷한 '的'을 그와 함께 혼용하게 되었다. '底'를 '的'으로 가장 먼저 바꿔 쓴 것은 元人이 개작한 宋人의 話本에서 발견되었다.[46] 그러다가 오사운동(五四運動)을 거치면서 중국어

---

45 「撫州曹山元證禪師語錄」에는 "祇是醜陋底人(못난 사람일 뿐이다)"이라는 구절이 있다. 王力, 『漢語史稿』, 中華書局, 2004, 372 참조.

46 화본은 송나라에 생긴 백화 소설인데 통속적인 글로 쓰여 주로 역사 고사와 당시

문법이 서양문법의 영향을 받아 서면어에서 형용사와 부사 뒤에 오는 수식어미를 구분하기 시작하였는데 형용사 뒤에 오는 수식어미가 바로 '的'이었다. 이때 '底'와 '的'의 용법도 구별되었다. 'the study of science'의 번역은 '科學底研究'이고, 'Scientific research'의 번역은 '科學的研究'였다. 심지어 1950년의 출판물에서도 '底'와 '的'의 구별을 발견할 수 있다.[47] 현대에 이르면서 중국어의 '底'는 그 사용이 완전히 폐지되고 현대의 중국어에서는 '的'만 남아 통용되고 있다. 현재 중국어의 '的'은 주로 조사로서 수식관계나 종속관계를 나타내는 조사로 쓰이고 있다.

현대 일본어에 사용되고 있는 한자어는 고대부터 중국에서 전래된 것들도 있지만 메이지 유신 이후 서구어 번역어로 만들어진 것도 상당히 많다. 서구의 문명과 문물을 받아들이면서 서구어의 내용에 적합한 단어들이 필요하게 되었던 것이다. 그들은 한자어를 선택했고 그 한자어를 이용하여 독자적으로 중국어와는 다른 의미의 단어들을 만들어 냈다. 이것이 바로 일본 신생 한자어이다.[48] 김용석(1986)에 의하면 영어 접사 'tic'을 번역할 때 중국어의 '的'이 쓰이는 것에서 암시를 받은 동시에 우연하게도 '的'의 일본식 발음 'teki'와 'tic'이 서로 닮은 것을 인식했던 것이다. 그래서 '的'을 교묘하게 이용하여 중국어에서의 그것과는 아주 다른 기능을 가지는 하나의 접미사로 둔갑시켜

의 사회생활을 題材로 하였다. 이는 송, 원나라 민간의 설화인이 설창하던 저본이 되었다. 『朱子語類·四彙』권1에는 "如何都喚作外面入來的(어떻게 밖에서 들어온 사람들만 부르느냐)"라는 말이 있다. 이때 같은 서적에서 '底'도 사용되고 있었다. 『朱子語類』권13에는 "不是將好底換了不好底(좋은 것을 안 좋은 것으로 바꾼 것이지 않느냐)"라는 문장이 있다. 王力, 『漢語史稿』, 中華書局, 2004, 372~375 참조.

47 "羣衆底高潮是繼續不斷……而且普及到新的區域和新的民衆階層." 列寧, 『做什麼』, 외국문서적출판국, 1950, 58~59면. 王力, 『漢語史稿』, 中華書局, 2004, 375~376면 참조.

48 일본어 학계에서 和制漢語라 부르고 있다.

활용하게 된 것이다. 일본인 荒川의 『角川外來語辭典』에 "메이지 초기에 柳川春三이 처음으로 '-tic'에다가 '的'이라는 한자를 갖다 붙였다"고 되어 있다.[49]

현대 한국어에 널리 쓰이고 있는 한자 접미사 '-적(的)'은 일제 강점기에 일본에서 유학하던 지식인들이 처음으로 당시의 일본 말·글을 흉내내어 쓰기 시작한 것으로 알려져 있다.[50] 그렇기 때문에 일본식 용법을 거의 그대로 따르고 있었다. 또한 '-적'의 놀라운 생산적 조어력으로 인해 그 사용이 날로 증가되고 있는 실정이다.

이상을 보면 중국어에만 '的'을 전통한자어 그대로 쓰고 있고, 한국어와 일본어에서는 주로 접사로서 사용하고 있다는 것을 알 수 있다. 그러나 중국어 백화문에 나타나는 '的'과 근대이행기에 간행된 여러 영중사전에 사용되고 있는 '的'이 일본어에 직접적이든 간접적이든 영향을 주었다는 것도 사실이다.

廣田榮太郎(1969)에 '的'의 사용에 대하여 大槻文彦의 「復軒雜纂」(1902)의 일부 내용을 소개했다. 송민(1985)에 인용되어 있으므로 여기서 그 중 일부를 옮기면 다음과 같다.

明治維新初에 무엇이나 西洋西洋이라 하여 飜譯이 流行한 바가 있었다. 여러 藩에서 큰 돈을 내어 洋學學生에게 무슨 原書든지 飜譯을 시켰다. 그 무렵 내가 알고 있는 사람들로서 곧잘 飜譯을 하고 있던 사람은 柳河春三, 桂川甫策, 黑澤孫四郎, 箕作奎五, 熊澤善庵 기타 某某 등이었는데, 나도 거기에 끼어 있었다. 그런데 이상한 일은 이 친구들이 대개 中國

---

49 서재극, 「개화기 외래어와 신용어」, 『동서문화』 4, 계명대학교 동서문화 연구소, 1970, 95~96면.

50 김용석, 「접미사 '-적(的)'의 용법에 대하여」, 『배달말』 11, 배달말 학회, 1986, 73면.

의 小說 水滸傳, 金甁梅 등을 즐겨 읽고 있었다. 어느 날 모여 앉아 잡담이 시작되었다. 그 때 한 사람이 불쑥 이런 말을 꺼냈다. System을 組織이라고 飜譯하는 것은 좋으나 Systematic이 飜譯하기 어렵거든. tic이란 뒷끝은 小說의 的이란 글자와 소리가 비슷하지. 아무튼 組織的이라고 飜譯하면 어떨까? 모두가, 그건 묘한데. 해보세. 하면서 곧 組織的이란 말로 淸書시켜 藩邸에 보내어 돈을 받아오게 했겠다. 자네, 實行했나? 응. 그건 너무하지 않았을까? 뭘, 눈치 채지는 못할 텐데, 하고 농담을 했는데, 그런데 이 的字로 가끔 어려운 데를 벗어날 수 있었으므로, 마침내 농담이 진담이 되는 것처럼, 나중에는 아무런 생각도 없이 써먹게 되어, 사람들도 알아 볼만하게 되었지만, 그 뿌리를 씻어보면, tic과 的이 소리가 비슷하기 때문이라는 것으로, 재치를 부려 써보았을 뿐, 실로 抱腹할 만한 일이다. 이것이 的이란 글자의 당초의 原因이다.

이상의 인용문을 보면 중국백화문소설인 水滸傳, 金甁梅 등을 즐겨 읽고 있었다는 것이 당시의 일본어에 중국백화문으로부터 나온 '的'의 간섭이 있었다는 증거가 된다. 그리고 일본지식인들이 소리의 유사성으로 '的'을 썼다는 것도 알 수 있다. 그때 당시의 일본지식인들은 소설 등 백화문에서 나타난 '的'과 접촉하고 있었을 뿐만 아니라 중국에서 일찍부터 간행된 서양서적과 사전도 일본으로 전해졌다. 앞서 언급했는데 이러한 漢譯서적과 사전들이 일본 신생 한자어에 상당한 영향을 미쳤다.

일본에 큰 영향을 준 羅存德의 『英華字典』에 나온 'a'로 시작된 단어의 대역어 중에 '的'이 포함된 것이 총 168개가 있다. 그 중에 영어접사를 포함하지 않는 것이 11개밖에 없고 나머지 157개의 단어에서는 모두 영어접사가 있다. 영어접사가 포함된 것의 대역어들을 분석해 보면 '的'이 총 20종류의 영어접사를 번역했다는 것을 알 수 있다. 이러한 영어접사, 개수와 예시를 표로 만들면 다음과 같다.

표 19

영어접사	개수	예시
ac	1	Antaphrodisiac, 壓慾的, 戒色的
al/ial	20	Abysmal, 無底的; Academical, 學院的; Alluvial, 屬沙灘的
an	4	Armenian, 亞耳美尼國的; Athenian, 雅典的; Australian, 新荷蘭的
ant	2	Adjuvant, 扶助的; Accomptant, 會打算盤的
ar	4	Angular, 有角的, 係角的; Annular, 係圈的, 圓的; Auricular, 耳的
ate	3	Aculeate,尖的,有鏑的;Affectionate,深情的
ed	7	Accredited, 見信的, 可托的, 有權的, 有體面的; Aggravated, 倍難的
ent/ment	6	Abatement, 小的; Abluent, 致淨的, 可洗淨的; Abstergent, 致淨的
er	1	Another,別的;
ful	2	Artful, 技巧的, 機巧的; Awful, 敬畏的
ic	29	Academic,學院的; Agrestic,鄙俗的,村佬的,俗佬的; Antagonistic,敵人的
ine	1	Aquiline, 神鷹的
ing	3	Amazing, 出奇的, 奇異的; Amusing, 趣趣的; Appalling, 着嚇得, 恐嚇的
ion/tion	4	Abstemions, 禁口的, 忌口的; Acquisition, 所獲的; Angustation, 作狹的
ive	18	Abortive, 不合時的; Abstractive, 可能除的; Abusive, 羞辱的, 欺騙的
able/le/ile/ible	19	Abominable,可惡的,憎惡的; Addle,無結菓的; Admissible,可說的,可話的; Antifebrile,醫熱症的
less	1	Artless, 無技藝的, 無才能的
or	1	Actor, 扮戲的, 做戲的, 唱戲的
ous	15	Acidulous,酸的; Acrimonious,酸酸辣辣的,苦辣的,生銹的,嚴烈的,乖僻的
ly/ry/y	16	Abominably, 做事可醜的; Admonitory, 勸諫的, 警責的; Attorney, 寫呈子的

표 18을 보면 '的'이 영어접사 'ac, al/ial, an, ant, ar, ate, ed, ent/ment, er, ful, ic, ine, ing, ion/tion, ive, able/le/ile/ible, less, or, ous, ly/ry/y'의 대역어로 사용됐다는 것을 알 수 있다. 예문을 보면 대부분이 형용사 또는 부사이다. 이는 羅存德이 사전을 편찬할 때 '的'을 이용하여 형용사 또는 부사임을 표시했을 가능성이 크다. 특히 'ic, al/ial, able/le/ile/ible, ive, ly/ry/y, ous'가 10개 이상이 있고 '的'을 비교적 많이 이용했다. 그 중에 '的'이 '-ic'의 대역어로 29개나 있고 가장 많이 나타나고 있다. 그 중에 23개가 '-tic'로 끝난다. 이는 둘째로 많은 '-al/-ial'로 끝나는 단어보다 더 많은 수치이다. 羅存德의 대역방법이 『英華字典』과 같이 일본으로 전해지고 음성 이외에도 기능면에서 '的'을 사용하기 시작한다는 계기가 되었다.

'a'로 시작된 단어의 대역어 중에 '的'으로 만든 대역어가 168개나 있는 것을 보면 『英華字典』이 간행된 1866년 전후에 중국에서 영어의 형용사나 부사를 번역할 때 이미 광범위하게 '的'을 사용했다는 것을 알 수 있다. 특히 'tic'으로 끝나는 단어를 대역할 때 '的'이 중요한 역할을 하였다. 예를 들면 'Agrestic, 鄙俗的, 村佬的, 俗佬的', 'Antagonistic, 敵人的', 'Antic, 古古的, 怪異的, 使古怪的', 'Apathetic, 無情的, 不動心的', 'Apodictic/Apodictical, 的確的, 確實的' 등이 있다.

羅存德이 '的'의 사용에 대해 사전의 각주에서 서술했다. 『英華字典』(1866)에 있는 'abdominal'의 주석에 있는 말을 인용해 보면 다음과 같다.

The adjective terminatives cannot be expressed otherwise than by the simple noun, When, therefore, a quality of a noun is to be expressed, another noun with or without the passessive 之, 的 or(in Punti) 嘅 precedes the same and assumes the quality of an adjective, as: --肚腹, the abdomen; 肚腹臟腑, the abdominal viscera. 屬, belonging to, is often used to change the noun into an adjective. The predicative adjective leaves the noun unchanged, as: --善, goodness; 是善, to be good. Euphony and perspicuity, however, demand sometimes the addition of 的, or in Punti colloquial 嘅, as: --惡的, 惡嘅

이 주석에 의하면 羅存德은 영어 형용사를 중국어로 대역할 때 상당히 많은 고민을 했다. 한자를 어떻게 조합해야 형용사의 특징을 표현할 수 있을지, 어떤 한자를 써야할지 등등 복잡한 문제에 직면했다. 羅存德이 '屬'이 선행사의 위치로 오면 명사가 형용사로 변한다는 것을 알고 있으나 더 좋은 방법이 있을 거라고 믿고 계속 찾았다. 이러한 과정 중에 '的'이라는 중국어조사를 발견했다. 중국어에서는 주로 수식관계나 종속관계를 나타나는 허사로 쓰이는 데에도 불구하고 羅存德은 '的'을 실제의미가 있는 한자어 뒤에 붙이고 형용사라는 것을 표시했다.

'的'의 사용은 羅存德의 말로 설명하자면 'Euphony and perspicuity', 즉 듣기 좋고 간략한 대역어를 만들기 위해서였다. 이러한 방법은 『英華字典』이 일본으로 전해지는 동시에 '的'의 사용도 같이 일본에 수용되었을 것이다. 이 사전에 나타나는 번역어는 中村正直의 『自由之理』(1872), 西周의 『利學』(1877), 佐藤喜峰의 『天路歷程』(1879)과 같은 번역서에 커다란 영향을 끼쳤을 뿐만 아니라, 일본에서 간행된 영일사전류의 번역어 성립에 결정적 역할을 담당하였다(송민 1985).

『英華字典』 중의 '的'의 사용은 외국어 형용사를 번역하는 데에 그쳤다. 실제로 현재 중국어 '的'의 접사기능은 사전의 대역어로만 존재하고, 실제대화나 서면어에서는 발견할 수 없다. 그리고 근대이행기의 모든 형용사에 반드시 '的'을 사용했던 것도 아니다. 이에 비해 일본어에서 '的'의 접사기능은 날로 발전하고 접사화에도 결정적인 힌트와 영향을 주었다.

井上哲次郎 등의 『哲學字彙』(1881)에 형용사의 번역어로 '的'을 이용하여 만든 번역어를 몇 개 모아보고 『英華字典』과 비교하면 다음과 같다.

> (7) Affirmative, 說正的, 正面的/『英華字典』定實的
>
> Ampliative, 擴充的/『英華字典』 없음
>
> Categorematic, 自用的/『英華字典』 없음
>
> Categorical, 合式的/『英華字典』類序的, 實說的, 直說的
>
> onjunctive, 合接的/『英華字典』使連的, 連的, 連理的, 繼的
>
> Dianoitic, 辯證的/『英華字典』 없음
>
> Knowable, 可知的/『英華字典』 없음
>
> Noetic, 直覺的/『英華字典』 없음
>
> Objective, 客觀的/『英華字典』心外的
>
> Passive, 受動的/『英華字典』不動, 受, 見
>
> Rational 合理的, 辯理的/『英華字典』合理, 入理, 合道理, 當理, 有理, 明理, 能明理的, 會道理的
>
> Subjective, 主觀的/『英華字典』己, 自己的, 己意的, 本心的
>
> Syncategorematic, 副用的/『英華字典』不能自用之字

(7)을 보면 일본에서 '的'의 사용은 중국에서 영어접사의 대역어로 쓰인 '的'의 영향을 많건 적건 간에 영향을 받았다는 것이 사실이고, 또한 이러한 접사 '的'을 이용하여 다양한 신생 한자어를 계속 만들고 있었다는 것을 알 수 있다. Hepburn, J.C.의 『A Japanese-English and English-Japanese Dictionary 제3판』(1886)과 大槻文彦의 『言海』(1889

~1991)에 '-的'이 표제어로 등록되어 있다는 사실은 일본에서 '的'의 접사로서의 사용이 정착되었다는 것을 입증한다(송민 1985).

한국어의 의존형태소로서의 '-的'은 20세기에 들어서서야 국한문혼용체문장에 그 모습을 드러내기 시작했다. 송민(1985)는 이 시기의 교과서를 중심으로 하여 그 사정을 연차적으로 더듬어 보았다. 일부를 옮겨보면 다음과 같다.

(8) (申海英(1906). 「倫理學教科書」卷一, 二(普成中學校))
人은 模倣的動物이라(一 24)/元來少年은 模倣嘆美的精神이素富훈者 l 니라(一 97)/男은 進取的性質이오女는保守的性質이라(二 64)/大凡人類는社交的動物이니(二 92)/根本的智識을具有홈은(二 113)

(徽文義塾(1906). 「高等小學讀本」卷一(徽文館))
依賴的習慣과懶怠的性質은(一 70)

(徽文義塾(1906). 「中等修身教科書」卷一, 二, 三, 四(徽文館))
此는人의感情을解ᄒ야不快的思想을懷케ᄒ는非禮의行實이오(一 21)/投機的精神으로(二 13)/自主的精神을 培養ᄒ야(二 21)/身體의 生理的活動에伴ᄒ야(二 41)/一邊은理論的深思의으로...一邊은實際的活動的으로(三 10)/假令彼我의比較的으로自己의優勝을表示ᄒ야(三 34)

(徽文義塾(1907). 「高等小學修身書」(徽文館))
人의天然的權利라(29)/競爭은社會의自然的狀態로(58)/國民的道德을確立홈에(86)

(8)을 보면 '-的'의 용법은 크게 두 가지로 나눌 수 있다. 하나는 '模倣的動物', '嘆美的精神', '進取的性質'과 같은 구성에 나타나는 '-的'인데, 이는 수식관계를 나타나는 중국어의 '的'과 같은 용법이다. 또 하나는 '理論的深思的으로', '實際的活動的으로', '比較的으로'와 같은 용법이다. 이때의 '的'이 접미사의 기능을 하고 있고, 후행하는 명사를 수식하거나 후행하는 동사를 한정하는 경우이다(송민 1985). 이러한 역사적 근거가 '-的'이 한국어에서 정착되었다는 것을 말해준다.

한국어의 '-的'의 용법이 일본어에서 수용된 것은 그때 당시에 나온 잡지를 보면 알 수 있다. 『少年』의 대부분의 글을 집필한 崔南善은 『少年』 第二年 第六卷(1909)의 「現時代大導師톨쓰토이先生의敎示」라는 글 가운데 일본인 中里彌之助가 서술한 내용의 일부를 번역한 것이라 밝혔다. 바로 이 번역문에 '四肢的의勞力(11)'이 보인다. 이 사실로 보면 일본어 원문에도 마찬가지로 '四肢的'이라는 말이 있었을 것이라 생각된다. 洪命熹는 『少年』 第三年 第三卷(1910)에 「書籍에對하여古人의讚美한말」이라는 글 중에 서양서적을 번역한 것이 아니라 일본인의 저서(坪內逍遙의 『文學その折折』(1896))를 번역한 것이라고 밝히고 있다. 바로 이 번역문에 '道德的으로 智力的으로(63)'가 발견할 수 있다. 이는 일본어원문에도 '道德的'과 '智力的'이 나타났다는 것을 설명해주었다(송민 1985). 이러한 번역문들을 보면 한국어의 '-的'이 접미사로서 '으로'와 결합하여 후행하는 명사를 수식하거나 동사를 한정하는 기능이 모두 일본에서 수용되었다는 것을 알 수 있다.

이상의 역사적 근거에 의하면 '-的'은 중국어에서 먼저 나타났으나 접사의 기능을 실제언어생활에서 응용되지 못했다. 한편, 漢譯書籍과 여러 사전류를 통하여 일본으로 전해지면서, 접사로서의 기능을 본격적으로 활용하기 시작했고 접사기능을 보완하였다. 그리고 '-的'은 최종적으로 접사로서 일본어에 정착되었다. 마지막으로 일본을 통하여 접사 '-的'은 한국으로 전해지고 한국어에서 접사로서 활발한 모습을 보이기 시작하였다.

'的'은 실제의미가 없는 허사로서 한자접사화의 특수한 경우에 속한다. 이에 비해 다른 한자 접미사들이 대부분이 실제의미가 있는 실사이기 때문에 접사로 변화시키는 것은 그리 어려운 일이 아니었다. 특정 한자형태소를 이용하여 대량의 신생 한자어를 만들기 시작하면 이 한자형태소가 바로 접사로서 기능하기 시작하게 되었다고 할 수 있다. 근대이행기가 수많은 신생 한자어가 형성된 시기이므로 많은 단음절 한자형태소가 접사로서 활용되는 것은 가능하였다. 이렇게 한자형태소를 접사로 이용하여 신조어를 만드는 것은 현재 한·중·일 삼국에서도 계속 그 기능을 발휘하고 있다.

4.5. 전통한자어의 의미변화

근대이행기의 한·중·일 삼국이 신생 한자어를 만드는 과정에서 가장 많이 사용한 방법은 전통한자어의 차용이다. 일반적으로 새로운 사물이나 지식 또는 개념을 처음 접할 때, 사람들은 자국어에 원래 있는 어휘를 사용하여 최대한 외국어의 의미에 맞추려고 노력을 한다. 그러나 고전문헌에 사용되는 전통어휘들은 새로운 사물과 신개념에 맞지 않는 경우가 적지 않았다. 이때 번역하는 사람들이 흔히 사용하는 방법은 바로 전통어휘의 의미를 변화시키는 것이다. 본절에서는 『海國圖志』, 『瀛寰誌略』, 『世界國盡』, 『西洋事情』, 『士民必知』, 『西遊見聞』의 한·중·일 동형 한자어에 나타나는 개념어 중에 이음절한자어를 추출하여 분석하고자 한다. 이음절어만 추출한 것은 단음절 한자어를 한국에서는 한자어가 아닌 한자형태소로 보는 경우가 많고 삼음절과 그 이상의 한자어들은 대부분이 새롭게 만들어진 것이기 때문이다.

이 여섯 종류의 서적에 나타나는 한중일 동형 한자어는 중복된 것을 제외하면 총 61개가 있다. 이 61개의 신생 한자어 중에 음역어와 혼역어를 제외하면 총 28개가 남는데, 그 중에 이음절 한자어는 총 23개이다. 이들을 정리해 보면 다음과 같다.

> (9) 器械, 機會, 萬國, 貿易, 文學, 法律, 病院, 步兵, 北極, 貧院, 新聞, 醫學, 利息, 人民, 赤道, 政府, 政治, 地球, 地理, 鐵路, 測量, 學校, 會議

본서는 '漢典', 『엣센스 국어사전』, 『廣辭苑』을 참고하여 (4)의 이음절 한자어의 의미 변화에 대해 분석하기로 한다. '漢典'을 검색한 결과 '鐵路, 地球, 貧院, 病院'은 고전문헌에 존재하지 않기 때문에 본서에서는 이 네 개의 신생 한자어를 전통한자어의 의미변화 분석에서 제외한다. 즉, 나머지 19개의 신생 한자어는 전통한자어에도 속한다고 하겠다.

전통한자어의 의미변화는 그 변화의 양상에 따라 의미 확대, 의미 전환과 의미 축소 세 유형으로 나눌 수 있다. 의미 확대로 분류된 신생 한자어는 전통한자어의 원 의미를 보유하면서 새로운 의미를 추가하게 된 것을 가리킨다. 의미가 축소된 신생 한자어는 전통한자어로서의 원 의미 중에 일부만을 남게 된 한자어를 가리킨다. 의미의 전환에 속하는 신생 한자어는 전통한자어로서의 원 의미를 잃고 새로운 의미로 대체된 것들을 가리킨다. 한·중·일 삼국에서 같은 의미변화를 겪은 한자어들도 있는데, 본절에서는 이러한 한자어들을 의미 확대, 의미 전환, 의미 축소로 나누어 분석하겠다. 이에 앞서 삼국에서 다른 변화를 겪은 한자어를 먼저 살펴보기로 한다.

(10) 器械

　　器械無數(『海』 卷二 籌海篇三 11-b)

　　産物遺ル所ナク中ニモ多キ㕲石炭蒸氣器械ノ(『世』 9-b-7)

　　海中測量ㅎ는器械가姑且盡善ㅎ境에(『遊』 第二編 041-11)

　‘器械'는 전통한자어로서 두 가지 의미를 가지고 있었다. 하나는 ‘도
구'이고, 또 하나는 ‘무기'이다. 『莊子・徐無鬼』의 “百工有器械之巧則壯”
의 경우 첫 번째 의미를 가지고 있고, 『管子・地圖』의 “繕器械, 選練士”
의 경우 두 번째 의미를 가지고 있다. 근대이행기에 영어 ‘instrument'
의 번역어로 사용되면서 ‘器械'의 의미도 삼국에서 각각 변화했다. 한
국에서는 ‘도구'라는 의미는 변하지 않았고, ‘무기'라는 의미가 사라졌
다. 대신에 ‘구조가 간단하며 제조나 생산을 목적으로 하지 아니하고
사용되는 도구의 총칭(의료 기계나 물리・화학의 실험용 기계 따위)'
이라는 새로운 의미가 추가되었다. 즉 의미 전환이 일어난 것이다.
중국에서는 전통한자어로서의 두 가지 의미는 모두 그대로 보유한
채 ‘제조나 생산을 목적으로 하지 않고 실험용으로 사용되는 도구의
총칭'이라는 새로운 의미가 생겼다. 즉 의미 확대가 일어난 것이다.
일본에서는 두 가지 전통 의미 중에 ‘무기'라는 의미가 사라지고 기계
학의 전문 용어로서 ‘외부에서 얻은 에너지를 유용한 일로 변형시키
는 것'이라는 새로운 의미가 추기되었다. 즉 의미 전환이 일어난 것이
었다.

(11) 機會

　　此機會可乘不乘者四(『海』 卷二 籌海篇四 29-b)

　　此機會ニ乘シテ(『西』 卷二 46-a-10)

　　合當ㅎ機會를乘ㅎ야(『遊』 第十五編388-11)

'機會'는 원래 세 가지의 의미가 있었다. 하나는 '어떤 일을 하기에 알맞은 시기나 경우'이고, 하나는 '관건, (군사상의)요충지'이며, 또 하나는 '함정'이다. 『抱朴子·交際』의 "或事便則先取不讓, 值機會則賣彼以安此"에서는 첫 번째, 『三國志』의 "漢中則益州咽喉, 存亡之機會"에서는 두 번째, 『西遊記』의 "不料中了大王機會"에서는 세 번째를 각각 의미한다. 근대이행기에 영어 'opportunity'의 번역어로 쓰이면서 한국에서는 첫 번째 의미가 보유되고 나머지 두 가지 의미는 '겨를이나 짬'으로 대체됐다. 중국에서는 첫 번째와 두 번째 의미가 남게 되고 세 번째 의미가 사라졌다. 일본에서는 첫 번째의 의미만 남게 되었다. 즉 한국에서는 의미 전환이 일어났고, 중국과 일본에서는 의미 축소가 일어난 것이다.

(12) 貿易

今以道光十七年廣東與英夷貿易出入之數計之(『海』卷二 籌海篇四 20-a)

每歳廣潮二府有數船入港貿易(『瀛』卷二 南洋各島)

西洋各國ハ工作貿易ヲ以テ國ヲ立ルノ風ニテ(『西』卷一 8-b-10)

領事及貿易事務官外에總領事도派出ᄒᆞᄂᆞᆫ權이無ᄒᆞ거늘(『遊』 第三編 092-09)

'貿易'은 전통한자어로서 '서로 물건을 팔고 사는일', '서로 물건을 교환하는 일', 그리고 '왕래하다'의 세 가지 의미를 가지고 있었다. 『墨子』의 "以貿易凡器者卒以賈預"에서는 첫 번째, 『後漢書』의 "貿易衣服回轉數周"에서는 두 번째, 『意中緣毒餌』의 "貿易的是萩林才藪"에서는 세 번째를 각각 의미한다. 근대이행기에 영어 'trade'의 대역어로 쓰이기 시작한 후에 한국에서는 '지방과 지방 사이에 서로 물건을 팔고 사거나 교환하는 일'과 '나라와 나라 사이에 물품을 팔고 사고 함'으로 변하는 의미 전환이 일어났고, 중국에서는 첫째와 둘째 의미가 보유되고 셋째 의미가 사라지는 의미 축소가 일어났다. 일본에서는 '각지의 물품을 교환하는 일'과 '국제간의 재물 교환'으로 의미 전환을 했다.

(13) 新聞

而澳夷新聞錄中(『海』 卷十 東南洋五 附人緬路程 21-b)

或有新聞(『瀛』 自序)

急飛脚內卜外卜ノ新聞ヲ(『世』 10-a-2)

互ニ新聞ヲ報シ(『西』 卷一 51-b-2)

新聞小片을手ㅎ야(『遊』 序 004-10)

'新聞'은 전통중국어로서 세 가지 의미가 있다. 첫째는 새로 들어온 소식, 최근에 일어난 사건, 둘째는 새로운 지식, 셋째는 간행물을 의미한다. 당나라 시인 李咸用의 「春日喜逢鄉人劉松」의 '新聞多說戰爭功'이라는 詩句 중 '新聞'은 첫째, 송나라 詞人 蘇東坡의 「次韻高要令劉湜峽山寺見寄」의 '新聞妙無多, 舊學閑可束'이라는 구에서 '新聞'은 둘째, 송나라 趙昇이 쓴 『朝野類要·文書』의 "其有所謂內探省探衙探之類, 皆衷私小報, 率有漏泄之禁, 故隱而號之曰新聞"에서는 셋째를 의미한다. 근대이행기에 이 용어는 영어 'news, newspaper'의 번역어로 사용되면서 한중일 삼국에서 각각 의미 변화를 겪었다. 한국과 일본에서는 '새로운 지식'이라는 의미가 사라지고 '신문지의 준말'이라는 새로운 의미가 추가되었다. 즉 의미 전환을 겪은 것이다. 중국에서는 '새로운 지식'과 '간행물'의 의미가 사라지고 첫째 의미만 보유되는 의미 축소가 일어났다.

(14) 測量

測量不准(『海』 卷一 籌海篇一 18-b)

測量海道(『瀛』 卷四 歐羅巴)

此時ニ當テ算數測量ノ學漸ク明ニシテ(『西』 卷一 24-a-3)

海中測量ᄒᆞᆫ器械가姑且盡善ᄒᆞ境에(『遊』 第二編 041-11)

'測量'은 전통한자어로서 '생각해 헤아림'을 의미한다. 『後漢紀』의 "其器深廣, 難測量也"에서는 이와 같은 의미를 가지고 있다. 그런데 이 용어는 근대이행기에 영어 'measure'의 번역어로 쓰이면서 한중일 삼국에서 각각 의미 변화를 겪었다. 그리고 한국에서는 '기계를 써서 물건의 깊이·높이·길이·넓이·거리 등을 잼'과 '땅 위의 각 지점의 위치를 구하고, 그에 따라 방향·각도·거리·높낮이를 재어서, 지도나 도면을 작성하는 일'이라는 두 가지 새로운 의미가 추가되었다. 중국에서는 '기계를 써서 물건의 깊이·높이·길이·넓이·거리 등을 잼'이라는 새로운 의미로 대체되었다. 일본에서는 '기계를 써서 물건의 깊이·높이·길이·넓이·거리 등을 잼'과 '측량기술'이라는 새로운 의미로 대체되었다. 즉, 한국에서는 의미 확대가 일어났고, 중국과 일본에서는 의미 전환이 일어났다.

4.5.1. 의미의 확대

의미 확대에 분류된 신생 한자어는 전통한자어의 원 의미를 보유하면서 새로운 의미를 추가하게 된 것을 가리킨다. 『海國圖志』, 『瀛寰誌略』, 『世界國盡』, 『西洋事情』, 『士民必知』, 『西遊見聞』의 한중일 동형 이음절 한자어 중에 삼국에서 모두 의미의 확대를 겪은 신생 한자어는 총 3개가 있는데, 각각 '赤道, 學校, 會議'이다. 구체적으로 분석하면 다음과 같다.

(15) 赤道

　　在赤道南十二度(『海』卷五 東南洋一 阿細亞洲總說 1-a)

　　赤道橫繞地球之中(『瀛』卷一 地球)

　　赤道國赤道眞下ノ國ナレド(『世』21-b-3)

　　于南北之正中有赤道(『士』1b)

　　赤道와黃道와黑道의分別을立ᄒ니(『遊』第一編 004-06)

　‘赤道’는 전통한자어로서 ‘천구상의 상상선으로, 지구의 적도면과 천구와의 교선’을 의미한다. 『後漢書』의 “赤道橫帶渾天之腹”에서는 이와 같은 의미를 나타내고 있다. 근대이행기에 영어 ‘equator’의 번역어로 사용되면서 한중일 삼국에서 ‘지구의 중심을 통하는 지축에 직각인 평면이 지표와 교차된 선’이라는 새로운 의미가 추가되었다.

(16) 學校

　　各郡縣皆建學校(『海』卷五 東南洋一 越南疆域附考 19-b)

　　文字學校ノ繁昌ハ西洋諸國ニ類ナシ(『世』11-a-2)

　　學校ヲ建テ(『西』卷一 8-a-8)

　　學校에出入홈에百爾規程을擔認ᄒ며(『遊』序 003-12)

　‘學校’는 전통한자어로서 ‘교육을 실시하는 국가 기관’이라는 의미를 가지고 있는데, 『百官箴・博士箴』의 “國有學校, 侯有泮宮”에서 이 의미로 사용된다. 영어 ‘school’의 번역어로 쓰이면서 한・중・일 삼국에서 모두 ‘교육을 실시하는 일반적인 기관’이라는 새로운 의미를 가지게 되면서 그 의미가 확장되었다. 예를 들면 사립학교, 민간학교 등이 이에 해당된다.

(17) 會議

不與鄕紳會議(『海』 卷五 東南洋一 重輯 15-a)

嘉慶二十年各國公使會議于維也納(『瀛』 卷四 瑞國)

諸州會議ノ共和政民ノ教育怠タラズ(『世』 22-b-8)

貴族會議ノ政治ナリ(『西』 卷一 5-b-7)

歐洲諸國會議于奧京(『士』 24b)

贈貢國과受貢國이會議ᄒ야(『遊』 第三編 094-09)

'會議'는 원래의 의미가 '어떤 주제를 놓고 여럿이 모여 의논함'이었다. 『史記』의 "每朝會議, 開陳其端"에서가 이 의미로 사용된 경우이다. 그리고 영어 'conference'의 대역어로 쓰이기 시작한 후에 한·중·일 삼국에서 '여럿이 모여 어떤 사항에 대해 의논하는 기관'이라는 새로운 의미가 추가되었다.

이상 분석한 것처럼 근대이행기에는 전통한자어를 차용하여 서양에서 수용된 새로운 개념들을 번역했다. 그리고 이러한 과정에서 의미의 확대가 진행되었다.

4.5.2. 의미의 축소

의미가 축소된 신생 한자어는 전통한자어로서의 원 의미 중에 일부만이 남게 된 한자어를 가리킨다. 『海國圖志』, 『瀛寰誌略』, 『世界國盡』, 『西洋事情』, 『士民必知』, 『西遊見聞』의 한중일 동형 이음절 한자어 중에 삼국에서 모두 의미의 확대를 겪은 신생 한자어는 총 5개가 있는데, 각각 '法律, 步兵, 利息, 人民, 地理'이다. 구체적으로 분석하면 다음과 같다.

(18) 法律

所立規矩法律(『海』卷十 東南洋五 沿革 11-b)

國中ノ便不便議リ定メシ法律ノ(『世』 18-b-5)

法律ノ苛酷ナルコト(『西』卷一 6-a-7)

武備文事法律賦稅의諸規則을(『遊』序 004-04)

'法律'은 전통한자어로서의 의미가 세 가지나 있다. 하나는 '사회생활을 유지하기 위한 강제적인 규범'이고, 다른 하나는 '시를 창작할 때 준수해야 하는 격식과 규칙'이며, 마지막은 '계율'이다. 『莊子』의 "法律之士廣治"에서는 첫 번째, 『詩藪·古体上』의 "近体之攻, 務先法律"에서는 두 번째, 『張天師』의 "豈不知張眞人法律精嚴"에서는 세 번째를 각각 의미한다. 그리고 이것이 영어 'law'의 번역어로 쓰이기 시작한 후에 한중일 삼국에서는 '사회생활을 유지하기 위한 강제적인 규범'이라는 의미만 남게 되었다.

(19) 步兵

岸上步兵又扛礮(『海』卷一 籌海篇一 3-b)

步兵　三十六萬四千四百二十二人(『西』二編卷二 46-b-08)

騎兵과步兵을編成ᄒ딕(『遊』第九編 243-09)

'步兵'은 전통한자어로서 '육군의 주력을 이루는 전투 사병'과 '관직명' 두 가지 의미를 가지고 있었다. 『史記』의 "吳多步兵, 步兵利險"에서는 첫 번째, 『送陳戩之侯官兼簡李常侍』의 "縱得步兵無綠蟻"에서는 두 번째를 의미한다. 근대이행기에 영어 'foot soldier, infantryman'의 번역

어로 사용되면서 한중일 삼국에서 첫째 의미는 보유되고 '육군의 주력
을 이루는 전투 병과. 주로 소총을 무기로 삼으며, 최후의 돌격 단계
에서 적에게 돌진해서 승패를 결정하는 구실을 함'으로 발전되었고,
'관직명'이라는 의미는 사라졌다.

    (20) 利息

        并有逐年利息(『海』卷十三 東南洋 英荷二夷所屬葛留巴島 18-a)

        此利息ヲ一年三分ノ割合トシテ(『西』卷一 14-a-3)

        他人에게假貸호者가其約償호利息을討求홈과(『遊』第四編 109-12)

  '利息'은 원래 '이자'와 '수익, 수입'의 두 가지 의미를 가지고 있었다.
『漢書』의 "以取利息而共分之"에서는 첫 번째, 『北史·恩幸傳』의 "歲入利
息以巨萬計"에서는 두 번째를 각각 의미한다. 영어 'interest'를 번역하
면서 한·중·일 삼국에서는 '이자'만 가리키게 되고, '수익, 수입'이라
는 의미는 점점 사라지게 되었다.

    (21) 人民

        育養人民之類(『海』卷三十七 大西洋 大西洋各國總沿革 8-a)

        共和政人民凡五十萬(『世』6-b-7)

        人民ノ之ヲ尊仰スルコト(『西』卷一 6-a-3)

        人民의 敎育(『遊』目錄)

  '人民'은 전통한자어로서 '국가나 사회를 구성하는 사람'과 '인류' 두
가지 의미를 가지고 있었다. 『詩大雅』의 "質而人民, 謹爾侯度"에서는
첫 번째, 『神異經』의 "土地上人民所道"에서는 두 번째를 각각 의미한
다. 이것은 영어 'people'으로 번역되는 과정 가운데 한·중·일 삼국

에서 '국가나 사회를 구성하는 사람'이라는 의미만 남게 되었다.

    (22) 地理

        天下萬國地理全圖集(『海』 卷四 亞墨利加州各國圖 43-b)

        歷史地理算術天文窮理學ノ(『西』 卷一 28-a-6)

        又天下各國의地理物産政治風俗이니(『遊』 第八編 210-03)

  '地理'는 전통한자어로서 다섯 가지의 의미를 가지고 있었다. 첫 번째는 '어떤 곳의 지형이나 길 따위의 형편', 두 번째는 '지리를 연구하는 학문(현재의 지리학)', 세 번째는 '區域, 區劃', 네 번째는 '주소', 다섯 번째는 '풍수지리'이다. 『漢書 · 效祀志下』의 "山川, 地理也"에서는 첫 번째, 『元史 · 劉秉忠傳』의 "至於天文地理…無不精通"에서는 두 번째, 『漢書 · 王莽傳下』의 "託以地理未定"에서는 세 번째, 『京本通俗小說』의 "寫了他地理角色與來人"에서는 네 번째, 『澠水燕談錄 · 高逸』의 "精陰陽地理"에서는 다섯 번째를 의미한다. 근대이행기에 영어 'geography'의 번역어로 사용되면서 한중일 삼국에서 각각 의미 축소의 변화가 일어났다. 한국에서는 '區域, 區劃'과 '주소'의 의미가 사라지고, 중국에서는 '주소'의 의미가 사라졌으며, 일본에서는 '區域, 區劃', '주소'와 '풍수지리'의 의미가 사라졌다.

4.5.3. 의미의 전환

  의미의 전환에 속하는 신생 한자어는 전통한자어로서의 원 의미를 잃고 새로운 의미로 대체된 것들을 가리킨다. 『海國圖志』, 『瀛寰誌略』, 『世界國盡』, 『西洋事情』, 『士民必知』, 『西遊見聞』의 한중일 동형 이음절 한자어 중에 삼국에서 모두 의미의 확대를 겪은 신생 한자어는 총

6개가 있는데, 각각 '萬國, 文學, 北極, 醫學, 政府, 政治'이다. 구체적으로 분석하면 다음과 같다.

(23) 萬國

刊本之萬國圖書(『海』后敍 5-a)

世界ハ廣シ萬國ハ多シ(『世』 1-a-3)

試ニ見ヨ世界萬國(『西』 二編卷一 7-a-2)

萬國의公同호經度起(『遊』 第一編 005-11)

'萬國'은 전통한자어로서 '萬邦, 천하'의 의미를 가지고 있었다. 여기서의 '萬邦'은 한 나라 안에 있던 여러 諸侯國을 가리킨다. 『史記・東越列傳』의 "又何以子萬國乎"에서가 이와 같은 의미를 지니고 있는 경우이다. 이것이 근대이행기에 영어 'world, intetnational'의 번역어로 쓰이면서 삼국에서 의미 변화가 일어났다. 한국에서는 의미 전환이 일어나 '세계의 모든 나라'로 변했고, 중국과 일본에서는 의미 전환이 일어나 '세계의 모든 나라'와 '국제' 두 가지 의미로 변했다.

(24) 文學

且以財賦文學之邦(『海』卷一 籌海篇一 7-a)

有文學院(『瀛』 卷五 普魯士國)

敎ノ行喟キ德誼ヲ脩メ知ヲ開キ文學技藝美ヲ(『世』 9-a-5)

技術文學ヲ勵マシテ(『西』 卷一 8-a-6)

技術과文學을勵호야(『遊』 第五編 154-03)

'文學'은 전통한자어로서 일곱 가지의 의미를 가지고 있었다. 첫째는 문장이 좋고 박학함, 둘째는 문장경전, 셋째는 학식이 풍부한 사람,

넷째는 학교, 다섯째는 글재주, 여섯째는 관직명,[51] 일곱째는 문서, 서류였다. 『論語』의 "文學: 子游, 子夏"는 첫째, 『呂氏春秋』의 "文學雖博, 猶不見聽"은 둘째, 『明史』의 "明太祖興禮儒士, 聘文學"은 셋째, 『水經注』의 "南岸道東, 有文學"은 넷째, 『北史』의 "收從叔季景有文學"은 다섯째, 『史記』의 "蒙恬列傳"은 일곱째에 해당한다.[52] 근대이행기에 영어 'literature'의 대역어로 쓰이기 시작한 후에 한국과 중국에서는 '정서나 사상을 상상의 힘을 빌려서 문자로 나타낸 예술 및 그 작품'이라는 새로운 의미로 바뀌었고, 일본에서는 '학문, 학예', '상상의 힘을 빌려서 문자로 정서나 사상을 표현하는 예술작품'으로 의미 전환을 했다.

(25) 北極

大地北極出地二度至七十八度(『海』卷五 東南洋一 阿細亞洲總說 2-a)

北極在上(『瀛』卷一 地球)

北ハ邊ナキ北極海(『世』4-b-1)

北極을從ᄒᆞ야南行九十度ᄒᆞ며(『遊』第一編 004-06)

'北極'은 전통한자어로서 다섯 가지의 의미를 가지고 있었다. 첫 번째는 '북쪽 끝의 지방', 두 번째는 '지축의 북쪽 끝', 세 번째는 '북극성', 네 번째는 '朝廷, 朝堂', 다섯 번째는 '지축과 북쪽 끝의 연장선이 천구와 교차되는 점'이다. 『莊子·大宗師』의 "立乎北極"에서는 첫 번째, 『淮南子』의 "使竪亥步自北極至于南極"에서는 두 번째, 『宋史』의 "而北極之差凡十五度"에서는 세 번째, 『酬張祜處士見寄長句四韻』의 "北極樓臺長入夢"에서는 네 번째, 『宋書·天文志一』의 "其二端謂之南極北極"에서는 다

---

51 '漢典'에 따르면 한나라 때 文學이라는 관직명이 있었다.

52 여섯째의 고전예문은 '漢典'에서 제시되지 않았다.

섯 번째를 의미한다. 근대이행기에 영어 'the north pole'의 번역어로 쓰이면서 한중일 삼국에서 '朝廷, 朝堂'의 의미가 사라지고 각각 새로운 의미를 추가됐다. 한국과 중국에서는 '자석이 가리키는 북쪽 끝', 일본에서는 '자석이 가리키는 북쪽 끝'과 '북극권 내부'라는 두 가지 의미가 추가된 것이다. 전통 의미 중의 하나가 사라지고 새로운 의미가 추가되는 점을 보면 삼국에서 공통으로 의미 전환의 변화를 겪었다는 것을 알 수 있다.

(26) 醫學

　　醫學(『海』卷十 東南洋五 緬甸 3-b)

　　測量學醫學理學ヲ(『西』卷一 25-b-5)

　　農學 醫學 算學 政治學(『遊』目錄)

'醫學'의 원래 의미는 '醫藥人才를 양성하는 기관'이었는데, 근대이행기에 영어 'medicine'의 번역어로 쓰이면서 한·중·일 삼국에서 모두 '인체의 구조와 기능을 조사하여 질병·상해의 치료와 예방에 관한 일을 연구하는 학문'으로 의미 전환을 했다.

(27) 政府

　　入政府力進其說(『海』卷二十七 1-a)

　　本ノ政府ハ歐羅巴〈ユウロッパ〉帝ノ威權限ナク(『世』13-a-2)

　　政府의 始初(『遊』目錄)

'政府'는 전통한자어로서 '宰相이 政務를 처리하는 장소'를 가리킨다. 『資治通鑑』의 "政府, 即謂政事堂"에서는 이와 같은 의미를 가지고 있었다. 그리고 근대이행기에 영어 'goverment'의 번역으로 쓰이면서 한중일 삼국에서 모두 의미 전환의 변화를 겪었다. 한국에서는 '국가의 통치권을 행사하는 기관'과 '국가의 정책을 집행하는 행정부'로, 중국에서는 '국가 권력을 집행하는 기관'으로, 일본에서는 '내각 및 행정기관'으로 변했다.

    (28) 政治

        政治各殊(『海』 卷十六 東南洋 英夷所屬外新阿蘭島 1-b)

        勤於政治(『瀛』 卷七 英吉利國)

        政治ニ三樣アリ(『西』 卷一 5-a-3)

        以政治優劣爲分別(『士』 8b)

        其國政治의(『遊』 序 004-05)

  '政治'는 전통한자어로서 말 그대로 '정사가 순치됨'이라는 의미였다. 『書・畢命』의 "道洽政治, 澤潤生命"에서 이 의미를 가지고 있다. 영어 'political'의 번역어로 쓰이기 시작한 후에 한중일 삼국에서 모두 '국가의 주권자가 그 영토 및 국민을 통치함. 국가 권력을 획득하고 유지하며 행사하는 행동'이라는 의미로 전환됐다.

  이상 분석한 것으로 보면 근대이행기의 신생 한자어가 전통한자어의 의미에 얼마나 큰 변화를 가져왔는지 알 수 있다. 한・중・일 삼국에서 같은 변화를 겪은 한자어가 있었고, 각각 다른 변화과정을 겪은 한자어도 존재했다. 이러한 과정을 통하여 동아시아 한자어 체계는 커다란 변화를 겪게 되었고, 수많은 한자어가 한・중・일 삼국에서 각각 새로운 의미로 정착되었다. 이렇게 급속하게 진행된 한자어의 의미변화는 현재 한자어 기본 어휘의 형성에 큰 영향을 주었고 한자어 체계의 변화에 결정적인 계기를 제공하였다.

5. 동아시아 속의 한국 신생 한자어

　본장에서는『西遊見聞』과『士民必知』에 나타나는 신생 한자어를 '수용된 신생 한자어'와 '독자적인 한자어'로 나누어 구체적으로 분석하고자 한다. 우선 중국서적인『海國圖志』,『瀛寰誌略』, 일본서적인『世界國盡』,『西洋事情』과 비교하여 동형한자어와 한국의 독자적인 신생 한자어를 추출하였다.

표 20

한국 신생 한자어	한중동형 한자어	한일동형 한자어	한·중·일 동형 한자어	한국 독자적 한자어
1544개	170	157	61	1278
100%	11.0%	10.2%	4.0%	82.8%

　표 20[53]을 보면 한중동형한자어가 전체의 11.0%를 차지하고, 한일동형한자어가 전체의 10.2%를 차지했다. 이 결과를 통해『사민필

---

[53] 표 20은 한중 동형한자어, 한일 동형한자어, 한중일 동형한자어와 한국 독자적 한자어가 한국 신생 한자어에 차지한 비중을 보기 위해 만든 것이다. 한국 독자적 한자어만 제외하고 나머지 유형에 서로 중복된 것이 있으므로 백분율이 합치면 100%를 넘는다.

지』와 『서유견문』이 중국 신생 한자어와 일본 신생 한자어의 영향을 비슷하게 받았다는 것을 알 수 있다. 두 서적이 간행된 1895년은 일본 신생 한자어의 영향이 중국 신생 한자어보다 훨씬 컸다고 여겨졌던 시기이다. 하지만 이상의 결과로 볼 때 중국과 일본의 신생 한자어가 한국어에 공존된 상태이라 판단된다. 1890년대에 한국이 수용한 신생 한자어는 주로 일본을 통해 들어왔으나 이들이 전부 일본에서 만들어진 것은 아니다. 중국에서 만들어진 후에 일본으로 전해진 한자어도 다수 존재했다.

표 20을 보면 가장 흥미로운 것은 한국의 독자적인 한자어가 82.8%나 차지하고 있다는 사실이다. 근대이행기의 한·중·일에서 간행된 모든 한문 서적을 조사하지 않는 이상 이러한 한자어들이 진정한 한국의 독자적인 한자어라 단정할 수 없으나 적어도 이 여섯 종류의 서적 중에 한국만의 한자어라 할 수 있다. 표 20에서 한국 독자적인 신생 한자어로 판단된 것은 여섯 권의 한·중·일 문헌을 비교하여 추출한 것들이다. 일차적인 분석을 통해 얻은 결과라고 할 수 있다.

근대이행기의 모든 서적을 조사하지 않는 이상 진정으로 한국의 독자적인 것인지에 대하여 알 수 없다. 그래서 좀 더 자세하게 논의할 필요가 있다. 그리고 동형한자어에 대하여 그 출처가 어디인지도 한층 깊이 고찰해야 할 것이다. 이러한 문제들을 감안하여 이 장에서는 한국 신생 한자어의 구체적인 출처와 정착과정을 살펴보기로 한다.

5.1. 신생 한자어 활용하기: 수용된 신생 한자어

한국의 신생 한자어의 수용경로는 두 가지이다. 하나는 중국에서 전해온 경우이고, 하나는 일본에서 수용된 경우이다. 본절에서는 한중 동형한자어와 한일 동형한자어를 각각 분석하고 그 출처와 정착을 논의하고자 한다.

5.1.1. 중국의 영향: 한중 동형한자어

추출한 한중 동형한자어를 가나다순으로 정리하면 다음과 같다.

(가) 加拿他, 珈琲, 加爾祿斯, 甲利泰甫, 經度, 經線, 高加索, 交易, 教堂, 教宗, 教皇, 教會, 歐羅巴, 歐羅巴洲, 權, 器械, 基督, 機會, 金星

(나) 那威, 南極, 南亞墨利加, 努北阿, 尼羅

(다) 達馬斯, 大東洋, 大西洋, 敦, 東印度

(라) 羅馬, 羅爾德福, 來丁, 嗹國, 領事, 禮拜堂, 路易, 祿利哥, 倫敦, 勒那, 利息

(마) 摩洛哥, 摩哈麥, 萬國, 望遠鏡, 麥加, 緬甸, 麵包, 蒙古, 巫來由, 貿易, 墨加, 墨西哥, 文學

(바) 博物館, 法蘭西, 法律, 病院, 普魯士, 步兵, 北極, 北氷洋, 北氷海, 佛蘭西, 秘魯, 比利時, 貧院

(사) 撒哈拉, 上帝, 西班牙, 西比利亞, 瑞西, 西洋, 西印度, 西藏, 瑞典, 暹羅, 蘇格蘭, 蘇丹, 小亞細亞, 水星, 新加拉那大, 新嘉坡, 新聞, 新聞紙

(아) 俄, 阿多曼, 阿丹, 俄羅斯, 阿剌伯, 亞墨利加, 阿富汗, 阿非利加, 亞非利加, 亞細亞, 阿爾麥, 鴉片, 安各羅, 安南, 厄瓜爾多, 耶蘇, 耶蘇教, 英國, 英吉利, 英倫, 英語, 禮拜, 奧地里亞, 溫帶, 緯度, 威廉, 緯線, 危地馬拉, 意大里, 醫學, 伊蘭, 利息, 印度, 印度洋, 印度海, 人民, 日耳曼, 入口

(자) 資本, 爵房, 赤道, 丁抹, 政府, 政治, 地球, 地理, 智利, 地中海

(차) 天堂, 天主教, 鐵路, 出口, 測量

(타) 泰西, 泰西人, 土星, 土耳其, 土耳基, 統領

(파) 巴黎, 巴里, 波斯, 巴西, 葡萄牙, 彼得羅

(하) 荷蘭, 學校, 合衆國, 海王星, 海峽, 顯利, 顯理, 刑法, 紅海, 和蘭, 火輪, 火輪船, 火輪車, 火星, 華盛頓, 會議, 匈牙利, 黑海, 希臘

　중국서적인 『海國圖志』(재차증보판)와 『瀛寰誌略』이 간행된 연도는 각각 1852년과 1848년이다. 이 시기의 서적은 지식인들이 그 이전 시기에 간행한 선교사와 중국지식인들이 쓴 서양서적을 토대로 정리하거나 새로 집필한 것이라 일본 신생 한자어의 영향을 받지 않았다. 그러므로 이 두 종류의 책에 나타나는 신생 한자어는 그 출처가 중국임이 분명하다. 이러한 사실을 감안하여 본서에서 조사한 한중 동형 한자어가 일본을 통하여 수입되었든 중국을 통하여 수입되었든 그 출처가 중국이라고 판단할 수 있다.

　한중 동형한자어 중에 '合衆國, 地球, 溫帶, 新聞紙, 新聞, 病院, 器械'의 성립과 정착에 대하여 송민(1998, 1999c, 2001)에서도 다루었다. 송민(1998, 1999c, 2001)에 따르면 '合衆國, 地球, 溫帶, 病院'은 일본을 통해서 수용되었으나 그 어형의 출처는 중국이다. 그리고 '器械'는 『周禮·天官』에 나오는 말로 언해본 『이언』에도 나타나므로 중국어에서 유래되었음이 틀림없다. 이에 대하여 본서도 같은 관점을 가진다.

　'新聞紙, 新聞'에 대해 송민(1998)은 '新聞'이란 신생 한자어는 당초에 '新聞紙'란 어형에서 출발하였으며, 단축어형이었다고 주장하고 있다. 또한 송민(2001)에 의하면 처음에 '新聞'은 'news'의 대역어로, '新聞紙'는 'newspaper'의 대역어로 나타났는데 둘이 'newspaper'를 의미하는 동의어로 통용되다가 점차 '新聞'으로 통일되었다. 나중에 '新聞'은 'newspaper'를 의미하고 '新聞紙'는 '신문이 인쇄된 종이'의 의미로 한정되었다. 그러나 중국과 일본에서도 동의어였다고 단정 지을 수는 없다. 실제로 중국과 일본에서 '新聞'은 'news', '新聞紙'는 'newspaper' 로 두 어형이 완전한 다른 의미로 구별되어 왔다. 羅存德이 『英華字典』(1866～1869)에서 news와 newspaper의 대역어에 대해 다음과 같이 기술하고 있다.

(1) News, n. 消息, 新聞.
    Newspaper, n. 新聞紙, 轅門報.

(1)을 보면 '新聞'과 '新聞紙'가 각각 다른 의미로 나타나고 있다는 것을 알 수 있다. 그 외에 본서가 조사한 『海國圖志』와 『瀛寰誌略』에서도 新聞과 新聞紙를 구별하여 사용하였다. 『英華字典』과 『海國圖志』, 『瀛寰誌略』이 일본에 큰 영향을 주었다는 것을 감안하여 이 두 신생 한자어가 중국에서 일본으로 전해진 것으로 볼 수 있다. 실제로 『西洋事情』에서 둘을 다른 의미로 나타나고 있다.

(2) 互ニ新聞ヲ報シ緊要ノ消息ヲ得テ (『西洋事情』 卷一 52-a-10)
    (서로 뉴스를 보고하고 긴요한 소식을 얻는다)
    新聞紙出版 (『西洋事情』 卷一 10-a-5)
    (신문출판)

(2)를 보면 '新聞'은 'news'를 의미하고, '新聞紙'는 'newspaper'로 나타나고 있다는 것을 알 수 있다. 이렇게 다르게 사용되었다가 두 신생 한자어가 점점 다른 의미로 변화해가고 말았다. 일본에서 두 어형은 모두 의미전환의 과정을 겪어 '新聞'은 'newspaper'로, '新聞紙'는 '신문이 인쇄된 종이'로 정착되었고, 한국어처럼 동의어였던 적이 없었다. 그리고 중국에서 '新聞'은 일본어의 영향을 받았는데 의미의 확대로

인해 'news'와 'newspaper' 두 의미를 동시에 가지다가 또 다시 'news'로 정착되었다. 나중에 '新聞紙'가 '報紙'로 대체되면서 의미전환으로 인해 '신문이 인쇄된 종이'로 정착되었다. 중국에서도 일본과 같이 '新聞'과 '新聞紙'가 동의어였다고 할 수 없다. 중국과 일본에서 '新聞'이라는 신생 한자어가 'newspaper'의 의미를 가지기 시작할 때 '新聞紙'는 이미 '신문이 인쇄된 종이'로 의미가 변화됐기 때문이다.

'新聞'과 '新聞紙' 이 두 신생 한자어가 중국 혹은 일본에서 수용되었다고 하나 그 의미변화만큼은 한국어 내부에서 진행되었다. 근대이행기에 한국은 중국과 일본을 통하여 이 두 신생 한자어를 수용하였고 『西遊見聞』에서 '新聞'은 'news', '新聞紙'는 'newspaper'로 나타나고 있다.[54] 이는 『西洋事情』의 영향을 받았다고 할 수 있다. 송민(2001)에 따르면 『한영자뎐』(1897)에는 '新聞'이 'a newspaper, See 신문지', '新聞紙'가 'a newspaper, See 신문'으로 풀이되어 있다. 이는 두 어형이 이 자전이 출판된 당시에 동의관계에 있었다는 것을 보여준다. 현재 한국어의 두 한자어가 일본어의 의미와 같지만 의미변화도 일본어의 영향을 받았다고 단정 지어선 안 된다. 중국어와 일본어에서 의미전환이 일어난 것처럼 한국어의 '新聞'과 '新聞紙'는 또한 수입된 후에 한국어 내부에서 각각 다른 의미로 사용되었다가 의미전환으로 인해 지금의 의미로 정착되었다고 볼 수 있다.

5.1.2. 한일 동형한자어

추출한 한일 동형한자어를 가나다순으로 정리하면 다음과 같다.

---

54 "不公不平호施措롤演說의宏辯으로論駁ᄒ며新聞의廣詢으로指揮ᄒ야(『遊』 126-03)"에서 '新聞'은 '새로운 소식'이라고 해석해야 한다. 즉 'news'의 대역어로 볼 수 있다. "新聞紙出板(『遊』 182-09)"의 '新聞紙'는 'newspaper'를 의미한다.

(가) 家産稅, 開化, 經濟, 經濟學, 階級, 空氣, 公法, 工業, 共和, 敎育, 交際, 歐羅巴, 國法, 國債, 國會, 軍艦, 窮理學, 權, 權力, 規則, 器械, 器械學, 機器, 棄兒院, 機會

(나) 拿破倫, 拿破崙

(다) 端西, 大洋洲, 大統領, 大學校, 動物園, 東印度

(라) 羅馬, 歷史, 陸軍, 利息, 立君獨裁

(마) 馬力, 萬國, 望遠鏡, 麥酒, 蒙古, 貿易, 文明, 文法, 文學

(바) 博覽會, 博物館, 白耳義, 法律, 病院, 普魯士, 步兵, 本草園, 北極, 北極海, 佛蘭西, 貧院

(사) 産業, 常備兵, 商社, 商業, 西班牙, 瑞西, 西洋, 西印度, 瑞典, 暹羅, 世界, 歲入, 蘇格蘭, 訴訟, 收稅法, 修身學, 輸入, 市場, 試驗, 植物園, 新聞, 新聞紙

(아) 亞美利加, 阿非利加, 亞非利加, 亞細亞, 安南, 耶蘇, 野戰砲, 熱帶, 英國, 英吉利, 英倫, 英語, 墺地利, 外國, 議事堂, 議事院, 醫學, 醫學校, 利息, 印度, 印度海, 引力, 人民, 人種, 日耳曼

(자) 自然, 自由, 自主, 裁判, 赤道, 全權, 傳染病, 政權, 政府, 政治, 政治學, 製造所, 主義, 蒸氣, 蒸氣機關, 蒸氣船, 蒸氣車, 證書, 地球, 支那, 地理, 地理學, 地中海, 職業, 進步, 集會

(차) 天文學, 鐵路, 體裁, 出版, 測量, 測量學, 痴兒院

(타) 太平洋

(파) 葡萄牙, 砲兵

(하) 荷蘭, 學科, 學校, 學費, 合衆國, 紅海, 和蘭, 華盛頓, 化學, 會社, 會議, 黑海, 希臘

이상의 한일 동형한자어에는 한중 동형한자어와 중복된 것이 포함된다. 즉 한중일 동형한자어에 속한 것들이 있다는 것이다. 『海國圖

志』와 『瀛寰誌略』에서 나타난 신생 한자어들은 그 출처가 중국임이 분명하므로 논의하는 대상에서 제외된다. 한중일 동형한자어를 제외하면 다음과 같다.

- (가) 家産稅, 開化, 經濟, 經濟學, 階級, 空氣, 公法, 工業, 共和, 敎育, 交際, 國法, 國債, 國會, 軍艦, 窮理學, 權力, 規則, 器械學, 機器, 棄兒院
- (나) 拿破倫, 拿破崙
- (다) 端西, 大洋洲, 大統領, 大學校, 動物園, 歷史, 陸軍, 立君獨裁
- (마) 馬力, 麥酒, 文明, 文法
- (바) 博覽會, 白耳義, 本草園, 北極海
- (사) 産業, 常備兵, 商社, 商業, 世界, 歲入, 訴訟, 收稅法, 修身學, 輸入, 市場, 試驗, 植物園
- (아) 亞美利加, 野戰砲, 熱帶, 墺地利, 外國, 議事堂, 議事院, 醫學校, 引力, 人種
- (자) 自然, 自由, 自主, 裁判, 全權, 傳染病, 政權, 政治學, 製造所, 主義, 蒸氣, 蒸氣機關, 蒸氣船, 蒸氣車, 證書, 支那, 地理學, 職業, 進步, 集會
- (차) 天文學, 體裁, 出版, 測量學, 痴兒院
- (타) 太平洋
- (파) 砲兵
- (하) 學科, 學費, 化學, 會社

이상 84개의 신생 한자어들은 본서에서 조사·수집한 자료 중에 한국과 일본의 자료에만 나타난 것들이다. 그러나 이들 중에 분명히 중국에서 일본으로 전해진 것도 존재한다. 이러한 것들을 밝히는 것이 신생 한자어의 이동 경로와 정착과정을 보다 더 명확하게 살필 수 있으므로 이상의 한일 동형한자어들은 일일이 그 출처를 찾아보기로 한다. 근대이행기의 모든 문헌을 조사하지 않았기 때문에 어떤 서적에 먼저 나타났느냐에 대하여 정확하게 밝힐 수 없으나 『漢語外來詞詞典』(1984), 일본어어휘연구데이터베이스, '漢典'와 마니시가 쓴 『근대 중국의 언어와 역사』(한글판 2005) 중 정리된 19세기 자료 중의 신어 목록을 참고하면서 한자어의 성립배경을 살필 것이다. 본서에서 사용된 중국고전문헌의 예문은 모두 '漢典'를 참고하여 인용한 것들이다.

(3) 家産稅

家産稅 商賣を爲し或は學術を敎授する等に(『西』 卷一 12-a-1)

家室稅 家産稅 直徵及代徵(『遊』 目錄)

'家産稅'는 『西洋事情』에서 이에 대한 자세한 해설을 찾을 수 있다. "장사로 무역을 하거나 학술로 교사가 되어 가산을 영위하는 자는 그 일년 소득의 25분의 1을 정부에 납부한다. 이는 가산세로 칭한다"(『西』 卷一 p35). 이처럼 상세한 정의와 命名에 대한 서술이 '家産稅'가 일본에서 만들어진 신생 한자어임을 말해준다. 이러한 대역방법은 한·중·일 삼국에서 가장 흔히 볼 수 있는 것으로 전통한자어를 이용하여 신생 한자어를 만드는 방법이다. '家産'과 '稅'는 모두 중국고전문헌에서 찾을 수 있다. 『史記·李將軍列傳』의 "家無餘財, 終不言家産事"에서 '家産'이라는 전통한자어를 발견할 수 있고, 『說文』의 "稅, 租也"에서 '稅'를 찾을 수 있다. '家産稅'는 福澤諭吉이 전통한자어를 조립해서 만든 합성어이기도 하고 '稅'의 접사성한자형태소로서의 기능을 이용하여 만든 파생어이기도 하다. 『西洋事情』을 보면 '出入港稅, 地稅, 家稅, 物品稅' 등도 발견할 수 있다. 이 신생 한자어가 한국으로 언제

무엇을 통하여 수입되었는지 정확히 말할 수 없으나 兪吉濬이 『西洋事情』을 참고하여 『西遊見聞』을 작성할 때 이 한자어를 도입된 것은 틀림없을 것으로 본다.

(4) 開化
世ノ開化ヲ進メ法則ヲ設ケ(『西』 外編卷一 11-b-05)
開化의 等級(『遊』 目錄)

'開化'는 전통한자어에서 온 것이다. 唐玄奘의 『大唐西域記·婆羅痆斯國』의 "迦叶波佛, 出現於世, 轉妙法輪, 開化含識"을 보면 '일깨우다, 계몽하다'라는 의미의 '開化'가 있음을 알 수 있다. 근대에 와서 福澤諭吉이 『文明論之槪略』에서 처음으로 'civilization'의 번역어로서 '文明開化'를 썼다. 얼핏 '開化'라는 신생 한자어가 일본에서 만들어진 것처럼 보일 수 있으나 실제로는 羅存德이 『英華字典』에서 'The act of civilizing'의 대역어로 이미 '開化者'라는 신생 한자어를 제시했다. 이 사실을 통하여 개혁과 서양문명수용이라는 새로운 의미를 가지게 된 신생 한자어 '開化'는 중국에서 만들어진 후에 일본으로 전해졌을 가능성도 있다는 것을 알 수 있다. 송민(1988)에 따르면 한국은 '開化'라는 신생 한자어를 일본을 통하여 수용하였다. 이헌영의 『日槎集略』에서는 개화에 대하여 이렇게 기술하고 있다.[55]

我曰自入貴境 始聞開化二字 第開化之說何意也 彼曰開化者 西人之說也 又曰本書生之說也 破禮儀毁古風 以隨今之洋風爲得計者也

---

[55] 『日槎集略』의 원문은 송민(1988)의 59면을 참고했다.

이상을 보면 당시 이헌영이 '開化'라는 말을 처음 들었다는 사실을 알 수 있다. 이는 그가 일본을 통해 '開化'라는 신생 한자어를 접했다는 것을 말해준다. 이상의 사실을 종합하면 '開化'는 중국에서 만들어지고 일본으로 전해진 후에 한국지식인이 수용한 신생 한자어라고 정리할 수 있다.

(5) 經濟/經濟學

　　國內ノ經濟ヲ脩メテ(『西』 卷二 11-a-6)

　　數學地理歷史物産學窮理學經濟學心學(『西』 二編 卷一 42-a-07)

　　國家의經濟롤損傷ᄒ지(『遊』 第七編 186-12)

　　歷史學博物學經濟學政治學(『遊』 第二十編 537-08)

신생 한자어 '經濟'는 전통한자어에서 차용한 말이고, 전통한자어 '經濟'는 '천하를 경영하고 백성을 구하다'라는 뜻을 가진 합성어 '經世濟民'에서 나온 말이다(王力 2004). 이때의 '經濟'는 '다스리다'의 뜻을 가지고 있다. 『晋書·殷浩傳』의 "足下沉識淹長, 思綜通練, 起而明之, 足以經濟"에서 이와 같은 뜻으로 쓰인 '經濟'를 발견할 수 있다. 마시니(2005)와 劉正埮 외(1984)에 따르면 'economy'의 대역어로 쓰인 중국어 '經濟'는 일본어에서 나왔다. 실제로 중국에서 근대이행기에 'economy'의 대역어로 '經濟'가 아닌 '富國'을 썼다. 양계초의 『飮氷室合集·文集』에서 "富國學之書日本名爲經濟書"[56](부국학을 다룬 책을 일본에서는 경제서라고 한다)'라고 기술되어 있다. 이 사실로 보면 신생 한자어 '經濟'는 일본지식인들이 전통한자어를 차용하여 만든 것임을 알 수 있다. 물론 '經濟學'도 마찬가지로 일본에서 만들어진 것이다.

---

56 양계초 『飮氷室合集·文集』Ⅰ, 71면.

이는 신생 한자어와 접사화한 '學'을 결합시킨 것이다. '學'을 이용하여 만든 신생 한자어는 『西洋事情』과 『西遊見聞』에서 많이 발견된다. 예를 들면 '物産學, 窮理學, 心學, 歷史學, 博物學, 政治學' 등이 있다. 한국과 중국이 후에 '經濟'와 '經濟學'을 수용하였다.

(6) 階級

諸侯以下數等ノ階級アリテ(『西』 卷三 2-b-2)

尊貴卑賤의階級이始分홈이라(『遊』 第四編 114-14)

'階級'은 日本語語彙硏究文獻데이터베이스에는 19세기의 신생 한자어라고 나와 있으나 중국고전문헌에서도 찾을 수 있다. 한나라 때의 서적인 『潛夫論・班祿』에서 "上下大小, 貴賤親疏, 皆有等威, 階級衰殺"이라는 문장이 있다. 여기서 나오는 '階級'은 '지위의 등급'을 뜻한다. 근대이행기에 이 말이 일본에서 차용되면서 '신분・재산 따위가 비슷한 사람들로 형성되는 집단'이라는 의미를 추가하게 되었다. 劉正埮 외(1984)는 중국어의 근대적인 의미를 가진 '階級'은 일본어에서 온 것이라고 밝히고 있다. 이는 영어 'class'의 대역어이다. 즉, '階級'은 일본인이 전통한자어를 이용하여 만들었고 후에 한국과 중국으로 수용된 일본 신생 한자어이다.

(7) 空氣

火ヲ點スレハ空氣ト合シテ(『西』 卷一 53-a-4)

所過處空氣分焉(『士』 4a)

今夫地球롤包圍혼者눈空氣라(『遊』 第一編 007-08)

'空氣'는 위와 같이 『西洋事情』의 초판(1866)에서 이미 나왔고 이에 대한 설명은 福澤諭吉의 『文明論之槪略』(1875)에서 찾을 수 있다.[57] 이 말은 전통한자어에서 차용한 것이다. 송나라 시기에 蘇東坡의 『龍虎鉛汞論』에는 "仍以空氣送至丹田, 常以意養之"라는 말이 있다. 이때의 '空氣'는 '원기, 기운'의 뜻이다. '漢典'에서 찾은 결과로 보면 '지구를 둘러싸고 있는 무색·통명·무취의 기체'라는 의미를 가진 '空氣'는 고전문헌에서 찾아볼 수 없다. 즉, 이 말은 일본에서 전통한자어를 차용하여 만들어진 신생 한자어이다. 송민(2001)에 따르면 '空氣'는 일본막부말기부터 'air' 또는 'atmosphere'의 대역어로 활용되었다. 한국에서 사용되고 있는 '空氣'라는 한자어는 일본에서 수용된 것이다.

(8) 公法

天下ノ公法ヲ犯シ衆人ノ害ヲ爲シタル(『西』二編 卷一 1-b-8)

萬國公法은邦國의發達ᄒᆞᄂᆞ事體를掌守ᄒᆞ며(『遊』第三編 092-14)

'公法'은 전통한자어에서 온 것이다. 『管子·任法』에는 "臣有所愛而爲私賞之有所惡而爲私罰之, 倍其公法, 損其正心"이라는 말이 있다. 여기서의 '公法'은 '국법'이라는 의미이다. 근대이행기에 '국제법'이라는 새로운 의미를 첨부한 '公法'이 나타난 서적은 중국의 『萬國公法』(1864)이다. 이 서적은 일본으로 전해진 뒤 큰 반향을 일으켜 '萬國'과 '公法'이라는 중국 신생 한자어도 같이 일본으로 전해졌다. 신생 한자어에 대하여 중국보다 일본의 영향을 많이 받은 한국은 일본을 통해 이 말을 수입했을 가능성이 크다.

---

[57] 『文明論之槪略』의 권2, 27면에는 "人に呼吸の働を生ずるものは空氣なり"(사람에게 호흡이 생기도록 하는 것은 공기이다)라는 문장이 있다.

(9) 工業

工業ヲ勉メ國用ヲ節シ(『西』卷二 46-b-10)

古來各種의新發造혼工業을由하야(『遊』第三編 102-08)

'漢典'에서 확인한 결과 '工業'이라는 말은 중국고전문헌에 나타나지 않았다. '工業'은 일본에서 만들어진 신생 한자어이다. 영어 'product, industry, work'의 번역어로 1870년대 이후에 일본어에서 사용되었다 (송민 2000). 중국에서 처음으로 나타난 것은 양계초가 『萬國公報』에서 발표한 「論工業製造之利」에서였다(마시니 2005). 또한 이 글을 양계초가 일본에서 쓴 것으로 보아 '工業'이라는 신생 한자어가 일본에서 만들어졌다는 것이 더 확실해진다. 이 말은 후에 한국과 중국으로 수출되어 신생 한자어로서 자리를 잡은 것이다.

(10) 共和

國政ヲ行フ曰ク共和政治(『西』卷一 5-a-5)

所謂共和者也(『士』13a)

今에暫論ㅎ건디曰共和黨은國人의共和ㅎ는(『遊』第十一編 281-05)

'共和'라는 말은 중국고전문헌에서 찾을 수는 있으나 현재의 의미와 전혀 상관없는 말이다. 앞서 언급했듯이 '漢典'를 보면 이 말이 고전중국문헌에서 연호의 명칭으로 사용되었다는 것을 알 수 있다. 현재의 '共和制度'에서 많이 쓰이는 신생 한자어 '共和'는 일본에서 만들어진 것이다. 劉正埮 외(1984)에 따르면 중국어의 '共和制度'의 '共和'는 일본어에서 온 것이다. 실제로 중국에서 처음으로 나타난 것이 黃遵憲이 쓴 『日本國志』(1890)에서의 '共和黨'이다(마시니 2005). 이상의 사실을 보면 '共和'는 일본 신생 한자어임을 알 수 있다.

(11) 教育

　　文字ノ教育ヲ受ケズシテ(『西』外編卷一 14-a-01)

　　諸州會議ノ共和政民ノ教育怠タラズ(『世』22-b-8)

　　學校의制度롤究ㅎ야教育ㅎ는(『遊』序 004-03)

　　『孟子・盡心上』의 "得天下英才而教育之"에는 '教育'이라는 말이 이미 있었다. 이때의 '教育'은 현재에 쓰이고 있는 것과 별 차이가 없다. 그러나 이 한자어는 20세기가 시작되기 전까지는 중국에서 널리 쓰이지 않았다. 근대이행기에 이 말이 일본인들에 의해 영어 'education'의 대역어로 사용된 후에 중국어에서 다시 신생 한자어로서 광범위하게 쓰이게 된 것이다(마시니 2005). 즉, '教育'은 원래 전통한자어였으나 일본에서 서구어의 대역어로 쓰이게 된 후에 중국과 한국으로 수출된 신생 한자어이다. 이 말의 의미는 전통한자어와 별 차이가 없으므로 일본에서 만든 것이라고 할 수 없다. 그러나 이 말이 먼저 일본에서 널리 사용되기 시작했고 서양적인 의미가 첨부되었기 때문에 그 출처를 일본이라고 해도 무방하다. 중국학계에서는 이러한 한자어를 회귀 차용어라고 칭한다.

(12) 交際

　　外國交際(『西』卷一 19-b-10)

　　人世의交際롤管制ㅎ는者인則其教育의無홈이(『遊』第三編 107-07)

　　'交際'는『孟子・万章下』의 "敢問交際, 何心也"라는 문장에서 처음 사용되었다. 여기서의 '交際'는 우정의 의미를 가지고 있다. 『朱熹・集注』의 "交際, 謂人以禮儀幣帛相交接也"라는 문장에서는 현재 사용되고 있는 '交際'의 의미와 별 차이가 없다. 劉正埮 외(1984)는 중국어의 '交

際'가 일본어에서 온 것이라 주장하고 있다. 실제로『萬國公法』(1864)에서 영어 'political relation'을 번역하기 위해 이미 쓰였다(마시니 2005).『萬國公法』이 일본에게 큰 영향을 미친 것을 감안하여 '交際'라는 신생 한자어는 중국에서 일본으로 전해진 것이라 판단된다.

(13) 國法

國法トナスヘシ但シ斯ク(『西』 卷二 23-b-6)

贈貢國을藐視ᄒ야其國法을(『遊』 第三編 097-12)

日本語語彙硏究文獻데이터베이스에서 '國法'을 신생 한자어로 표기하지 않았으나 마시니(2005)의 신어 목록에서 이 말이 수록되어 있다. '國法'이라는 말은 전통한자어로서 '국가의 법률'이라는 의미를 가지고 있고,『萬國公法』(1864)(권4, 67r)에서 영어 'constitution(헌법)'의 번역어로 사용되었다(마시니 2005). 즉, '國法'은 근대이행기에 현재의 헌법과 비슷한 의미로 쓰였다. 이 말은 중국에서 일본으로 전해진 다음에 다시 일본을 통하여 한국으로 수출되었다고 할 수 있다.

(14) 國債

或ハ國債ヲ償ハス或ハ(『西』 卷一 8-b-1)

政府의 國債募用ᄒᄂ 緣由(『遊』 目錄)

'漢典'에서 조사한 결과로 중국고전문헌에서 '國債'라는 말을 찾을 수 없다. 이 말은 근대이행기에 중국에서 만든 신생 한자어이다.『六合叢談』(1857, 3, 10r),『教會新報』(1873, V, 245, 314)에서는 서양 국가들의 국채에 관련된 글에서 사용되었다(마시니 2005). '國債'라는 신생 한자어가 중국의 漢譯書籍을 통하여 일본으로 수용되었고 후에 일본을 통하여 한국으로 수입되었다.

(15) 國會/議事堂/議事院

國會ノ巢穴ヲ覆サント(『西』 二編 卷三 43-a-8)

又面議와國會의道를由호야(『遊』 第三編 086-06)

但シ議事堂ノ法ヲ脩メ(『西』 卷三 14-a-3)

國會議事堂은政令과法律을議定호는官府니(『遊』 第十九編 490-13)

議事院タテテ事ヲ議シ(『世』 6-b-7)

龍動ノ議事院ニ終夜大議論アリテ(『西』 卷一 31-b-1)

議事院(議政府)又치衆人會議호는大局의行홈이(『遊』 第十編 270-05)

'國會'는 전통한자어로서 국가재정의 각종 회계 사무를 의미한다.[58]
林則徐가『四洲志』(1844)에서 영국에 대해 언급할 때 이 단어를 처음
으로 신생 한자어로서 사용했다. 후에『萬國公法』(1864)에서 이 말은
영어 'parliament' 또는 'congress'의 번역어로 쓰였다(마시니 2005).
이러한 사실을 보면 '國會'라는 신생 한자어는 중국에서 새로운 의미
로 쓰기 시작하였다는 것을 알 수 있다. 후에 서적을 통해 일본으로
전해지고 또 일본을 통하여 한국어로 수용되었다.

근대이행기에 'parliament'와 'congress'의 번역어로서 '國會'를 제외
하고도 여러 신생 한자어가 있었다.『海國圖志』에 '巴厘滿, 大事會議,
五爵鄉紳之會, 紳士會, 五爵公會, 鄉紳之會, 議事閣, 會議公署, 議士會, 議
事廳, 公會, 鄉紳會議, 紳士會議, 五爵鄉紳之公會, 袞額里士',『瀛寰誌
略』에 '議事廳, 公會所, 議事處',『世界國盡』에 '議事院',『西洋事情』에 '議

58『管子·山至數』에는 "桓公問管子曰, 請問國會"라는 구절이 있다. 여기서의 국회
는 국가재정회계를 의미한다.('漢典' 참조)

事院, 會議局, 議事堂', 『西遊見聞』에 '議事院, 議政府, 議事堂, 巴力門' 등이 있다. 『西遊見聞』에 수록된 '議事院'과 '議事堂'은 『西洋事情』에서도 찾을 수 있는 것을 보면 일본의 영향을 받았다고 할 수 있다. 하지만 '議事堂'은 중국고전문헌에서도 이미 쓰인 적이 있다. 『宋史 · 儒林傳 三 · 楊萬里』에는 "創議事堂, 命皇太子參決庶務"라는 구절이 있다. 여기서의 '議事堂'은 근대이행기에 사용된 '議事堂'과 큰 차이가 없다. 그리고 '議事閣, 議事廳, 議事處, 議事院, 議事堂' 등의 신생 한자어들은 모두 '議事+처소를 나타나는 한자'이라는 조어공식에 따라 만든 것이다. '議事' 뒤에 따른 한자가 다 다르지만 미세한 의미의 차이만 있을 뿐 크게 달라진 점이 없다. 이러한 신생 한자어들 중에 혹 일본에서 만들어진 것이 있었다면 분명히 전통한자어에서 힌트를 얻었을 것이다.

(16) 軍艦
　　　印度地方ヲ支配シテ軍艦商船漲(『世』 3-a-7)
　　　第五月水師提督テカチュ−ル軍艦ヲ卒ヒテ(『西』 卷二 12-b-7)
　　　水砲臺軍艦宮室의見本과(『遊』 第十七編 451-13)

　'軍艦'이라는 말은 중국문헌에서 처음 나타난 것은 청나라 말기 (1890년대)에 나온 「歐治子歌」라는 시였으며,[59] 이 시에서 '軍艦'은 일본에서 사용되는 의미로 나타나고 있다. (16)에 제시한 『世界國盡』과 『西洋事情』은 1860년대에 나온 것이므로 '軍艦'은 중국이 일본으로부터 수용한 신생 한자어임을 알 수 있다. 한국과 중국은 일본을 통하여 이 신생 한자어를 수용하게 되었다.

---

59 「歐治子歌」에는 "乃使五洋沈軍艦"이라는 詩句가 있다. ('漢典' 참조)

(17) 窮理學

自國ノ歷史地理算術天文窮理學ノ(『西』卷一 28-a-6)

窮理學에と阿利秀(아뤼스토털)라(『遊』第十三編 329-06)

'窮理'는 전통한자어로서 '사물의 이치를 궁구하다'라는 의미를 가지고 있다. 『後漢書・胡廣傳』의 "博物洽聞, 探頤窮理"에서 이 단어를 찾을 수 있다. 근대이행기에 들어선 후에 중국에서 영어 'philosophy'의 대역어로 '窮理'가 쓰였다. 『海國圖志』에서는 'philosophy'의 번역어로의 '窮理, 窮理之學'을 찾을 수 있다.[60] 이러한 것들이 '窮理學'의 전신이다. 이상의 사실을 보면 '窮理學'이라는 신생 한자어가 중국에서 만들어진 다음에 일본으로 전해져 또 한국어로 수용되었다는 것을 알 수 있다.

(18) 權力

其工業ニ關ルノ所ノ權力頗ル(『西』二編 卷一 53-a-01)

如此き等事と人의權力으로末由きと者어눌(『遊』第六編 156-01)

'權力'은 전통한자어로서 권위, 세력을 뜻한다. 『漢書・遊俠傳・萬章』의 "亦得顯權力門車常接轂"이라는 문장에서 이러한 의미를 가진 '權力'을 찾을 수 있다. 근대이행기에 중국에선 영어 'power'의 대역어로 '權, 力, 能' 등이 쓰였다.[61] 중국에서 '權力'이라는 신생 한자어가 언제부터 한 단어로서 'power'를 대역하기 시작했는지는 찾지 못했으나

---

60 "以格物窮理爲本"(『海』卷二十七 天主教考下 27-a)

"好格物窮理之學"(『海』卷三十三 小西洋 重輯 16-b)

61 羅存德의 『英華字典』에서 'power'의 대역어로 '能, 能幹, 才能, 才幹, 力能, 力, 氣力, 力量, 權, 權勢, 權柄, 權能' 등을 제시했고, 'powerfulness'의 대역어로 '權, 力, 能' 등을 사용했다.

일본서적에서 찾은 '權力'이 중국에서 만들어진 여러 신생 한자어의 영향을 받았다는 것은 틀림없다고 본다. 한국은 일본을 통하여 서양적인 의미가 첨가된 신생 한자어 '權力'을 수용하였다.

(19) 規則
其局內ノ規則ヲ設ケ(『西』 卷二 22-a-2)
武備文事法律賦稅의諸規則을(『遊』 序 004-04)

'規則'은 당나라 시기부터 사용된 전통한자어이다. 唐詩「湘中別成威闍黎」에는 "至哉彼上人, 冰霜凜規則"이라는 시구가 있다. 여기서의 '規則'은 '규범, 표본'이라는 의미를 가지고 있다. 그러나 이 말은 중국에서 널리 사용되지 못했다. '漢典'에서 '規則'이 나타나는 고전문헌은 그 唐詩 하나뿐이다. 실제로 이 말이 중국에서 광범위하게 사용하기 시작한 시기는 19세기말이다. 이 말은 일본에서 전통한자어를 차용하여 영어 'rule'의 대역어로 사용된 후에 다시 중국으로 수용된 신생 한자어이다. 중국에서 회귀차용어라고도 한다. 그리고 한국으로 도입된 것은 일본을 통해서였다.

(20) 器械學
器械學ノ趣旨ヲ知ルモノハ(『西』 外編 卷三 4-b-08)
言語學 兵學 器械學(『遊』 目錄)

'器械'라는 말은 『海國圖志』에서 찾을 수 있으므로 중국에서 만든 신생 한자어라고 판단할 수 있다. 근대이행기에 학문명칭을 표현할 때 '일반명사+학'이라는 공식에 맞춰 '器械學'이란 신생 한자어가 생긴 것이다. 최초 중국에서 사용되었는지 일본에서 쓰였는지는 자료조사의 한계로 확실하게 밝히지는 못했다. 하지만 어디서 만들었든 한자어의 조어공식에 따른 것이었음은 확실하다. 근대이행기 초기에 중국에서는 '일반명사+之學'이라는 공식을 많이 사용했는데, 점점 '之'자가 탈락되어 가장 이상적인 공식 '일반명사+학'이 되었다. 이상을 종합해 보면 '器械學'이라는 생신한자어가 중국에서 만들어졌을 가능성은 아주 크다.

(21) 機器

啞子ハ天性音聲ヲ發スル機器ノ...(『西』卷一 38-b-5)

以使用機器(『士』 3b)

'機器'라는 말이 중국고전문헌에서 찾을 수 있다. 송나라 때의 『和謝公定河朔漫成』에 "機器爬沙聚水兵"이라는 詩句가 있다. 이때의 '機器'는 '기구, 도구'의 뜻이다. 근대이행기에 중국에서 서구장치들을 일컫는 말, 즉 영어 'machine'의 대역어로서 쓰이기 시작했다. 羅存德의 『英華字典』(1866~1869)에 'machine'의 대역어로 '機, 機器'를 제시하고 있다. 그 전에 麥都思의 『English and Chinese Dictionary』(1847~1848)에서 이미 '機器'를 'machine'의 번역어로 쓰고 있었다. 이러한 자전들이 후에 일본으로 전해지고 '機器'라는 신생 한자어도 같이 소개되었다. 이 말은 일본영향을 많이 받은 『西遊見聞』이 아닌 『士民必知』에서 발견되었다. 이러한 사실을 감안하여 '機器'라는 말은 일본을 통하여 한국으로 들어왔다고 단정 지을 수 없다.

(22) 棄兒院

棄兒院ナルモノアリ貧人ノ子ヲ養フコト能ハサル(『西』卷一 36-a-6)

老人院 幼兒院 孤兒院 棄兒院(『遊』 目錄)

'棄兒院'은 근대이행기에 서구의 兒童救濟施設을 일컫는 말이다. 비슷한 의미를 가진 말로는 『海國圖志』의 '育孤館', 『瀛寰誌略』의 '孤子院', 『西洋事情』의 '孤院'과 『西遊見聞』의 '孤兒院' 등이 있다. 『英華字典』(1866~1869)에는 'a foundling-house'의 대역어로 '育嬰堂', 'an orphan asylum'의 번역어로 '孤子院, 育孤院'을 제시하고 있다. 본서에서 참고·조사한 중국자료 중에 '棄兒院'이라는 말이 없었다. 이상을 보면 '棄兒院'이라는 신생 한자어가 일본에서 만들어졌을 가능성이 크다고 판단된다.

    (23) 拿破倫/拿破崙

        千八百十五年拿破倫ノ(『西』 外編 卷一 31-b-06)

        至路易拿破倫與俄戰(『士』 19b)

        千八百年代ノ初佛蘭西帝拿破崙(『西』 卷一 24-b-7)

        拿破崙이時變의機롤乘ᄒᆞ야(『遊』 第十編 268-12~13)

'Napoleon'의 음역한자어는 여러 가지 어형이 존재하였다. 『海國圖志』에는 '波利稔, 那波利穩, 陂那穩, 破拿倫, 那波倫, 那波里雲, 拿破侖, 那波良, 波那良, 那波里稔, 那波利稔, 那波侖, 波那穩, 陂那里穩, 波那里稔', 『瀛寰誌略』에는 '拿破侖, 拿破利翁, 那波良', 『世界國盡』에는 '奈保禮恩' 등으로 나타나고 있다. 『世界國盡』에 나온 '奈保禮恩'은 일본의 한자음독에 따라 표기된 일본 신생 한자어이다. 원문에는 'ナポレオン'의 가나표기도 같이 수록되었다. '拿破倫'이나 '拿破崙'은 일본어와 한국어의 발음으로 하면 'Napoleon'의 음역어가 될 수 없을 것이다. 이들은 중국어의 발음을 기초로 하여 표기된 말이기 때문이다. 이 둘을 중국어로 발음하면 똑같이 'na po lun'으로 읽는다. 본서에서 조사한 자료에도 '拿破侖'이라는 음역어가 있는데 이는 역시 'na po lun'으로 읽는

다. 그리고 '侖, 崙, 倫' 세 글자는 한국어와 일본어에서도 同音異形字에 속한다. 이상의 사실로 볼 때 '拿破倫/拿破崙'은 중국에서 만들어진 다음에 한국과 일본으로 전해졌다고 추론할 수 있다.

(24) 端西

東ハ白耳義〈ベルギイ〉端西〈スキツル〉(『世』 10-b-6)

端西 스위든(『遊』 第一編 017-12)

'Swiss'는 중국에서 '瑞西'라는 신생 한자어로 표기했다.[62] 이 말이 일본으로 전해졌고 '端西'로 잘못 쓰였을 것이다. 『世界國盡』에 일본어 발음에 따라 표기된 '末洲(スエス)'도 찾을 수 있다. 후에 이 잘못 쓰인 '端西'가 그대로 한국으로 전해졌다. 물론 맞게 수용된 예도 있었다. 『士民必知』에는 '端西'가 아닌 '瑞西'를 찾을 수 있다. 이는 중국어로 직접 받아들인 가능성이 크다.

(25) 大洋洲

五大洲大洋洲〈タイヤウシウ〉ハ別ニ又南ノ(『世』 1-a-5)

東半球의長廣을大洋洲닌除ᄒ고(『遊』 第一編 013-06)

근대이행기에 영어 'Oceania'의 대역어로 '大洋洲'가 쓰였다. 본서에서 조사한 중국자료에서는 이 말을 찾을 수 없었다. 『海國圖志』에는 '阿塞亞尼, 歐塞特氂, 亞塞亞尼, 阿塞亞尼亞, 阿塞里亞, 阿塞尼亞', 『瀛寰誌略』에는 '南洋群島, 阿塞亞尼亞洲' 등이 있고 주로 음역어로 표시했다.

---

62 『海國圖志』에는 "並瑞西國"이라는 문장이 있다.(『海』 卷四十二 大西洋 佛蘭西國總記下 1-a)

이러한 사실을 보아 '大洋洲'라는 신생 한자어는 일본에서 만들어졌을 가능성이 크다. 19세기 중기에 세계지리를 소개할 때 중국지식인들이 주로 네 개의 '洲'를 서술해 왔다. 林則徐의 『四洲志』가 그 대표적인 서적이다. 본서에서 조사한 『海國圖志』와 『瀛寰誌略』도 '大洋洲'라고 소개하지 않고 '호주와 그 외의 섬들'이라는 형식으로 서술했다. 『瀛寰誌略』에는 "近又有將南洋群島名爲阿塞亞尼亞洲, 成爲天下第五大洲, 殊屬牽强(근래 남양군도를 阿塞亞尼亞洲라 칭하고 천하 다섯 번째의 洲로 부르는 경우가 있다. 이는 억지스러운 일이다)"이라는 구절이 있다. 이러한 사실로 볼 때 중국에서 '大洋洲'라고 먼저 소개했을 가능성이 극히 적다. 반면 일본은 위에 『世界國盡』의 원문을 봐도 알 수 있듯이 세계 五大洲라 소개했다. 그렇기 때문에 일본이 '大洋洲'라는 신생 한자어를 만들었을 가능성이 크다. 그리고 이 말은 중국에서 일본으로 전해진 '大洋海'라는 신생 한자어에서 힌트를 얻어 만들었을 것이다. 예를 들면 『瀛寰誌略』에 'The pacific'의 대역어로 '大洋海'를 사용하였다. 일본지식인들이 바로 이 말에서 '大洋'을 추출한 다음에 '洲'와 결합하여 '大洋洲'를 만들었을 것이다.

(26) 大統領

　　四年交代ノ大統領(『世』 18-b-4)

　　荷蘭合衆政治ノ大統領(『西』 卷一 23-a-3)

　　推智耶利爲大統領(『士』 19b)

　　帝王으로傳ᄒ든지大統領으로傳ᄒ든지(『遊』 第五編 140-06)

　19세기 영어 'president'의 대역어로는 '大統領'이 쓰였다. 본서에서 조사한 중국문헌에서는 '大統領'을 찾을 수 없었다. 『海國圖志』에는 '統領, 勃列西領, 勃列四領, 伯理師天德', 『瀛寰誌略』에는 '總統領'을 사용했다. '大統領'이라는 신생 한자어가 일본에서 언제부터 쓰이기 시작했는지 정확히 알 수 없으나, 1860년 초부터는 그 실례가 문헌에 나타났다(송민 2000d). 이러한 근거로 볼 때 '大統領'이라는 신생 한자어가 일본에서 나왔을 가능성이 크다. '統領'은 전통한자어로 원래의 의미가 '총사령관'이었다.[63] 중국지식인들이나 일본지식인들이 이 전통한자어를 이용하여 여러 가지 'president'의 대역어를 만들었던 것이다. 현재도 사용되고 있는 한국어의 '大統領'은 일본을 통해 수용된 신생 한자어였다. 처음에 국왕의 칭호로 잘못 받아들였으나 후에 'president'의 음역어 '伯理璽天德'을 대체했다(송민 2000d). 한편, 이 '伯理璽天德'이 『海國圖志』에 나온 '伯理師天德'과 한 글자의 차이만 있으므로 중국에서 받아온 것이라 할 수 있다.

   (27) 大學校
       諸學漸ク熟シ又大學校ニ入ル(『西』 卷一 28-a-8)
       國中에大學校의設施가(『遊』 第三編 106-11)

   중국 한나라부터 송나라까지 '太學'은 최고 교육기관을 가리키는 명칭이었다. '大學'은 원래 중국의 경전이었는데 처음으로 서양의 학교를 뜻하게 된 것은 1623년에 간행된 『職方外紀』였다(마시니 2005). 『海國圖志』에는 '太學, 大學, 大學院' 등을 영어 'university'의 대역어로 쓰고 있다. 그러나 중국문헌에서는 '大學校'라는 신생 한자어를 찾을 수 없다. 마시니(2005)가 정리한 근대이행기에 중국에서 'university'를 표현하는 한자어로는 '大書院, 大學公堂, 大學館, 書院, 大學堂' 등이 있다. 이러한 역사적 근거로 볼 때 '大學校'라는 신생 한자어는 일본에

서 만들어진 것으로 볼 수 있다. 후에 한국으로 전해졌고 현재까지
사용되고 있다.

    (28) 動物園

        動物園ニハ生ナカラ(『西』 卷一 42-a-6)

        動物園(『遊』 目錄)

    중국에서 'zoological garden'의 대역어를 처음 쓴 것은 黃慶澄의
『東遊日記』(1894)이다. 黃慶澄이 일본어 '動物園'이라는 신생 한자어를
모방하여 '動物院'을 만든 것이다(마시니 2005). 그래서 '動物園'은 일
본 신생 한자어로 후에 한국과 중국으로 전해져 현재도 사용되고 있
는 것이다.

    (29) 歷史

        經學性理詩歌歷史ノ(『西』 卷一 26-b-1)

        泰西人의今古歷史롤考ᄒ건디(『遊』 第四編 124-03)

    '歷史'라는 말은 전통한자어로서 '과거의 사실을 기록하다'의 의미를
갖고 있다. 중국에서 처음 나타난 것은 『三國志・吳志・吳主傳』의 "志
存經略, 雖有餘聞, 博覽書傳歷史"이다. 현재 한・중・일 삼국에서 쓰고
있는 '歷史'는 '역사적 사실'을 의미하고 일본에서 만들어진 신생 한자
어이다(마시니 2005). 전통한자어의 한 글자는 기본적으로 지금의 한
단어에 해당하므로 '역사적 사실, 과거'를 뜻하는 것은 '史' 한 글자였
다. 신생 한자어 '歷史'는 일본에서 'history'의 대역어로 쓰기 시작한
후에 한국과 중국으로 전해진 것이다.

(30) 陸軍

アダムス陸軍ヲ備へ海軍ヲ増シ(『西』 卷二 11-b-7)

其規도陸軍의敎養ᄒᆞᄂᆞᆫ道와同ᄒᆞ나(『遊』 第九編 254-01)

'陸軍'이라는 말은 중국에서는 3세기부터 사용되고 있었다(마시니 2005). 처음으로 나타난 것은 『晉書·宣帝紀』였다.[64] 여기에서 사용된 이 말은 현재의 '陸軍'과 똑같은 의미를 갖고 있다. '陸軍'은 근대이행기 부터 널리 사용되었으나 의미가 변하지 않았으므로 신생 한자어로 보 는 것은 타당하지 않다고 본다. 日本語語彙硏究文獻데이터베이스와 마 시니(2005)가 '陸軍'을 신생 한자어로 처리하고 있기 때문에 여기에서 도 다루었으나 본서는 이 단어가 신생 한자어가 아니라는 입장이다.

(31) 立君獨裁

立君獨裁ノ政ヲ俄ニ共和政治ニ變セシトスルドモ(『西』 外編 卷二 5-a-7)

其神速홈이立君獨裁ᄒᆞᄂᆞᆫ政體와無異ᄒᆞ니(『遊』 第十編 270-06)

『西洋事情』은 '立君獨裁, 貴族會議, 共和政治' 이 세 가지 정치제도를 소개하였다. 이처럼 정치제도에 대한 서술은 근대이행기의 중국문헌 에서는 찾을 수 없다.[65] 이 점을 보면 '立君獨裁'는 일본에서 만들어진 신생 한자어인 것을 알 수 있다. 그 중에 '獨裁'는 일본인이 전통한자 어를 차용하여 새로운 의미를 부여한 것이다. 『晉書·李績載記』에 "暐

---

64 『晉書·宣帝紀』에는 "若爲陸軍以向皖城"이라는 구절이 있다.('漢典' 참조)

65 '漢典'에는 '立君獨裁'와 같은 정치제도를 의미하는 단어에 대해 해석만 있고 출처 가 표시되지 않았다. 이는 중국고대문헌에서 이러한 말이 존재하지 않았다는 사실을 말해준다.

請獨裁'라는 구절이 있는데 여기서의 '獨裁'는 '스스로 판단하여 결정하다'라는 뜻이다. 일본인이 이 '獨裁'를 차용하여 '독단적인 지배'라는 새로운 의미를 부여했다. 후에 이 말이 그대로 한국으로 전해졌고 중국으로는 같은 의미를 가지고 있는 '君主獨裁'라는 신생 한자어가 수용되었다.

(32) 馬力

一萬九千零七十五馬力(『西』二編 卷四 28-b-8)

或馬力을取ᄒᆞᆫ者도有ᄒᆞ야(『遊』第十六編 424-04)

'馬力'은 영어 'horse-power'의 대역어이다. 일본어에서 이 말은 1860년대 말엽부터 쓰이기 시작하다가 1890년대부터는 과학 분야의 전문용어로서 그 자리를 완전히 굳힌 듯하다(송민2000). '馬力'이라는 신생 한자어는 중국에서 만들어진 번역어이다. 羅存德의 『英華字典』에는 'horse-power'의 대역어로 '馬力'을 쓰고 있다. 이 신생 한자어는 『英華字典』과 같이 일본으로 전해진 후에 한국어로 수용되었다.

(33) 麥酒

例ヘハ麥酒百樽(凡七斗入)ヲ釀ス(『西』卷一 9-b-2)

［物産］鐵 穀物 麥酒 錦綾 生麻(『遊』第二編 072-08)

'麥酒'는 영어 'beer'의 대역어로 먼저 중국에서 쓰이기 시작했다. 麥都思의 『English and Chinese Dictionary』(1847~1848)에는 '大麥酒, 苦酒, 酐, 酗, 啤酒', 羅存德의 『英華字典』에는 '啤酒, 大麥酒, 麥酒'가 제시되어 있다. 이러한 말들이 일본으로 전해진 후에 의역어 '麥酒'가 선택되어 현재까지 사용되고 있고 한국으로도 수용되었다. 반면 중국은 이 많은 대역어 중에 혼역어 '啤酒'를 선택했다. 한국어의 '麥酒'는 일본을 통하여 수용한 것이다.

    (34) 文明

        文明開化後スサリ風俗(『世』 2-a-6)

        凡ソ文明ノ政治ト稱スル(『西』 卷一 6-b-3)

        文明日啓(『士』 1a)

        故로文明혼軌度가漸廣홈을隨ᄒᆞ야(『遊』 第四編 128-09)

  '文明'은 전통한자어로서 '문학적 재능이 뛰어나 문장을 밝게 쓰다'는 의미로 쓰였다.[66] 근대이행기에 'civilization'의 번역어로서 '文明'은 일본에서 사용되기 시작했다. 앞서 언급한 것처럼 福澤諭吉이 처음으로 '文明開化'라는 말을 영어 'civilization'의 번역어로 사용했다. 이렇게 새로운 의미를 첨가하게 된 '文明'은 나중에 한국과 중국으로 수용되었다.

    (35) 文法

        其學科ハ新古語ヲ探索シ文法ヲ學ヒ(『西』 卷二 37-b-8)

        文法學校(『遊』 第九編 234-14)

  '文法'은 『史記』에서 '법제, 법규'의 뜻으로 사용되었다가 나중에는 '문장의 작법'의 의미로 쓰였다. '漢典'에는 '文法'의 옛 의미가 제시되어 있다. 『史記・李將軍列傳』에 "程不識孝景時以數直諫爲太中大夫, 爲人廉, 謹於文法"이라는 문장이 있는데 여기서의 '文法'은 '법제, 법규'의

---

66 『易・乾』에는 "見龍在田, 天下文明"이는 말이 있다.('漢典' 참조)

뜻이다. 그리고 원나라 때의 『隱居通議・文章四』에 "公爲文斬峻刻, 得
左氏文法"이라는 구절이 있는데 여기서의 '문법'은 '문장의 작법'을 의
미한다. 1631년 포르투갈 예수회 선교사 Fransisco Furrado와 李之藻
가 중국어로 번역한 논리학 서적 『名理探』의 서술 가운데에 나타난
'文法'도 '문장 작법'의 의미로 사용되었다(마시니 2005).[67]

현대적 의미의 '文法', 즉 영어 'Grammar'의 번역어가 일본에서 최
초로 사용되었다는 것이 마시니(2005)의 주장이다. 그러나 羅存德의
『英華字典』(1866~1869)에는 'Grammar'의 대역어로 '文法書, 通用言語'
가 사용되었고, 'Grammatic'의 대역어로 '文法的'도 나타났다. 이 사전
이 일본의 영향을 받지 않았던 점을 감안하면 '文法'이라는 신생 한자
어는 서양선교사가 '문장의 작법'을 의미하는 전통한자어 '文法'을 차
용하여 '문장구성의 법칙'이라는 문법용어로 만든 것이라고 할 수 있
다. 송민(2000)은 일본에서 쓰인 '文法'이 중국어에서 왔다고 주장하고
있다. 예로 든 것은 柳澤信大(1869)였다. 柳澤信大(1869)는 각주5의 書
誌에 간략히 밝혀둔 바와 같이 이 책은 원래 미국인이 저술한 영중사
전, 곧 영어를 중국어로 옮겨놓은 사전이었다. 하지만 일본에서 최초
로 간행된 영일사전[68]인 『英和對譯袖珍辭書』(1862)에는 'Grammatical'
의 번역어로 '文法ノ'가 이미 제시되어 있었다. 이는 『英華字典』보다
먼저였다. 이러한 역사적 근거를 보면 '文法'이라는 신생 한자어가 중
국과 일본에서 제각각 만들어졌다는 것을 알 수 있다. 하지만 중국에
서는 '文法'이라는 말이 광범위하게 사용되지 못했다. 중국에서 '文法'

---

67 『名理探』에 "業藝有二, 一制言語, 一制雜用, 制言語者有二, 一設語言, 一設文法(업
예에는 두 가지가 있으니, 하나는 언어를 만들고 하나는 잡용을 만든다. 언어를 만드는
것에는 두 가지가 있으니, 하나는 어언을 만들고 하나는 문법을 만든다)"이라는 문장이
있다.

68 일본에서 최초로 완성된 영일사전은 『諳厄利亞語林大成』(1814)이다. 『英和對譯
袖珍辭書』(1862)는 최초로 간행된 영일사전이다.

이 새로운 의미로 나타난 것은 1878년 黃遵憲과 일본학자 石川英(이시카와 히데루)의 필담이었다(마시니 2005). 이렇게 보면 '文法'이라는 신생 한자어가 중국에서 널리 쓰이는 계기는 일본을 통해서였다는 것을 알 수 있다. 한국어의 문법도 마찬가지로 일본의 영향을 받아 전통적인 의미에서 현대적인 것으로 전환했다(송민 2000).

    (36) 博覽會
        博覽會(『西』 卷一 43-a-3)
        博覽會(『遊』 目錄)

 '博覽'이라는 말은 전통한자어로 '광범위하게 열람하다'의 뜻을 가지고 있다.[69] 영어 'exhibition'의 대역어로 쓰인 '博覽會'는 일본에서 전통한자어를 이용하여 만든 신생 한자어이다. 『西遊見聞』에는 "西洋ノ大都會ニハ數年每ニ産物ノ大會ヲ設ケ世界中ニ布告シテ各?其國ノ名産便利ノ器械古物奇品ヲ集メ萬國ノ人ニ示スコトアリ之ヲ博覽會ト稱ス(서양의 대도회에서는 몇 년마다 물산대회를 마련하고 세계에 포고하여 각기 그 나라의 명산, 편리한 기계, 고물기품을 모아 만국인에게 보여주는 일이 있는데 이를 박람회라고 한다)"라는 구절이 있는데 여기서 서양에서 열린 그러한 대회를 '博覽會'로 명명한 것이었다. 중국에서 '博覽會'라는 신생 한자어가 최초로 나타난 것은 1872년의 『教會新報』(IV, 193, 215r~v)이다(마시니 2005). 이때의 '博覽會'는 당시 오스트리아에서 열린 박람회를 가리키는 말로 쓰였다. 한국어의 '博覽會'는 개항 초기에 일본에 파견된 조선수신사들을 통하여 수용된 신생 한자어이

---

  69 『漢書・成帝紀贊』에 '광범위하게 열람하다'를 의미하는 '博覽'이 수록되어 있다. 원문은 '博覽古今, 容受眞辭'이다.

다(송민 2001).

(37) 白耳義

　　　白耳義〈ベルギイ〉(『世』 10-b-6)

　　　日白耳義(『士』 8a)

　　　白耳義의 諸大都會(『遊』 目錄)

　‘白耳義’는 ‘Belgium’의 음역어이다. 『海國圖志』에는 ‘比利時, 彌爾尼壬, 伊宣, 北利, 北爾日加, 伯利諸恆, 敏爾尼壬, 記利時, 北義’, 『瀛寰誌略』에는 ‘比利時, 比勒治, 惟理儀, 比義, 比爾百咯, 比爾日加, 密爾潤, 彌爾尼壬, 比利聞’ 등이 사용되었다. 그리고 羅存德의 『英華字典』에도 ‘比利時’를 제시하고 있다. 이렇게 보면 ‘白耳義’라는 말이 중국어가 아니었다는 것을 알 수 있다. 실제로 『世界國盡』의 ‘白耳義’는 일본의 한자음독인 ‘ベルギイ’에 따라 표기된 일본 신생 한자어이다. 한국서적 『士民必知』나 『西遊見聞』은 일본을 통하여 이 말을 수용했다.

(38) 本草園/植物園

　　　本草園ヲ開キ(『西』 外編 卷二 41-a-04)

　　　本草園을實ㅎ고(『遊』 第六編 171-03)

　　　動物園植物園ナルモノアリ(『西』 卷一 42-a-6)

　　　植物園(『遊』 目錄)

　‘本草’는 원래 약초를 의미하는 전통한자어인데 주로 한약서적에서 사용되었다. 대표적인 것으로 『本草綱目』을 들 수 있다. 이 말이 지금의 ‘식물’과 비슷한 의미의 말로 쓰인 것은 『English and Chinese Dictionary』(1847~1848)와 『英華字典』(1866~1869)에서 찾을 수 있다.[70] 이렇게 보면 '本草'가 처음 서구번역어로 쓰인 것이 중국이었다는 것을 알 수 있다. 그러나 지금의 '식물원'에 해당하는 말인 '本草園'은 일본에서 만들어졌다. 마시니(2005)에 따르면 중국에서 'botanical garden'의 번역어로 나타난 것은 黃遵憲의『日本國志』(1890)이었다. 그때 사용되었던 말이 '植物園'이다. 이는 분명 일본지식인들이 처음에 중국에서 '本草'를 차용하여 '本草園'을 만든 후에 나중에 나타난 '植物園'으로 대체한 것일 것이다. 처음에 만들어진 '本草園'은 한국어로 수용되었고 후에 만든 '植物園'도 한국과 중국으로 수입되었다. 한국에는 처음 수용한 '本草園'으로 대체되었고, 중국에서는 '植物園'만 받아들였다.

(39) 北極海

北ハ邊ナキ北極海〈ホクキョクカイ〉(『世』 4-b-1)

北極海에盡혼者라(『遊』 第一編 024-11)

'北極'은 전통한자어로서 '북방의 끝' 또는 '북극성'을 의미한다.[71] 처음으로 영어 'North Pole'의 번역어로 쓰인 것은 利瑪竇의『坤輿万國全圖』(1584)였다. 이는 '北極'이 신생 한자어로 쓰이기 시작한 것이 중국이었음을 증명해준다. 그러나 '北極海'는 달랐다. 근대이행기에는 영어 'Arctic Ocean'의 번역어가 중국에서 다양하게 나타났는데,『坤輿万國全圖』에서는 '冰海',『海國圖志』에서는 '冰海, 北冰海, 北冰洋, 鄂羅斯冰海',『瀛寰誌略』에서는 '北冰海'를 사용했다. 이상의 세 가지 서적은 중

70『English and Chinese Dictionary』에는 'a work on botany'의 번역어로 '本草'를 사용했고,『英華字典』에는 'the native work on botany'의 대역어로 '本草'를 사용했다. 둘 다 지금의 '식물학'에 해당한다.

71『莊子·大宗師』에의 "禺强得之, 立乎北極" 중에 '北極'은 '북방의 먼 지대'를 의미한다.『晉書·天文志上』에의 "北極五星" 중에 '北極'은 '북극성'의 뜻을 가진다.('漢典' 참조)

국의 가장 대표적인 세계기도와 세계지리서인데 여기에서는 '北極海'를 발견할 수 없었다. '北極海'가 처음으로 나타난 서적은 『世界國盡』일 가능성이 크다. 이 서적은 福澤諭吉이 비교적으로 알려진 나라의 명칭을 중국어 그대로 받아들이는 동시에 대부분 지명을 일본식으로 만든 것으로 유명하다. '北極海'는 그 중에 속한다. 이는 분명 중국신생 한자어인 '北極'을 '海'와 결합하여 만들어진 것이다. 『士民必知』에는 '北冰海'와 '北冰洋'으로 나타나고 있는데 이는 중국어의 영향을 받은 것이고, 『西遊見聞』에 '北極海'로 나타나고 있는 것은 일본어의 영향 때문이었을 것이다.

    (40) 産業

       産業ヲ營ムヲ云フ(『西』卷一 8-b-1)

       第三 産業(土地)의權利(『遊』第三編 087-01)

'産業'의 전통한자어로서의 의미 중 대표적인 것은 '사유재산, 생업, 직업'이었다. 『韓非子·解老』에 "上內不用刑罰, 而外不事利其産業"의 '産業'이 이와 같은 뜻을 가지고 있다. 현재의 '産業'은 경제학의 전문용어로서 더 많이 사용되고 있다. 고대에 경제학이라는 학문분야가 존재하지 않았기 때문에 전통한자어인 '産業'은 경제학의 전문용어일 리가 없다. 그러나 현재의 의미와 거의 비슷한 의미를 가지고 있다. 『史記·蘇秦列傳』에는 "周人之俗, 治産業, 力工商, 逐什二爲務"라는 문장이 있다. 여기서의 '産業'은 '생산사업'을 의미한다. 이러한 뜻은 '사유재산, 생업, 직업'의 의미보다 덜 사용했을 뿐이지 없었던 것은 아니다. 현재의 경제학용어로서의 '産業'은 근대이행기에 옛 의미인 '생산사업'을 확대한 것이었을 것이다. 마시니(2005)에 따르면 중국어의 경제학용어는 대부분이 일본에서 수용되었다. 그래서 '産業'의 의미확대작업도 일본어에서 진행했을 것이다. 한국도 일본어의 영향을 받아서 '産業'의 경제학용어로서의 의미를 수용했다(송민2000).

(41) 常備兵

佛蘭西ノ常備兵ハ第十四世ロイスノ時代ヨリ始リシ(『西』二編 卷四 30-a-2)

此ᄂ泰西常備兵의始初라(『遊』第十三編 335-06)

중국에서 '常備兵'이 처음으로 쓰인 것은 黃遵憲의 『日本國志』(1890)였다(마시니 2005). 이렇게 보면 '常備兵'이라는 신생 한자어가 일본에서 만들어졌다는 것을 알 수 있다. 이 말은 일본을 통하여 한국과 중국으로 전해졌고 현재에도 사용되고 있다.

(42) 商社

商社ノ元金ヲ所持スルトハ(『西』外編卷三 29-a-10)

稅關商社銀行屋의諸所도富潤ᄒ氣像을著ᄒ고(『遊』第十九編 500-02)

'漢典'에는 '商社'가 수록되지 않았고 『明治のことば辭典』에는 이 단어가 신생 한자어로 처리되어 있다. 이러한 사실로 보면 '商社'는 일본에서 만든 다음에 한국과 중국으로 전해진 것을 알 수 있다.

(43) 商業

市中ノ商家ハ其商業ヲ明カニ(『西』外編 卷二 48-a-07)

如此ᄒ商業을一會社의(『遊』第六編 173-11)

'商業'이라는 말은 중국고전문헌에서는 찾을 수 없었다. 마시니

(2005)에 따르면 중국에서 처음으로 쓰인 것은 黃遵憲의 『日本雜事詩』(1879)였다. 이 신생 한자어는 영어 'trade, business'의 번역어로서 일본에서 만든 전형적인 신조어라고 할 수 있다. 이는 상업의 의미를 가진 전통한자어인 '商'을 접사화된 '業'과 결합하여 만든 것이다. 근대 이행기에는 접사성한자형태소 '業'을 이용하여 만든 신생 한자어가 많았다. 예를 들면 '工業, 農業, 漁業' 등이 있다.

(44) 世界

世界ハ廣シ萬國ハ多シ(『世』 1-a-3)

現今世界中ノ飛脚印(『西』 卷一 12-b-10)

地球世界의 槩論(『遊』 目錄)

'世界'는 원래 불교용어로서 '우주'를 뜻했다. 『楞嚴經』에는 "何名爲衆生世界, 世爲遷流, 界爲方位, 汝今當知,東・西・南・北・東南・西南・東北・西北・上・下爲界, 過去・未來・現在爲世"라는 구절이 있다. 이를 보면 '世'는 과거・미래・현재 등 시간을, '界'는 동・서・남・북・동남・서남・동북・서북・상・하 등 방위를 나타내는 것을 알 수 있다. 이후 '세상, 인간세계, 천하, 강산', 또는 '인간이 활동하는 영역 혹은 범위' 등을 가리키는 데에 쓰였다.[72]

영어 'world'의 대역어로 세계 모든 곳을 의미하는 '世界'는 19세기의 영중사전에서 찾을 수 있다. 馬禮遜의 『英漢字典』(1822), 麥都思의 『English and Chinese Dictionary』(1847~1848)와 羅存德의 『英華字典』(1866~1869)에는 'world'의 번역어로 모두 '世界'를 제시하고 있

---

[72] '세상, 인간세계'를 의미하는 '世界'는 『顔氏家訓・歸心』의 "以世界外事及神化無方, 爲虛誕也"에 나타났다. '인간이 활동하는 영역 혹은 범위'를 의미하는 '세계'는 『蚓聱客傳』의 "此世界非公世界, 他方可也"에 나타났다.

다. 그리고 일본에서 최초로 간행된 영일사전 『英和對譯袖珍辭書』(1862)에도 '世界'를 'world'의 대역어로 사용했다. 사전이 나오는 연도를 보면 '世界'가 신생 한자어로서 나타나기 시작한 것은 중국어부터였다는 것을 알 수 있다. 한국어의 '世界'도 원래 불교용어로서 '세상'을 뜻하다가 근대이행기에 일본어의 영향을 받아 신생 한자어로서의 새로운 의미를 추가하게 되었다(송민 2001).

(45) 歲入
　　　合衆國歲入ノ主タルモノハ(『西』卷二 40-a-6)
　　　其全國人民의歲入ᄒᆞᄂᆞᆫ財貨의都總數와比較ᄒᆞ야(『遊』第七編 184-14)

　佐藤亨(1986)에 따르면 '歲入'이라는 신생 한자어는 『泰西國法論』(1866)에 'revenus'의 번역어로 처음 쓰였다.[73] 여기서의 '歲入'은 '1년의 총수입'의 의미를 가지고 있다. 실제로 이 말은 전통한자어로서도 이미 같은 뜻으로 사용되어 왔다. 『舊唐書·食貨志下』에는 "歲入米數十萬斛, 以濟關中"이라는 말이 있고, 『議經費札子』에는 "天下歲入, 皇祐·治平皆一億萬以上"이라는 구절이 있다. 이러한 서적에 나타나는 '歲入'은 모두 '1년의 총수입'을 뜻하고 있다. 이러한 사실로 보면 '歲入'을 신생 한자어로 봐야 할지 의문이 들 수밖에 없다. 근대이행기에 이 말을 사용하여 영어의 대역어로 쓰였을 뿐이지 의미의 변화가 전혀 일어나지 않았다. 신생 한자어 중에 전통한자어에서 온 것도 반드시 의미의 변화를 겪었다. 이상의 사실을 종합해 보면 '歲入'은 신생 한자어로 볼 수 없을 것이다.

---

[73] 日本語語彙研究文獻 데이터베이스를 참조.

(46) 訴訟

訴訟スル者先ツ下局ノ裁判ヲ受ケテ(『西』卷二 31-b-5)

訴訟의原告룰呼出ᄒ야其是非와曲直을斷ᄒ야(『遊』第十編 270-01)

'訴訟'은 전통한자어로서 '고소하다, 옳음과 고름의 평가를 청하다'를 의미하였다.[74] 이는 현재 법률용어로 사용되고 있는 '訴訟'보다 그 의미의 범위가 더 컸다. 『現行法律語의 史的考察』(1930)에 의하면 일본에서 '訴訟'이 지금의 의미로 쓰이기 시작한 것은 메이지 시대부터였다. '漢典'에 따르면 중국에서 '訴訟'이 법률용어로 사용되기 시작한 것은 1900년대 이후였다. 즉, 이 말은 일본에서 만든 신생 한자어이다. 한국어의 '訴訟'도 전통한자어로서의 의미로 사용되었다. 그리고 일본어의 영향으로 현재의 의미로 변화했다. 위의 예문을 보면 『西遊見聞』이 『西洋事情』의 원문을 그대로 번역했다는 것을 알 수 있다.

(47) 收稅法

收稅法(『西』卷一 8-b-9)

收稅法은政府及人民間에最深ᄒ關係가有ᄒ者니(『遊』第六編 170-11)

'收稅法'은 일본에서 만들어졌을 가능성이 크다. 중국에서 '세금을 징수하는 법규'의 뜻으로 '稅法'이라는 말을 예부터 사용해 왔다. 『詩·小雅·甫田』의 "言民之治田則歲取十千, 宜爲官之稅法"이라는 문장 중에 '稅法'이 이와 같은 뜻을 나타내고 있다. 지금 중국에서도 법률용어로 '收稅法'이 아닌 '稅法'을 사용하고 있다. 이러한 사실로 보면 『西洋事

---

74 『後漢書·陳寵傳』에는 "吏多姦貪, 訴訟日百數"라는 말이 있다. '訴訟'은 '고소하다'를 의미한다.

情』에 나오는 '收稅法'이 일본 신생 한자어였다는 것을 알 수 있다. 나중에 이 말은 한국으로 전해졌는데 『西遊見聞』도 일본어의 영향을 받아 이 말을 수용했을 것이다.

(48) 修身學

理學作文學究理學修身學等ヲ研究ス(『西』卷二 37-b-9)

修身學及其他諸學의不備호者가無호니(『遊』第二十編 537-09)

'修身學'이라는 말은 본서에서 조사한 중국자료에서 존재하지 않고 '漢典'에도 발견되지 않았다. 영어 'moral science'를 '修身論'으로 번역한 사람은 福澤諭吉이었다. 이는 『福澤全集』(卷一)의 서언을 보면 알 수 있다.

小幡篤次郎氏が散步の途中、書物屋の店頭に一冊の古本を得たりとて塾に持歸りて之を見れば米國出版ウェーランド編纂のモラルサイヤンスと題したる原書にして表題は道德論に相違なし同志打寄り先づ其目錄に從て書中の此處彼處を二三枚づゝ熟讀するに如何にも德義一偏を論じたるものにして甚だ面白し斯る出版書が米國にあると云へば一日も捨置き難し早速購求せんとて橫濱の洋書店丸屋に託して同本六十部ばかりを取寄せモラルサイヤンスの譯字に就ても樣々討議し遂に之を修身論と譯して……

(小幡篤次郎씨가 산책하는 도중 서점에서 한 권의 책을 얻어 서당으로 가지고 왔다. 이를 보면 미국에서 출판되고 Wayland가 편찬한 이 Moral Science라는 서적의 표제는 도덕론과 차이가 없다고 생각했다.………'Moral Science'의 번역어로 여러 번 토론한 후에 修身論이라고 정했다…)

『西洋事情』에 나오는 '修身學'도 분명 '修身論'에서 온 일본 신생 한자어이고, 나중에 한국으로 수용되었을 것이다.

(49) 輸入

輸入ヲ禁スルノ法ニ由リ(『西』 外編 卷二 33-b-03)

外國의輸入ᄒᆞ는物品에海關稅를不課ᄒᆞ야(『遊』 第十一編 281-08)

영어 'import'의 대역어로 쓰인 '輸入'은 일본에서 만들어진 신생 한자어이다. 중국에서 'import'의 번역어로 '進口'를 사용했다. 『海國圖志』에 "外國進口之船(『海』 卷五十一 英吉利國廣迷上 8-a)"에서 이 말을 찾을 수 있다. 그리고 羅存德의 『英華字典』에서는 'import'의 대역어로 '入口, 進口, 帶入口'를 제시하고 있다. 한국은 일본 신생 한자어 '輸入'을 수용하여 현재까지 사용하고 있다.

(50) 市場

市場ヲ開キ(『西』 外編 卷三 29-a-07)

甲 諸營業市場과會社(『遊』 第十編 274-03)

'市場'은 전통한자어로서 '상품을 매매하는 장소'를 의미한다. 南唐時期의 『中朝故事』의 "每閱市場, 登酒肆, 逢人卽與相喜"라는 문장에서 '市場'은 이와 같은 의미로 쓰이고 있다. 영어 'market'의 번역어로, 경제학의 전문용어로 쓰기 시작한 것은 일본이었다. 중국에서 경제학 용어로 사용하기 시작한 서적은 黃遵憲의 『日本雜事詩』(1879)였다(마시니 2005). '市場'이라는 신생 한자어는 나중에 일본을 통하여 한국과 중국으로 수용되었던 것이다.

(51) 試驗

試驗ノ物理論ヲ唱ヘテ(『西』卷一 26-b-8)

腕力과呼吸力과脚力과要力과臟腑의氣力까지 試驗ᄒ야(『遊』第九
編 237-06)

　'試驗'은 현재 주로 '재능·실력·지식 따위의 수준이나 정도를 일정
한 절차에 따라 알아보다'와 '사물의 성질·기능 등을 실질 경험하여
보다' 이 두 가지의 의미를 가지고 있다. 이러한 의미는 전통한자어
'試驗'에서 다 찾을 수 있다. 晉나라 때의 『搜神記』에는 "願重啓侯何惜不
一試驗之"라는 구절이 있는데, 여기서의 '試驗'은 위의 두 번째 뜻을 가
지고 있다. 당나라 때의 『開天傳信記』에는 "命宰相出題, 就中書試驗"의
문장이 있는데, 여기서의 '試驗'은 위의 첫 번째 의미를 가지고 있다.
이러한 역사적 근거를 보면 '試驗'을 신생 한자어로 볼 수 없다는 것을
알 수 있다. 현재 쓰이고 있는 '試驗'이라는 단어는 단지 전통한자어의
뜻을 그대로 이어받은 것이라고 봐야 한다.

(52) 亞美利加

南亞美利加洲〈アメリカシウ〉(『世』21-a-6)

西洋之西謂亞美利加(『士』6a)

　'亞美利加'는 'America'의 음역어이다. 『海國圖志』에는 '彌利堅, 亞墨
利加, 美利加, 美理哥, 亞默利加, 亞黑利加, 美里加, 亞美里加, 亞默里利加,
墨利加, 亞美加, 亞默利亞, 阿彌利堅, 默利加, 亞美理哥, 亞默, 亞美利駕,
阿墨剌加, 亞米利加, 亞墨, 美理駕, 亞美理駕', 『瀛寰誌略』에는 '亞墨利加,
亞墨理駕, 米利堅, 美利哥' 등이 사용했다. '亞美利加'는 이상의 음역어
중에 '亞墨利加, 美利加, 亞默利加, 亞黑利加, 亞美里加, 亞美加, 亞美利駕,

亞米利加'와 비교하면 한 글자의 차이만 있다는 것을 알 수 있다. 이상과 같이 근대이행기 중국에서는 같은 의미를 가진 고유명사가 혼란을 일으켰을 정도로 여럿이 존재했다. 그렇기 때문에 '亞美利加'도 중국에서 표기됐을 가능성이 크다. 일본지식인은 이 음역어를 중국에서 수용하여 그대로 사용했거나 한 글자를 동음자로 대체했을 것이다. '亞美利加'가 포함되어 있는 『士民必知』에는 '阿美利加, 美利堅, 亞墨利加'도 사용되고 있다. 이렇게 보면 한국도 중국어에서 이 신생 한자어를 받아들였을 가능성이 크다.

(53) 野戰砲

野戰砲ヲ輕便ニシ(『西』 卷一 24-a-10)

野戰砲의制度롤輕便히ᄒ고(『遊』 第十三編 337-01)

'野戰'이라는 말이 전통한자어로서 '야외에서 교전하다'를 의미한다. 『管子·重令』의 "內守不能完, 外攻不能服, 野戰不能制敵"이라는 문장 중에 이와 같은 의미로 쓰인 '野戰'을 찾을 수 있다. 그러나 '漢典'에서 찾아본 결과 '野戰砲'는 중국고전문헌에서 존재하지 않는다. 이러한 사실로 보면 '野戰砲'라는 신생 한자어는 일본에서 만들어졌을 가능성이 크다.

(54) 熱帶

黃道以內熱帶ノ地方ニアル(『西』 外編 卷三 18-a-07)

所謂熱帶是也(『士』 1b)

四十七度의熱帶롤(『遊』 第一編 004-08)

송민(1998)에 따르면 『職方外紀』(1623)에서 명사형의 '熱帶'가 처음으로 나타났다. 그러나 '熱帶'라는 어형이 처음으로 나타난 것은 『坤輿萬國全圖』(1602)였다. 이 지도에 "此地甚熱, 帶近日輪故也(이 지역이 매우 더운데, 태양과 가깝기 때문이다)"라는 문장이 있다. 이 문장에 '熱'과 '帶'는 각각 다른 구절에 속해 있다. 『職方外紀』(1623)에는 "此一帶者日輪常行頂上, 故爲熱帶(이 지대는 태양이 항상 머리위에 있으니 열대라 칭한다)." 여기서의 '熱帶'는 확실한 명사였다. 이상의 사실을 보면 '熱帶'라는 신생 한자어가 중국에서 만들어졌다는 것을 알 수 있다. (송민 1998)에 의하면 한국어의 '熱帶'는 일본을 통하여 수용되었다.

(55) 墺地利

墺地利〈アウストリヤ〉(『世』8-b-9)

當時立君獨裁卜稱シタル墺地利ヨリモ(『西』卷一 6-a-7)

英吉利及墺地利의種類며(『遊』備考 001-06)

'墺地利'는 'Austria'의 음역어이다. 『海國圖志』에는 '奧大利亞, 奧地利, 奧地利亞, 奧斯的里亞, 奧地里亞, 奧斯的里, 奧士地喇, 歐塞特里, 奧地里加, 阿士氏拉, 莫爾大未亞, 歐塞特里阿, 一達輦, 奧地利域, 歐色特里, 埃地利, 歐色特厘阿, 歐塞特厘, 奧地利加, 粤地尼亞, 歐塞特厘阿, 歐羅巴特厘阿, 歐色特厘, 歐斯特里', 『瀛寰誌略』에는 '奧地利亞, 奧斯的裏亞, 阿土得鰲亞, 阿土氏拉, 歐塞特裏阿, 莫爾大未亞, 奧地利' 등이 나타나고 있다. 이 두 서적에 공통적으로 '奧地利'가 존재한다. 이 신생 한자어가 일본으로 전해져 '墺地利'로 변형되었을 가능성이 크다. 한국은 이 변형된 '墺地利'를 그대로 받아들였던 것이다.

(56) 外國

故ニ外國ヘ文通(『西』卷一 12-a-7)

外國에徒居홈이極多홈이라(『遊』第四編 124-10)

日本語語彙硏究文獻데이터베이스에 따르면 '外國'은 신생 한자어에 속한다. 그러나 이 말은 전통한자어로서 '본국 이외의 나라'를 의미했다. 『史記·大宛列傳』의 "以爲質於外國, 外國由此信之"에서 '外國'은 중앙정부 이외의 정권을 가리킨다. 이는 '外國'이라는 말의 최초 의미였다. 당나라 때의 『送鄭尙書序』의 "外國之貨日至, 珠香象犀玳瑁奇物, 溢於中國, 不可勝用"에서 '外國'은 '본국 이외의 나라'의 뜻을 가지고 있다. 이와 같은 의미는 현재에 사용되고 있는 '外國'과 별 차이가 없다. 이러한 사실로 볼 때 '外國'을 신생 한자어로 처리하는 것은 타당하지 않다.

(57) 醫學校
醫學校二移リ專ラ一業ノミ키勉ル(『西』卷一 28-b-3)
醫學校女學校及物産建築의諸學校가具ᄒ야(『遊』第二十編 537-14)

'醫學'은 전통한자어로서 '의과학교'의 의미를 가지고 있었다. 『舊唐書·太宗紀上』에는 "諸州置醫學"이라는 말이 있는데, 여기서의 '醫學'은 이와 같은 뜻을 가지고 있다. 마시니(2005)에 따르면 醫學이 'the study of medicine'의 번역어로 쓰이기 시작한 것은 1630년대부터였다. 이 말은 나중에 일본과 한국으로 전해져 과학의 한 종목으로 정착되었다. 원래 의과학교를 가리키던 말이 학문의 명칭이 되었으니 이 말을 대신할 신생 한자어가 필요했다. 그래서 중국에서는 '醫治大學館'[75], '授醫館'[76] 등이 나타났다. 중국에서 처음으로 '醫學校'이라는 말이

---

[75] 『美理哥國事略』(1838) 14v. 마시니(2005) 참조.

나타난 서적은 傅雲龍의 『遊歷日本圖經餘紀』(1889)였다(마시니 2005). 이러한 역사적 근거를 보면 '醫學校'이라는 신생 한자어는 일본에서 만들어졌다는 것을 알 수 있다. 나중에 한국과 중국으로 전해졌고 현재에도 사용되고 있다.

(58) 引力

引力ノ理ヲ發明シ(『西洋事情』 卷一 27-a-5)

時年二十四에太空과大地의引力을(『西遊見聞』 第十三編 331-06)

'漢典'를 조사한 결과 중국고전문헌에서는 '引力'을 발견할 수 없었다. 이 말이 최초로 나온 것은 'gravitation'의 번역어로서 사용할 때였다. 중국잡지인 『六合叢談』(1857~1858)에서 '萬有引力'에 대하여 처음 소개했다(荒川清秀 1999). '萬有引力'은 신생 한자어였고 '引力'은 이 단어의 줄임말이라고 할 수 있다. 이상을 보면 '引力'이라는 신생 한자어는 중국에서 만들어졌다는 것을 알 수 있다.

(59) 人種

人種タルニ至ル(『西』 外編 卷一 02-b-10)

世界의 人種(『遊』 目錄)

전통한자어로서 '人種'의 가장 대표적인 의미는 '가계를 잇는 사람'이다.[77] 현재 '人種'은 '피부나 머리털의 빛깔, 골격 등 신체적인 형질에 따라 구분되는 사람의 집단'의 의미를 가지고 있다. 이와 비슷한 의미

---

76 又設授醫舘二十三所(『海』 卷六十 「外大西洋 彌利堅國卽育奈士迭國總記」 22-b)

77 『世說新語・任誕』에는 "人種不可失"이라는 문장이 있는데, 여기서의 人種은 대를 잇는 사람을 가리키고 있다. ('漢典' 참조)

로 쓰인 '人種'은 중국고전문헌에서도 찾을 수 있다. 『魏書 · 崔孝暐傳』에 "郡內無牛, 敎其人種"이라는 문장이 있는데 여기서의 '人種'은 '비슷한 특징을 가지고 있는 사람의 집단'을 가리킨다. 이 말이 'human race'의 번역어로 처음으로 나타난 것은 福澤諭吉의 『掌中萬國一覽』(1869)이었다. 이 서적에서 일본에서 최초로 세계인종에 대하여 자세히 서술했다. 이에 비해 중국에서 '人種'이라는 신생 한자어는 근대이행기의 문헌에서 찾을 수 없었다. 일본에서 '무엇+人種'이라는 공식으로 세계 인종을 표시하는 데에 비하여 중국어에는 '무엇+人'을 사용했다. 『掌中萬國一覽』(1869)에는 '白色人種, 黑色人種' 등과 같은 식으로 세계인종을 소개했고, 『瀛寰誌略』에는 '白人, 黑人'과 같이 표기했다. 이렇게 보면 '人種'이라는 신생 한자어는 일본에서 만들어졌을 가능성이 크다는 것을 알 수 있다.

    (60) 自然
      物理天道ノ自然ニ從テ(『西』卷二 4-b-10)
      自然其心이洽滿ᄒ거니와(『遊』第四編 124-13)

『老子』에는 "人法地, 地法天, 天法道, 道法自然"이라는 말이 있다. 여기서의 '自然'은 '천연적, 비인위적'을 의미한다. 이와 같은 철학적인 의미를 많이 담고 있는 '自然'은 현재의 의미와 별 차이가 없다. 근대이행기에 영어 'nature'의 대역어로 비슷한 의미를 가진 '自然'을 사용했을 뿐 특별한 의미의 변화가 일어나지 않았다. 그렇기 때문에 '自然'은 신생 한자어로 볼 수 없다. 송민(2000)에 따르면 한국에서 일반적으로 쓰여 온 '自然'의 본래 의미는 '저절로, 본래 그대로'였다. 물론 이러한 의미를 가진 전통한자어 '自然'은 중국고전문헌에서도 찾을 수 있다. 송나라 葉適의 『臺州高君墓誌銘』에는 "華枝蔓葉, 自然消落"이라는 구절이 있는데 여기서의 '自然'은 '저절로'를 의미한다. 이상을 보면 '自然'은 신생 한자어가 아니라는 것을 알 수 있다.

(61) 自由

流行ノ自由ノ風ヲ移セシハ暗キ(『世』 6-b-8)

他人ノ自由ヲ妨ケスシテ(『西』 卷一 6-b-10)

其人의行止는其人이自由ㅎ야他人의指揮를不受홈과(『遊』 第三編 085-08)

'구속받지 않다'의 뜻을 나타내는 '自由'는 전통한자어로서 일찍부터 사용되었다. 『玉臺新詠·古詩』의 「爲焦仲卿妻作」에는 "吾意久懷忿, 汝豈得自由"라는 시구가 있는데, 여기서의

'自由'는 현재의 '자유'와 별 차이 없이 사용되고 있다. 근대이행기부터 영어 'free, freedom'의 대역어로서 광범위하게 쓰이기 시작했다. 전통한자어의 의미에 법률의 전문용어, 혹은 철학의 전문용어라는 새로운 뜻을 추가했다. 羅存德의 『英華字典』에 'free'의 대역어로 '自主, 自由, 自爲主, 自己作主, 有治己之權' 등을 제시했다. 이러한 것을 보면 '自由'라는 신생 한자어가 중국에서 만들어졌다고 말할 수 있다. 나중에 새롭게 신생 한자어로 태어난 '自由'는 한국과 일본으로 전해져 현재에도 사용되고 있다.

(62) 自主

第一條自主任意國法寬ニシテ(『西』 卷一 6-b-5)

其家의事務는其家가自主ㅎ야(『遊』 第三編 085-07)

마시니(2005)는 '自主'라는 말이 전통한자가 아닌 신생 한자어로

보고 있고, 처음 나타난 것은 『海國圖志』라 주장하고 있다. 그러나 '自主'가 전통한자어로서 '타인의 지배를 받지 않다'의 의미를 이미 가지고 있었다. 청나라 李漁(1611~1680)의 『風箏誤・凱宴』에는 "如今婚姻一事, 不能自主"라는 말이 있는데 여기서의 '自主'는 '스스로 결정하다, 타인의 간섭을 받지 않다'를 뜻한다. 이 고전문헌의 정확한 간행연도를 알 수 없으나 『海國圖志』보다 훨씬 이전에 나왔다는 것을 알 수 있다. '自主'의 이와 같은 전통적인 의미는 근대이행기에 더 전문적 용어로 변하였다. 羅存德의 『英華字典』에 'Independence'에 해당하는 한자어로 '自主者, 治己者, 自理之事'를 제시하고 있다. 이상과 같은 역사적 근거는 '自主'라는 신생 한자어가 중국어에서 만들어졌다는 것을 말해준다.

(63) 裁判

스ルトキハ裁判役ノ總督(『西』 卷二 21-a-1)

衆人前辨破ᄒᆞᄂᆞᆫ裁判을請受ᄒᆞ기로(『遊』 第十編 269-14)

'漢典'를 조사한 결과로 '裁判'라는 말이 중국고전문헌에서 찾을 수 없었다. 『現行法律語の史的考察』(1930)에 따르면 '裁判'라는 신생 한자어가 일본에서 메이지 시대에 만들어졌다.[78] 서양법률지식을 번역할 때 나오는 전문용어 중의 하나가 바로 '裁判'이다. 이 신생 한자어가 나중에 한국과 중국으로 전해졌고 전국으로 보급되었다.

(64) 全權

全權獨裁ナル可キカ(『西』 外編 卷二 23-b-6)

---

[78] 日本語語彙研究文獻 데이터베이스 참조.

合衆國全權使가來聘홈이(『遊』序 002-11)

마시니(2005)에 따르면 '全權'은 『萬國公法』(1864)에서 영어 'full power'의 번역어로 처음 중국에서 쓰였다. 佐藤亨(1986)에 의하면 '全權'이라는 신생 한자어가 일본 난학 서적『玉石志林』(1863)에서 이미 나와 있다.[79] 『萬國公法』이 간행된 시기가 일본 신생 한자어의 영향을 받기 전이라 '全權'은 중국에서 만든 독자적인 신생 한자어라 할 수 있다. 그리고 역사적 근거를 볼 때 일본에서도 비슷한 시기에 영어가 아닌 네덜란드어의 번역어로 같은 한자어를 만들었다고 봐야 한다. 즉, 이것은 중국과 일본에서 각각 영어와 네덜란드어를 번역한 것이었다. 근대이행기에 일본어의 영향을 많이 받았다는 사실로 보면 한국어의 '全權'은 일본에서 수용되었다고 볼 수 있다.

(65) 傳染病

其故ハ塵芥ノ不潔ヨリ傳染病ヲ起シテ(『西』外編 卷二 42-b-08)

其發散호눈毒氣로傳染病을起호야(『遊』第六編 173-03)

전통한자어로서의 '傳染'은 '질병이 전파되다'의 뜻으로 쓰였다.[80] '漢典'에서 검색한 결과에 따르면 중국고전문헌에는 '傳染病'이라는 말이 없었다. 마시니(2005)에 따르면 '傳染病'이라는 신생 한자어가 일본에서 만들어졌을 가능성이 매우 크다. 1874년의 『萬國公報』에서는 합성어 '傳染症'이라는 어형이 비슷한 신생 한자어를 찾을 수 있다. '傳染症'이 중국서적에 나타난 적이 있는지에 대해 좀 더 확실한 어휘조사가

---

79 日本語語彙研究文獻 데이터베이스 참조.

80 『五雜組‧人部二』에는 "不知此病……使陽氣發洩, 自不傳染"이라는 말이 있다. ('漢典' 참조)

필요하나 본서는 마시니(2005)의 결론을 따르기로 한다. 즉, '傳染病'
이라는 신생 한자어는 일본에서 만들어졌고 나중에 한국과 중국으로
수용되었다는 것이다.

(66) 政權

其政權ヲ國內ノ貴族等ニ分タハ(『西』二編 卷二 27-b-05)

故로一國의政權을主宰ㅎ는大主意는(『遊』第十編 269-04)

'政權'은 전통한자어로서 '정치적 통치권력'과 '행정기관의 명칭'을
의미한다. 『漢書・杜周傳』에 "或夷狄侵中國, 或政權在臣下"라는 말이 있
는데 여기서의 '政權'이 정치적 통치 권력의 의미를 가진다. 이러한 전
통적인 의미가 현재 사용하고 있는 의미와 별 차이가 없으나 전통한
자어로서의 또 다른 의미인 '행정기관의 명칭'은 현재에 사용되지 않
다. 이러한 사실로 보면 '政權'이라는 신생 한자어는 전통한자어의 의
미를 축소하여 만들어진 것을 알 수 있다. '政權'이라는 신생 한자어는
일본에서 먼저 사용되었을 가능성이 크다. 『西洋事情』과 비슷한 시기
에 나온 羅存德의 『英華字典』에는 'political power'라는 표제어가 없기
때문이다. 이상의 사실로 보면 '政權'은 일본에서 만들어지고 나서 중
국과 한국으로 전해졌을 것이다.

(67) 政治學

政治學ノ關係スル所ニテ(『西』外編 卷三 12-b-01)

政治學 法律學 格物學 化學 哲學(『遊』目錄)

『書・畢命』에 "道洽政治, 澤潤生命"이라는 말이 있는데 여기서의 '政
治'는 '정사가 順治된다'의 뜻을 가지고 동사로 사용되고 있다. 『宋書・

沈攸之傳』에 "政治如在夏口營造舟甲"이라는 구절이 있는데 여기서의 '政治'는 '정사의 治理'를 의미하고 명사로 사용되고 있다. 근대이행기에 영어 'politics'의 번역어로 쓰이기 시작했고 '여러 권력이나 집단 사이에 생기는 이해관계의 대립 등을 조정·통합하는 일'이라는 새로운 의미를 추가하게 되었다. 『海國圖志』에서 "政治各殊(『海』卷十六「東南洋英夷所屬外新阿蘭島」1-b)"라는 말이 있는데 신생 한자어로서 쓰이는 '政治'를 발견할 수 있다. 마시니(2005)에 따르면 『海國圖志』에서 처음 '政治'가 신생 한자어로 나타났다. 이러한 사실로 보면 '政治'는 중국에서 전통한자어를 이용하여 만든 신생 한자어로 볼 수 있다. 그러나 '政治學'의 경우가 다르다. 마시니(2005)는 이 말이 黃遵憲의 『日本國志』(1890)에서 처음 발견되었다고 밝혔다. 즉, '政治學'이 일본에서 만들었다는 것이다. 이 신생 한자어는 일본지식인이 신생 한자어로 발전한 '政治'를 접사성한자형태소 '學'과 결합시켜 만들었을 것이다.

(68) 製造所
一局ノ製造所ト一條ノ管トヲ以テ(『西』外編 卷二 43-b-03)
一局의製造所와一條의管으로全市中에遍及ᄒᆞᆫ(『遊』第六編 173-14)

'製造'는 전통한자어로 '만들다'의 의미를 가진다. 이 말이 근대이행기에 영어 'make'의 번역어[81]로서 사용되기 시작했으나 의미변화가 없었기 때문에 신생 한자어로 볼 수 없다. 이에 비해 '製造所'는 새로 만든 한자어이다. '漢典' 검색한 결과를 보면 이 말은 중국고전문헌에서 나타나지 않았다는 것을 알 수 있다. '製造所'는 서구의 공장을 가리키는 신생 한자어로 '무엇+製造所'의 형식으로 쓰이기도 했다. 같은 의미

---

81 『英華字典』에서 'make'의 여러 번역어 중에 '製造'가 제시되어 있다.

를 가진 '製造局'이라는 신생 한자어도 『西洋事情』에서 찾을 수 있다.[82] 가일층의 조사가 필요하나 본서는 '製造所'라는 신생 한자어가 일본에서 먼저 만들어졌을 가능성이 크다고 본다.

　　(69) 主義

　　　　主義セスシテ徒ニ國王ノ命ヲ(『西』 卷三　11-a-2)

　　　　法律의第一大主義는公衆의害患을防흐기에(『遊』 第十編　271-08)

　'主義'는 전통한자어로서 '의를 지키다'와 '일에 대한 주장' 두 가지 의미를 가지고 있었다. 『逸周書 · 諡法解』에 "主義行德曰元"이라는 문장이 있는데 여기서의 '主義'는 '의를 지키다'를 뜻한다. 『史記 · 太史公自序』에는 "敢犯顔色, 以達主義, 不顧其身"이라는 구절이 있는데 여기서의 '主義'는 '일에 대한 주장'의 의미를 가진다. '체계화된 이론이나 학설'이라는 현재 사용되고 있는 의미는 1870년대 초에 일본에서 생겨났다. 중국에서 처음으로 나타난 것은 黃遵憲의 『日本國志』(1890)이다 (마시니 2005). '主義'이라는 신생 한자어가 일본에서 합성어의 일부로도 사용되어 많은 신생 한자어를 탄생시켰다. 예를 들면 '資本主義, 社會主義' 등이 있다. 이러한 기능도 한국과 중국으로 전해져 현재에도 광범위하게 사용되고 있다. 지금도 한 · 중 · 일 삼국에서 신조어를 만들 때 자주 사용되고 있다.

　　(70) 蒸氣/蒸氣機關/蒸氣船/蒸氣車

　　　　中ニモ多キ册石炭蒸氣器械ノ(『世』 9-b-7)

　　　　六門蒸氣ノ力?合シテ(『西』 二編　卷四　28-b-8)

---

82 "通船ノ川ヲ堀リ製造局ヲ建テ"『西』二編卷二　16-a-06

其器械ᄂᆞᆫ或蒸氣를用ᄒᆞᄂᆞᆫ者도有ᄒᆞ고(『遊』第十六編 424-03)

モノハ蒸氣機關蒸氣船蒸氣車傳信機牛痘痲布(『西』卷一 27-b-3)

蒸氣機關(『遊』目錄)

蒸氣船(『遊』目錄)

蒸氣車(『遊』目錄)

'蒸氣'는 전통한자어로서 '상승하는 기체'라는 의미를 가진다. 근대 이행기에 영어 'steam'의 대역어로 쓰이기 시작했다. 중국에서 '蒸氣'가 신생 한자어로 나타난 것은 羅存德의 『英華字典』(1866~1869)이다. 조사한 바에 의하면 그 이전에 나온 영중사전에서는 이 말이 나오지 않았기 때문이다. 여기에는 'steam'의 번역어로 '水氣, 烝, 氣, 烳, 汽, 蒸氣, 滾水之氣' 등이 제시되어 있다. 그리고 『英和對譯袖珍辭書』(1862)를 보면 'steam'의 대역어로 '蒸氣'가 제시되어 있는 것을 발견할 수 있다. 이렇게 보면 중국과 일본에서 전통한자어를 이용하여 각자 어형이 똑같은 신생 한자어를 만들었을 가능성이 크다. 그러나 일본과 비교할 때 중국에서는 '蒸氣'를 이용한 신생 한자어를 그리 많이 만들지 않았다. 'steam-engine'의 대역어로 『英華字典』에서는 '火機, 水氣機, 汽機, 蒸汽機' 등을 제시했고 『英和對譯袖珍辭書』에서는 '蒸氣機關'을 제시했다. 'steam-boat'의 번역어로 『英華字典』에는 '火船, 火輪船, 輪船, 火煙船'을 제시했고, 『英和對譯袖珍辭書』에는 '蒸氣船'을 사용했다. 그리고 『英華字典』에는 'steam-carriage'의 대역어로 '氣車, 火輪車'를 사용했다. 『英和對譯袖珍辭書』에는 이 말을 수록하지 않았으나 『西洋事情』을 보면 당시 일본에서 '蒸氣車'를 사용했다는 것을 알 수 있다. 이상의 사실로 보면 일본에서 '蒸氣'는 신생 한자어로서 역할을 했을 뿐만 아니라 다른 신생 한자어를 만드는 데에 쓰이기도 했다. 이러한 역사적 근거를 종합해 보면 '蒸氣'는 중국과 일본에서 각각 만들어진 신생 한자어이고, '蒸氣機關, 蒸氣船, 蒸氣車'는 일본에서 '蒸氣'를 이용하여 만들어진 신생 한자어들이다. 당시 한국에서 사용된 이러한 말들은 일본을 통하여 수용되었다.

(71) 證書

證書ヲ記ス等ノコトアレバ(『西』二編 卷一 11-a-4)

其家産給授ᄒᄂᆫ證書롤作ᄒ야(『遊』第三編 093-08)

日本語語彙研究文獻데이터베이스, 마시니(2005)와 劉正埮 외(1984)에서는 '證書'를 신생 한자어로 처리하고 있지 않다. 그러나 '漢典'에서 검색한 결과를 보면 '證書'가 중국고전문헌에 나타나지 않았다는 것을 발견할 수 있다. 그러면 이 말은 분명히 신생 한자어이다. 羅存德의 『英華字典』에는 'certificate'의 번역어로 '證據之書'를 사용했다. 이 말은 '證書'의 전신으로 볼 수도 있다. 더 조사해 봐야 중국에서 언제부터 '證書'라는 어형이 나타났는지 알 수 있겠으나 본서는 '證書'가 『英華字典』의 영향을 많이 받은 일본에서 먼저 나타났다고 본다. 그리고 나중에 한국과 중국으로 전해져 널리 쓰이게 되었을 것이다.

(72) 支那

支那〈カラ〉ハ亞細亞〈アジヤ〉ノ一大國(『世』1-b-6)

魯西亞支那等ノ如キ(『西』卷一 5-a-9)

淸國(支那) 창이나(시나)(『遊』第一編 015-07)

'支那'에 대하여 보통은 일본에서 온 것이라고 여기는데 실은 중국 고대문헌에서 그 흔적을 찾을 수 있다. 당나라 서적『南海寄歸內法傳·師資之道』에서 "且如西國名大唐爲支那者. 直是其名, 更無別義(서국이 大唐을 支那라 칭한다. 이는 이름을 부르는 것일 뿐 별 의미가 없다)"라는 내용이 이미 나와 있었다. '支那'는 인도에서 중국을 부르는 명칭 'chini'를 한자로 음역한 것이었다. 그리고 'chini'가 '秦'의 음역어라고 밝힌 바가 있다.

'支那'는 중국에서 만들어진 말이긴 하나 널리 사용하지 않았다. 외국이 중국을 어떻게 칭하느냐를 설명할 때에 한하여 사용했다. 이 단어를 정식적으로 중국을 지칭하는 고유명사로 사용하기 시작하는 것은 근대이행기의 일본이다. 이때부터 '支那'는 광범위하게 쓰이기 시작하여 한동안 중국을 지칭하는 고유명사로 쓰였다. 한 가지 더 논의해야 할 점은 이 말을 신생 한자어로 봐야 하는가 하는 문제이다. 의미의 변화가 일어나지 않았다는 것으로 보면 신생 한자어로 볼 수 없다. 하지만 전통한자어로서의 '支那'는 중국에서 외국이 자신을 부르는 명칭으로 사용했으나 널리 알려지지 않았고 근대이행기의 '支那'는 외국에서도 쓰이기 시작한 고유명사가 되었다. 이러한 점을 감안하여 본서는 '支那'를 신생 한자어로 보기로 한다. 그리고 기본적인 의미는 변하지 않았기 때문에 여전히 중국에서 만들어진 고유명사로 보기로 한다.

(73) 地理學

地理學等ナリ(『西』 卷二 37-b-3)

天文學 地理學 人身學 博古學(『遊』 目錄)

'地理學'은 전통한자어로서 '풍수학'이었다. 송나라 때의 『智者寺興造記』에는 "乃諷諸爲地理學者, 則其言與玘略同"이라는 詩句가 있다. 여기서의 '地理學'은 풍수학을 의미한다. 근대이행기에 영어 'geography'의 번역어로 쓰이기 시작하여 신생 한자어로 재탄생했다. 신생 한자어

'地理學'은 일본에서 만들어졌다. 중국에서 최초로 나타난 것은 黃遵憲의 『日本雜事詩』(1879)이었다(마시니 2005). 이 말이 후에 한국과 중국으로 전해져 학문의 명칭으로 널리 사용되기 시작했다.

(74) 職業

故ニ更ニ尋常ノ職業ヲ(『西』卷二 39-a-1)

故로人이亦其營求ᄒᆞᄂᆞ職業을不改ᄒᆞ면不可ᄒᆞ니(『遊』第三編 103-02)

'職業'은 전통한자어로서 네 가지 의미를 갖고 있었다. 『荀子・富國』에 "事業所惡也, 功利所好也, 職業無分"이라는 구절이 있는데, 여기서의 '職業'은 '士農工商 등 常業'을 가리키는 말이다. 『國語・魯語下』에 "昔武王克商, 通道於九夷百蠻, 使各以其方賄來貢, 使無忘職業"이라는 문장이 있는데, 여기서의 '職業'은 '해야 할 일'을 의미한다. 『資治通鑑・后周太祖廣順二年』에 "帝以穀職業繁劇, 趣令入朝, 辭以未任趨拜"라는 구절이 있는데, 여기서의 '職業'은 '직무, 職掌'을 뜻한다. 송나라 때의 詞 『水龍吟』에 "職業才華競秀, 漢庭臣無出其右"라는 문장이 있는데, 이때의 '職業'은 '사업'을 의미한다. 현재 사용하는 '職業'은 '생계를 위하여 자신의 적성과 능력에 따라 일정한 기간 동안 계속 종사하는 일'이라는 의미를 가진다. 이 의미는 근대이행기부터 사용되기 시작했다. 『英華字典』(1866~1869)에 이 신생 한자어를 수록하지 않았고 『西洋事情』에서 발견된 것을 보아 '職業'의 신생 한자어로서의 쓰임은 일본에서 시작되었다고 할 수 있다. 그리고 나중에 한국과 중국으로 전해져 현제까지 계속 쓰이고 있다.

(75) 進步

後モ文學大ニ進步シ(『西』卷一 26-b-1)

國家의治平을助ᄒᆞ야開明ᄒᆞᆫ進步롤守ᄒᆞ기에在ᄒᆞ니(『遊』第十編 272-14)

‘進步’는 전통한자어로서 ‘앞으로 나아가다’, 또는 ‘발전하다. 원래보다 좋다’라는 뜻을 가지고 있었다. 『敦煌變文集·張義潮變文』에 “陳元弘進步向前”이라는 말이 있는데, 여기서의 ‘進步’는 ‘앞으로 나아가다’의 뜻이다. 『朱子語類』에 “然後可以進步, 可以觀書”라는 문장이 있는데, 여기서의 ‘進步’는 ‘발전하다’의 의미를 가지고 있다. 메이지 시대에는 영어 ‘advancement, progress’의 영향을 입어, ‘사물이 문명개화 쪽으로 나아가다’의 뜻으로 바뀌었다(송민 2001). 『西洋事情』에는 ‘進步’를 찾을 수 있는데, 중국에서 비슷한 시기에 나온 『英華字典』에는 ‘advancement, progress’의 대역어 중에 ‘進步’가 없다. 이러한 사실로 보면 ‘進步’라는 신생 한자어가 일본에서 만들어졌다고 볼 수 있다. 그리고 후에 한국과 중국으로 전해져 신생 한자어로서 광범위하게 사용되기 시작했다.

(76) 集會
集會シテ國政ヲ議スルノ趣味ニテ(『西』卷二 15-b-10)
四曰集會의自由及通義니(『遊』第四編 117-10)

‘集會’는 전통한자어로서 ‘모이다, 회합하다’의 뜻을 가지고 동사로 사용했다. 『史記·樂書』에는 “皆集會五經家, 相與共講習讀之”라는 문장이 있는데, 여기서의 ‘集會’는 이와 같은 뜻을 가지고 있다. 근대이행기에 들어와서 영어 ‘assemble’의 번역어로 쓰이기 시작했고 명사로 사용되기 시작했다. 일본 최초로 간행된 영일사전인 『英和對譯袖珍辭書』(1862)에 ‘集會’가 수록되어 있다. 반면 비슷한 시기에 나온 『英華字典』에서는 이 신생 한자어를 발견하지 못했다. 이러한 사실로 보면

'集會'는 일본에서 만들어져 후에 한국과 중국으로 수용되었다고 할 수 있다.

  (77) 天文學
    實驗ノ說ヲ唱ヘ天文學(『西』卷一 26-a-2)
    天文學 地理學 人身學 博古學(『遊』目錄)

  '天文'은 전통한자어로서 '천체에서 일어나는 온갖 현상'이라는 뜻을 가지고 있다.[83] 근대이행기에 학문의 명칭으로 중국에서 사용되기 시작했고 이로 인해 신생 한자어가 되었다. 그리고 『海國圖志』에서 '天文之學'이라는 신생 한자어를 찾을 수 있는데, 이는 바로 '天文學'의 전신이다. 앞서 말했는데 '무엇+之+學'의 경우는 대부분이 '之'가 탈락하여 진정한 신생 한자어로 탈바꿈한다. 그러한 점을 감안하여 '天文學'이라는 신생 한자어가 중국에서 만들어졌을 가능성이 크다. 후에 일본으로 전해진 다음에 또 다시 일본을 통하여 한국으로 수용되었던 것이다.

  (78) 出版
    新聞紙出版(『西』卷一 10-a-5)
    外國의書冊이新出版ᄒ者ᄂᆞᆫ購致ᄒ고(『遊』第十七編 452-02)

  '出版'은 원래 '판목에 새겨 세상에 내놓다'는 뜻이었으나, 일본 메이지 시대에는 '활자 인쇄'를 뜻하게 되었으며, 영어 'publication'의 대역어로도 활용되었다(송민 2001). 중국에서는 1879년 黃遵憲과 일본인 학자 龜谷省軒(카메야쇼스케)의 필담에서 처음 사용되었다(마시니

---

[83] "觀乎天文以察時變"『易·賁』('漢典' 참조)

2005). 이러한 사실을 보면 '出版'은 일본에서 신생 한자어로 만들어지고 나서 한국과 중국으로 수용되었다는 것을 알 수 있다.

(79) 測量學
　　其科ハ專ラ測量學(『西』 卷一　25-b-5)
　　測量學과醫學과窮理學을世에傳홈으로(『遊』 第十三編　329-08)

'測量'은 전통한자어로서 '推測度量'의 뜻을 가지고 있다.[84] 근대이행기에 '도구나 기계로 공간, 시간, 온도, 속도, 기능, 각도 등을 재다'의 의미로 신생 한자어로서 쓰이기 시작했다.[85] 그러나 '測量學'이라는 신생 한자어는 중국고전문헌에서 찾을 수 없었다. 『西洋事情』에 나온 것을 보면 일본에서 먼저 만들어졌을 가능성이 크다. 그리고 후에 한국과 중국으로 전해졌다.

(80) 痴兒院
　　痴兒院ハ兒童ノ天稟智惠ナキモノヲ(『西洋事情』 卷一　40-b-2)
　　痴兒院(『西遊見聞』 目錄)

『西洋事情』에서 '痴兒院'에 대해 자세한 설명이 있었다. 이곳이 어떤 곳이며 어떤 일을 하고 있는지에 대하여 서술하고 있다. 이와 같은 묘사를 보면 일본에서 처음 소개되었다는 것을 알 수 있다. 그리고 '漢典'에서 검색한 결과 중국고전문헌에는 이 말이 나오지 않았다. 때

---

84 『後漢紀·靈帝紀上』에는 "其器深廣, 難測量也"라는 구절이 있다. 여기서의 '測量'은 '추측도량'의 의미이다.

85 『周禮政要·通藝』에는 "以爲測量製造之基礎"라는 문장이 있는데, 여기서의 '測量'은 현재 많이 쓰이는 의미와 같다.

문에 '痴兒院'은 일본에서 만든 신생 한자어라 할 수 있다. 이 말은 나중에 『西遊見聞』을 통하여 한국으로 소개되었다.

    (81) 太平洋

        金園ヲ發見シ太平洋ノ(『西』卷二 15-a-10)

        東太平洋(『士』34a)

        太平洋(大東洋) 퍼시픽크(『遊』第二編 041-07)

   『海國圖志』에는 '太平海, 大東洋, 平海', 『瀛寰誌略』에는 '東洋大海, 太平海, 大洋海' 등을 사용했다. 그 중에 '太平海'가 최초로 나온 것은 利瑪竇의 『坤輿万國全圖』였다. 이 말에서 출발하여 南懷仁[86]에게 그대로 계승되었다가 19세기 중엽부터 '太平洋'으로 발전하였다(송민 1998). 『英華字典』에서는 'the Pacific'의 번역어로 '平洋'을 사용했다. 이상의 역사적 근거를 보면 '太平洋'은 중국에서 만들어진 후에 일본으로 전해진 신생 한자어라는 것을 알 수 있다. 그리고 한국은 『이언』(1883)을 통하여 중국으로부터 직접 이 신생 한자어를 수용했고, 또한 거의 같은 시기에 일본수신사를 통하여 일본으로부터 수용했다. 즉 한국은 '太平洋'이라는 말을 중국과 일본에서 동시 도입했다는 것이다.

    (82) 砲兵

        砲兵　四萬一千七百三十一人 (『西』二編 卷二 46-b-10)

        步兵에ᄂ工兵과砲兵과輕重兵의(『遊』第九編 243-09)

---

86 Ferdinand Verbiest, 벨기에 출신의 선교사이다. 1641년 중국에 도착했다. 저서는 『坤輿圖說』, 『西方要記』 등이 있다.

'漢典'에서 검색한 결과로 '砲兵'라는 말은 중국고전문헌에서 나타나지 않았다. 즉, 이 말은 근대이행기에 새로 만들어진 신생 한자어이다. 羅存德의 『英華字典』에는 영어 'artillery'의 대역어로 '砲手, 砲兵'이 제시되고 있다. 이 사전이 일본에 큰 영향을 준 것을 감안하면 '砲兵'이라는 신생 한자어는 중국에서 만들어졌을 가능성이 크다. 그리고 한국은 일본을 통하여 이 신생 한자어를 수용했을 것이다.

(83) 學科

性質ヲ論シ目鏡望遠鏡等ノ組立ヲ說ク學科(『西』卷一 26-a-3)

衆人의會議는世間의便利롤增益ᄒ고高明ᄒ學科롤(『遊』第四編 123-01)

'學科'는 전통한자어로서 '과거시험의 과목'을 의미한다. 『北夢瑣言』에는 "其一, 請以孟子爲學科"라는 문장이 있는데, 여기서의 '學科'는 '과거시험의 과목'을 가리킨다. 佐藤亨(1986)에 따르면 '學科'는 일본에서 처음 '학문별로 나눈 과목'의 의미를 가진 신생 한자어로서 쓰이기 시작했다. 후에 이 말은 한국과 중국으로 수용되었고 현재에도 많이 사용되고 있다.

(84) 學費

他ニ所得アル無シ生徒ノ學費ヲ(『西』二編 卷一 48-a-10)

書生의學費롤自然히重受ᄒᆯ디라(『遊』第八編 213-11)

'學費'는 전통한자어로서 '교육하는 데 혹은 학교를 경영하는 데에 쓰이는 비용'의 뜻으로 사용되고 있었다. 예를 들면 『宋史·食貨志下七』에 "上者升增錢二, 中下增一, 以充學費"라는 문장이 있는데, 여기서의 '學費'는 이와 같은 뜻으로 쓰이고 있다. 근대이행기에 들어와서 '학업을 닦는 데 쓰이는 비용'의 의미로 신생 한자어로서 다시 쓰이기 시작했다. 중국고전문헌에서 이 신생 한자어가 나타나지 않았기 때문에 '學費'는 일본에서 먼저 만들어졌을 가능성이 크다.

> (85) 化學
>
> 化學(萬物ノ性質ヲ探索シテ之ヲ分析シ調合スル學科)(『西』卷一 26-a-3~4)
>
> 法律學 格物學 化學 哲學(『遊』目錄)

『格物入門』(1868)에서 '化學'이라는 신생 한자어가 처음 나타났다. 이 서적의 저자는 '마틴'이라고 하고 중국이름은 '丁韙良'이었다. 마틴이 이 신생 한자어에 대하여 다음과 같이 서술했다. "빌레퀸 교수는 중국 화학의 아버지이다. 그러나 나 마틴 박사는 빌레퀸 씨의 저작보다 앞서 발간된 자연철학 관련서에서 이 학문분야의 명칭을 화학이라고 부여한 것을 무한한 자랑으로 생각한다."(마시니 2005) 이러한 사실로 보면 '化學'이라는 신생 한자어가 중국에서 선교사에 의해 만들어졌다는 것을 알 수 있다. 그때부터 이 신생 한자어가 영어 'chemistry'의 번역어로 사용되기 시작했다. 나중에 '化學'은 중국에서 일본으로 전해졌고 또 다시 한국으로 수용되었다. 黃遵憲의 『日本雜事詩』(1879)의 "化學은 중국에서 일본으로 전해져서 도쿄대학에 개설된 화학 과목을 나타내는 데에 사용되다"라는 문장이 이와 같은 사실을 입증했다.

> (86) 會社
>
> 今其處置ヲ鐵路會社ノ意ニ任シテ(『西』外編 卷二 49-a-07)
>
> 商賈의 會社(『遊』目錄)

원래 '뜻을 함께하는 동료, 결사'를 뜻하던 '會社'가 메이지초기부터 일본에서 검차 '영리를 목적으로 하는 조직'을 뜻하는 단어로 변하면서 의미상의 개신을 겪게 되었다. 동시에 영어 'mercantile'와 'company'의 번역어로 쓰이기도 하였다(송민 2001). 중국에서 서적에 처음으로 나타난 것은 王韜의 『扶桑遊記』(1879)였다. 이러한 사실로 보면 '會社'는 일본에서 만들어진 신생 한자어라는 것을 알 수 있다. 후에 중국과 한국으로 전해졌고 각자 발전해 나갔다. 중국에서는 이 신생 한자어가 널리 쓰이지 못했다. 그때 같은 뜻을 가지는 '公司'가 이미 나와 있는 상황이었고 그 말이 해당 의미영역을 차지하고 있었기 때문이다. 후에 '會社'라는 신생 한자어가 점점 사라졌고 '公司'는 현재에도 사용되고 있다. 한국에서는 일본어의 영향을 많이 받아 수용된 후에 계속 사용되고 있었고 현재에도 잘 쓰이고 있다.

이상 한일동형한자어의 출처와 정착에 대해 분석한 결과를 중국어, 일본어, 그리고 '신생 한자어가 아님'으로 나누어 가나다순으로 정리해 보면 다음과 같다.

중국어: (가) 開化, 公法, 工業, 交際, 國法, 國債, 國會, 窮理學, 權力, 器械學, 機器

(나) 拿破倫, 拿破崙

(마) 馬力, 麥酒, 文法

(사) 世界

(아) 亞美利加, 熱帶, 墺地利, 議事堂, 引力

(자) 自由, 自主, 全權, 蒸氣, 支那

(타) 太平洋

(파) 砲兵

(하) 化學

일본어: (가) 家産税, 經濟, 經濟學, 階級, 空氣, 共和, 敎育, 軍艦, 規則, 棄兒院

(다) 端西, 大洋洲, 大統領, 大學校, 動物院

(라) 歷史, 立君獨裁

(마) 文明, 文法

(바) 博覽會, 白耳義, 本草園, 北極海

(사) 産業, 常備兵, 商社, 商業, 訴訟, 收稅法, 修身學, 輸入, 市場, 植物園

(아) 野戰砲, 議事院, 醫學校, 人種

(자) 裁判, 全權, 傳染病, 政權, 政治學, 製造所, 主義, 蒸氣, 蒸氣機關, 蒸氣船, 蒸氣車, 證書, 地理學, 職業, 進步, 集會

(차) 天文學, 出版, 痴兒院

(하) 學科, 學費, 會社

신생 한자어가 아님: 陸軍, 歲入, 試驗, 外國, 自然

5.2. 신생 한자어 만들기: 독자적 신생 한자어

한국의 독자적인 신생 한자어를 판단할 때는 몇 가지 기준이 필요하다. 우선, 인명·지명 등 고유명사의 경우, 중국과 일본 서적에 나오는 것과 同音異形 관계를 가지는 한자어를 제외한다. 인명·지명의 음역어들이 근대이행기에 혼란을 일으킬 정도로 많은 어형이 존재했다. 특히 중국에서 각 지방방언을 기준으로 여러 가지 음역어 표기를 만들기도 했었다. 이러한 고유명사들이 한국으로 수용될 때 일정한 한자를 同音異形字로 변환하는 경우도 흔히 있었던 일이다. 겉으로 한자표기가 달라 보이지만 출처로 따지면 한국 독자적인 것이 아닌 수용된 것으로 분류해야 한다. 예를 들면, '哥倫比'가 『海國圖志』에서 '可倫比'로 표기되어 있는데, 한국 한자표기에 있는 '哥'와 중국 한자표기에 있는 '可'가 한국어로 볼 때 同音異形字에 속한다. 이와 같은 것들은 한국 독자적인 신생 한자어로 보지 않기로 한다.

다음으로, 한국한자음을 기준으로 표기된 것이 전형적인 한국 신생 한자어로 본다. 예를 들면, '佳那多'는 'Canada'를 한국한자음에 따라 전형적인 음역어이다. 중국어로 하면 'jia na duo'가 되면 원어의 발음과 멀어진다. 그리고 일본에서 만든 독자적인 'Canada'의 한자어 표기는 '金田(カナダ)(『世』16-b-7)'이기 때문에 '佳那多'는 한국에서 만든 독자적인 신생 한자어로 판단할 수 있다.

또 하나, 일반명사의 경우에는 日本語語彙研究文獻데이터베이스와 마시니(2005)의 신어목록에 있는 것이 한국 독자적인 신생 한자어에 제외된다. 근대이행기의 한국은 신생 한자어에 대하여 만드는 시도를 하긴 했으나 일본과 중국에서 수용하여 여러 어형들 중에서 최종적으로 하나를 선택하여 정착시키는 경우가 대부분이었던 것이 사실이다. 그러므로 본서는 일본과 중국에서 신생 한자어로 처리하고 있는 것은 한국 독자적인 신생 한자어에서 제외하기로 한다.

마지막으로, 중국과 일본에서 신생 한자어로 처리하지 않는 것들을 어떻게 봐야 하는지가 문제이다. 이에 대하여 본서는 '漢典'을 참조하여 구글일본(www.google.co.jp)과 중국바이두(www.baidu.com)의 검색을 통하여 중국과 일본에서 현재에도 많이 사용되고 있는 것을 제외하고 '漢典'에 수록되지 않은 것과 의미의 변화가 일어난 것을 한국 독자적인 신생 한자어로 보기로 한다. 본절에서는 이 네 가지를 기준으로 삼고 앞서 추출한 한국 독자적 신생 한자어를 고유명사와 일반명사 두 부분으로 나누어 한국 독자적인 신생 한자어인지 아닌지를 판단하기로 한다.

5.2.1. 인명·지명

네 가지 기준에 따라 앞서 추출한 한국 독자적인 신생 한자어는 중국에서 온 신생 한자어, 일본에서 온 신생 한자어와 한국 독자적인 것으로 나눌 수 있다. 이 절에서는 세부분을 각각 분석하기로 한다.

（ⅰ） 중국에서 온 신생 한자어

(87) 哥倫比(『士』 46a)

'哥倫比'는 『海國圖志』에 'Colombia'의 음역어로 '可倫比(『海』 卷五十九「外大西洋 墨利加洲沿革總說」 8-b)'로 나타나고 있고, '哥'와 '可'는 同音異形字이다. 그리고 '哥倫比(가륜비)'는 원어 'Colombia'와 거리가 멀어 한국 독자적인 신생 한자어라 할 수 없다.

(88) 歐美(『遊』 序 001-06)

'歐美'는 중국에서 만든 신생 한자어 '歐羅巴(『海』 原敍3-a)'와 '亞美利駕(『海』 卷五十九「外大西洋 墨利加洲沿革總說」 7-b)'의 '歐'와 '美'를 따서 만든 합성어이다.

(89) 歐洲(『遊』 序 001-05)

'歐洲'는 '歐羅巴'의 '歐'와 '洲'를 결합시켜 유럽대륙을 지칭하는 말인데, 중국에서는 '亞洲, 美洲, 非洲'와 같이 음역어를 간략화해 부르는 일반적인 방법이다. 『海國圖志』와 『瀛寰誌略』에만 안 나타났을 뿐이지 근대이행기의 서적에 많이 나타나는 표현이다. 더 자세한 조사를 하지 않는 이상 구체적인 출처를 밝힐 수 없으나, 중국에서 만든 표현이라는 것은 분명하다.

> (90) 南北氷洋(『士』 6b)
>
> 南氷洋(『士』 45b)

'北氷洋(『海』 卷六十五 「外大西洋 北墨利加洲內俄羅斯屬地」 2-a)'은 『海國圖志』에 이미 나온 말이고, '南氷洋'은 남극을 지칭하는 말로 '北氷洋'에서 온 것이다. 그렇기 때문에 한국에서 만든 신생 한자어라고 단정 지을 수 없다.

> (91) 南阿美利加洲(『遊』 第一編 011-13)
>
> 美國(『士』 47a)
>
> 美利堅(『士』 46a)
>
> 美洲(『遊』 序 003-10)
>
> 北阿美利加洲(『遊』 第一編 014-11)
>
> 阿美利加(『士』 13b):

『海國圖志』에는 '彌利堅, 美利加, 美理哥, 美里加, 亞美里加, 阿彌利堅, 亞美理哥, 亞美利駕, 亞米利加, 美理駕, 亞美理駕', 『瀛寰誌略』에는 '米利堅, 美利哥' 등을 사용했다. '阿美利加'와 '美利堅'은 이상의 음역어와 비교하면 同音異形 관계에 있다는 것을 알 수 있다. 근대이행기에 중국에서 표기된 같은 의미를 가진 고유명사가 혼란을 일으켰을 정도로 여럿이 존재했다. 그렇기 때문에 '南阿美利加洲', '美利堅', '北阿美利加洲', '阿美利加' 등 표기도 중국에서 만들어진 가능성이 크다. '美國', '美

洲'는 앞서 '歐洲'를 설명한 것처럼 나라와 대륙의 음역어를 간략화하여 부르는 흔한 방법이다. 때문에 이들 표기도 중국에서 만들어졌을 것이다.

    (92) 紐約(『士』 48a)

『瀛寰誌略』에 'New York'의 음역어로 '紐約爾, 紐約克' 등 '紐約'을 포함한 것이 이미 나타났다. 현재 중국어에 '紐約'이라는 말을 사용하고 있는 것을 보면 근대이행기에 중국에서 '紐約爾, 紐約克' 등 신생 한자어를 '紐約'으로 전환했을 가능성이 크다.

    (93) 大鹽湖(『遊』 第二編 059-10)

  '大鹽湖'는 'Great Salt Lake'을 의역한 말이다. 더 많은 자료를 수집하지 못했기 때문에 정확한 출처를 밝힐 수 없다. 지금 중국어에 '大鹽湖'를 그대로 쓰고 있는 것을 보면 한국에서 만든 독자적인 신생 한자어라 할 수 없을 것이다.

    (94) 德幹(『遊』 第一編 024-08)

『瀛寰誌略』에는 '德干'이라는 신생 한자어가 나와 있다. '德幹'과 '德干'이 모두 'Deccan'의 음역어인데, '幹'과 '干'은 同音異形 관계에 있다. 그러므로 '德幹'은 한국의 독자적 신생 한자어로 볼 수 없다.

    (95) 德國(『士』 8a)

‘德國’이라는 신생 한자어는 ‘Deutsche’의 음역어 ‘德意志’의 ‘德’을 ‘國’과 결합시켜 만든 것이다. ‘德意志’는 한국어의 ‘독일’에 해당하고, 1871년에 독일제국이 성립한 후에 생긴 신생 한자어이다. 본서에서 수집한 중국 신생 한자어들은 모두 1871년 이전에 나온 것이라 ‘德意志’라는 말이 나올 리가 없다. 그러나 일본의 신생 한자어와 비교하면 이 말이 중국어인 것을 알 수 있다. 근대이행기에 일본에서 만든 ‘Deutsche’에 해당하는 음역어 표기는 ‘獨逸’이다. 이러한 표기는 영어 ‘Deutsche’가 아닌 네덜란드어 ‘Doits’의 음역어이고, 처음 나타난 것은 『三兵答古知幾』(1850)이다(김경호 1997). 현재 한국어의 ‘독일’이라는 단어도 일본에서 온 것이다. 한편, ‘德意志’라는 말은 현재 중국에서도 사용되고 있고 중국에서 표기된 가능성이 크다. 이상을 종합하면 ‘德國’이라는 신생 한자어는 중국에서 먼저 만들어진 것이다.

　(96)　東南亞細亞(『士』 7b)
　　　　亞洲(『士』 1a)

　利瑪竇의 『坤輿万國全圖』(1602)에 ‘亞細亞’라는 신생 한자어가 이미 나와 있었다. 앞서 언급했듯이 음역어의 첫 글자를 ‘洲’와 결합시키는 것은 중국에서 대륙들을 지칭하는 일반적인 방법이다. 그래서 ‘東南亞細亞’와 ‘亞洲’도 중국에서 수입된 한자어였을 가능성이 크다.

　(97)　杜尼斯(『士』 8b)

　『瀛寰誌略』에 ‘Tunis’의 음역어로 ‘突尼斯, 都尼斯’ 등을 사용했다. 이들은 모두 ‘杜尼斯’와 한 글자의 차이만 있고, 또한 중국어로 보면 ‘突尼斯(tu ni si), 都尼斯(du ni si)’는 ‘杜尼斯(du ni si)’와 비슷하거나 똑같

은 발음을 갖고 있다. 반면, 한국한자음으로 읽으면 '두니사'가 되고 원어의 발음에 멀어진 발음이 된다. 그리고 일본 서적『世界國盡』에서는 '戶仁須'라는 표기를 사용하고 있다. 이러한 점들을 보면 '杜尼斯'는 중국으로부터 수용했을 가능성이 크다는 것을 알 수 있다.

    (98) 圇塾(『遊』第十九編 509-06)

『海國圖志』에서는 'London'의 음역어로 '倫墩'이라는 신생 한자어를 사용했다. '圇'과 '倫'이 同音異形字이고, '圇塾(륜돈)'이 원어 'London'과 발음의 차이가 있기 때문에 '圇墩'은 한국 독자적인 신생 한자어로 볼 수 없다.

    (99) 伯林(『遊』 目錄)

『海國圖志』에 'Berlin'의 음역어로 '伯隣, 伯爾靈, 比耳林, 味隱' 등을 사용했고, 현재 중국어에 '伯林'을 쓰고 있으며, '伯林(백림)'은 원어 'Berlin'과 거리가 멀기 때문에 이 말은 한국 독자적인 신생 한자어로 볼 수 없을 것이다.

    (100) 佛狼西(『士』 19b)

『海國圖志』에는 'France'의 음역어로 '佛朗西'가 사용되고 있고, '狼'과 '朗'이 同音異形字이고 '佛狼西'가 원어 'France'와 발음의 차이가 크기 때문에 '佛狼西'라는 말은 한국 독자적인 신생 한자어로 볼 수 없다.

    (101) 氷島(『遊』第一編 012-10)

羅存德의 『英華字典』(1866~1869)에서 이 신생 한자어를 찾을 수 있다. 그러므로 '氷島'는 중국 신생 한자어로 분류된다.

　　(102) 邪蘇(『士』19a)

『海國圖志』에는 'Jesus'의 음역어인 '耶蘇'라는 말이 이미 있었고, '邪蘇(사소)'는 한국한자음으로 읽으면 원어 'Jesus'와 거리가 멀어 한국에서 표기된 신생 한자어일 가능성이 적다. 본서에는 '邪'가 '耶'를 잘못 수용된 것으로 본다.

　　(103) 徐徐里(『士』25a)

『海國圖志』에 'Sicily'의 음역어로 '西西里亞'를 사용했다. 중국어의 음역어를 보면 '亞'를 생략하는 경우가 많이 있다. 예를 들면 '美里加', '亞美里加'는 모두 'America'의 음역어이다. 그리고 '西'와 '徐'는 한국어로 볼 때 同音異形字에 속하고, '徐徐里(서서리)'는 원어 'Sicily'와 거리가 멀다. 이러한 사실을 종합하면 '徐徐里'는 한국 독자적인 신생 한자어로 볼 수 없다.

　　(104) 阿拉彼亞(『士』28b)

『海國圖志』에는 'Arabia'의 음역어로 '亞拉比亞, 亞剌百, 阿拉比, 亞拉北亞, 亞剌比亞, 阿拉比阿, 阿臘比阿, 亞拉百, 亞剌比' 등이 사용되고 있다. '阿拉彼亞'는 중국어로 보면 이상의 음역어와 同音異形字가 될 수 있다. '彼'와 '比'는 한국어로 볼 때 同音異形字가 아니지만 중국어로 볼 때 모두 'bi'로 발음하기 때문이다. 이상의 사실로 볼 때 '阿拉彼亞'는 한국의 독자적인 신생 한자어가 아닌 것을 알 수 있다.

(105) 阿馬孫(『士』 55b)

牙馬遜江(『士』 56b)

俄馬遜河(『士』 59b)

亞美孫江(『士』 45b)

『海國圖志』에 'Amazon'의 음역어로 '亞馬孫'을 사용했다. '阿馬孫, 牙馬遜, 俄馬遜'과 '亞馬孫'은 중국어로 볼 때 同音異形字이므로 한국 독자적인 신생 한자어가 될 수 없다. 한편, '亞美孫'은 'Amazon'의 음역어로 볼 때는 정확한 것이라고 할 수 없고, '亞馬孫'과 비교할 때는 한 글자의 차이가 있다. 본서는 이 말을 '亞馬孫'을 잘못 수입한 것으로 본다.

(106) 阿美尼亞(『遊』 第一編 016-09)

『海國圖志』에 'Armenia'의 음역어로 '阿彌尼阿'가 나타났는데, 여기서의 '彌'와 '美'는 同音異形字이기 때문에 '阿美尼亞'가 한국 독자적인 신생 한자어로 볼 수 없다.

(107) 阿勅伯(『士』 64b)

『瀛寰誌略』에 'Arab'의 음역어로 '阿剌伯'을 사용했다. '阿勅伯'의 '勅'은 '剌'과 同音異形관계가 아니지만 어형이 매우 근접하다. '阿勅伯'은 원어 'Arab'과 거리가 멀어 정확한 음역어가 될 수 없다. 이러한 사실로 볼 때 이 신생 한자어는 '阿剌伯'을 잘못 수용한 것으로 볼 수 있다.

(108) 厄瓜多(『士』 46a)

『海國圖志』에 'Ecuador'의 음역어로 '厄瓜多爾'가 나타났다. '厄瓜多'는 '爾'를 생략한 어형으로 볼 수 있으나 한국에서 표기된 신생 한자어로 보기는 힘들다.

(109) 土耳其斯坦(『士』 42b)

『海國圖志』에 'Turkey'의 음역어로 '土耳其'를 사용했다. 그리고 터키의 부근 지역이 역사상 중국에서 '突厥斯坦'으로 부르기도 했다. '土耳其斯坦'도 '土耳其'와 '突厥斯坦'의 결합에서 온 말일 것이고 중국에서 먼저 사용했을 가능성이 크다.

(110) 休論湖(『遊』 第二編 061-06)

『海國圖志』에서 'Huron'의 음역어로 '休倫'을 사용했고, '論'과 '倫'이 同音異形字이기 때문에 '休論湖'는 한국에서 만든 독자적인 신생 한자어라 할 수 없다.

(111) 兜牙里(『士』 8a)

『瀛寰誌略』에 'Hungary'의 음역어로 '匈牙利'가 나타났고, '兜'과 '匈', '里'와 '利'가 각각 同音異形字이므로 '兜牙里'는 한국 독자적인 신생 한자어로 볼 수 없다.

(ii) 일본에서 온 신생 한자어

(112) 南極海(『遊』 第二編 041-05)

앞서 '北極海'라는 신생 한자어가 일본에서 만들어졌다고 밝힌 바 있다. 『西遊見聞』에 '南極海 안틔악틕크'로 나와 있는데, 이는 'Antarctic', 즉 '南極大陸'을 바다로 잘못 인식하여 '南極海'이라는 신생 한자어를 만든 것이다. 이 말은 '北極海'와 대조된 말이고 일본에서 먼저 만들어졌을 가능성이 크다.

(113) 大不列顚(『遊』 第一編 016-14)

'大不列顚'은 'Great Britain'을 의역과 음역의 방식으로 만든 신생 한자어이다. '大'는 'Great'의 의역어이고, '不列顚'은 'Britain'의 음역어이다. 이 말은 본서에서 조사한 중국문헌에서는 나타나지 않았다. 그리고 『海國圖志』에 'Britain'의 음역어로 '必力旦'이라는 신생 한자어를 사용했다. 일본의 문헌을 보면 福澤諭吉의 『文明論之槪略』(1875)에 '大不列顚(『文明論之槪略』 권6 21a)'라는 말이 나와 있다. 이러한 사실로 보면 '大不列顚'은 일본에서 만든 신생 한자어일 가능성이 크다는 것을 알 수 있다.

(114) 露國(『士』 9a)

『西洋事情』에 'Russia'의 음역어 '露西亞'를 사용했다. 그리고 이 말은 본서에서 조사한 중국자료 중에 나타나지 않았다. 중국어에서 근대이행기나 지금이나 '俄羅斯'라는 신생 한자어를 많이 쓰는 것을 보면 '露國'은 일본에서 '露西亞'의 '露'를 '國'과 결합시켜 만든 신생 한자어일 가능성이 크다.

(115) 阿弗利加(『遊』第一編 012-05)

　『海國圖志』에는 'Africa'의 음역어로 '利未亞, 亞非利加, 阿未里加, 亞非里加, 亞非哩加, 亞未利加, 阿未利加, 未利加, 阿利未加, 阿非利加, 阿佛厘加, 未里加, 利未央, 阿非里加, 利夫亞, 非里加, 亞非里'를 사용했고, 『世界國盡』에는 '亞非利加, 阿非利加'를 사용했다. 그리고 김경호(1997)에 따르면 일본의 문헌에서는 '亞弗利加'라는 표기가 우세하고, '阿弗利加'는 『中等世界地圖帖』(1927)에서만 찾을 수 있다. 그러나 '亞'와 '阿'는 한·중·일 삼국에서 모두 'a'를 표기하는 한자이다. 이상의 사실로 보면 '阿弗利加'는 일본에서 표기된 신생 한자어라 할 수 있다.

(116) 伊太利(『遊』第一編 012-03)

　『世界國盡』에서 'Italy'의 음역어로 '伊太里'를 사용했고, '利'와 '里'가 同音異形字이기 때문에 '伊太利'는 한국에서 표기된 독자적인 신생 한자어라 할 수 없다.

(iii) 한국 독자적인 신생 한자어

　중국과 일본에서 만든 것을 제외하면 나머지 신생 한자어는 896개가 있는데 이것들은 모두 한국 독자적인 신생 한자어로 판단할 수 있다. 이러한 신생 한자어는 대부분이 한국한자음을 기준으로 하여 표기된 한국의 독자적인 신생 한자어들이다. 이들 중에 '尼可羅果, 樓馬尼亞, 味西西比江, 亞羅比亞, 阿羅比亞, 日耳曼海, 巴那麻'는 자세한 설명이 없으면 앞서 제시한 판단기준으로 볼 때 한국 독자적인 신생 한자어가 될 수 없을 수도 있다.

(117) 尼可羅果(『遊』第一編 020-01)

『海國圖志』에 'Nicaragua'의 음역어로 '尼加拉瓜'를 사용했다. '尼可羅果'와 '尼加拉瓜'는 한국어로 볼 때 '羅'와 '拉'을 제외한 나머지는 동음어이다. 이러한 점을 보면 '尼可羅果'가 한국의 독자적인 신생 한자어로 판단하기에 부족한 면이 있기도 하다. 그러나 두 단어를 중국어로 발음해 보면 완전한 다른 단어인 것을 알 수 있다. '尼可羅果'는 'ni ke luo guo', '尼加拉瓜'는 'ni jia la gua'로 발음한다. '尼可羅果'를 일본 한자음으로 읽으면 'ni ka ra ka'가 되는데 이는 한국 한자음으로 읽는 것보다 덜 정확하다. 그 이유는 '果'의 발음에 있다. 원어 'Nicaragua'의 'gua'의 발음과 가까운 것은 한국 한자음으로 읽는 것이다. 이렇게 보면 '尼可羅果'라는 신생 한자어가 중국이나 일본에 온 것이라고 할 수 없고 한국에서 만든 독자적인 신생 한자어라 판단할 수 있다.

(118) 樓馬尼亞(『士』 28a)

본서에서 조사한 일본 자료에서는 이 말을 찾을 수 없다. 현재 일본어 외국지명 한자표기를 찾아도 'Romania'의 한자 표기를 발견할 수 없다. 이는 일본에서 처음부터 이 말을 가나로 표기했을 가능성이 크다는 것을 말해준다. 『海國圖志』에 'Romania'의 음역어로 '羅瑪尼亞, 羅馬泥亞'가 사용되었다. 이는 '樓馬尼亞'와 비교하면 발음과 어형이 모두 비슷하여 언뜻 보면 중국어에서 온 것이라 착각할 수도 있다. 그러나 '樓馬尼亞'는 한글로 표기하면 '루마니아'이고, 또한 원어 'Romania'에 매우 가까운 발음이기 때문에 본서는 이를 한국 독자적인 신생 한자어로 보기로 한다.

(119) 味西西比江(『士』 45b)

『瀛寶誌略』에는 'Mississippi'의 많은 음역어 중에 '米西西比'가 있다. 이는 '味西西比'와 한 글자의 차이만 있고, '米'와 '味'가 同音異形字이므로 중국에서 수용된 신생 한자어라 잘못 판단한 경우가 있다. 실제로 중국어 발음으로 볼 때 '味(wei)'와 '米(mi)'는 전혀 다른 한자이다. 그리고 '樓馬尼亞'와 마찬가지로 일본 자료와 일본어 외국지명 한자표기에서 'Mississippi'에 해당하는 것을 찾을 수 없다. 따라서 일본에서 처음부터 이 말을 가나로 표기했을 가능성이 크다. 그러므로 '味西西比江'은 한국에서 만든 독자적인 신생 한자어로 분류할 수 있다.

(120) 亞羅比亞(『遊』 第一編 016-09)
　　　阿羅比亞(『遊』 第一編 024-08)

본서에서 조사한 일본 자료에서 앞서 'Arabia'의 음역어로 '亞喇伯', '荒火屋'만 찾을 수 있고 현재 일본어 외국지명 표기에서는 '亞剌比亞'를 사용하고 있다. 따라서 (120)의 예시들이 일본에서 표기됐을 가능성은 적다. 앞서 살펴봤듯이 『海國圖志』에는 'Arabia'의 음역어로 '亞拉比亞, 亞剌百, 阿拉比, 亞拉北亞, 亞剌比亞, 阿拉比阿, 亞臘比阿, 亞拉百, 亞剌比' 등이 사용되고 있다. 한국어로 보면 '亞羅比亞, 阿羅比亞'는 이상의 중국 신생 한자어와 동음어이다. 이렇게 보면 중국어에서 온 것이라 판단하기 쉬운데, 그러나 '亞羅比亞, 阿羅比亞'는 중국어로 읽으면 각각 'ya luo bi ya'와 'a luo bi ya'가 된다. 그리고 문제는 바로 '羅(luo)'에 있다. 이 한자가 'Arabia'의 'ra'와 발음의 차이가 있기 때문에 '亞羅比亞, 阿羅比亞'는 중국어에서 수용된 것이라기보다 한국에서 만든 독자적인 신생 한자어로 보는 것이 더 타당하다.

(121) 日耳曼海(『遊』第二編 056-03)

『海國圖志』에는 현재 독일 지역에 해당하는 '日耳曼'이라는 신생 한
자어가 이미 나타났기 때문에 '日耳曼海'도 중국에서 만들었다고 판단
하기 쉽다. 그러나 『西遊見聞』의 원문을 보면 '日耳曼海'는 현재의 '북
해(the North Sea)'에 해당한다. 이 'the North Sea'에 대하여 『海國圖
志』에서는 음역어가 아닌 의역어로 '大北海'와 '北海' 등을 사용했다.
또한 본서에서 조사한 중국과 일본문헌에 '日耳曼海'를 찾을 수 없는
것을 보면 이 말은 兪吉濬이 중국 신생 한자어 '日耳曼'을 '海'와 결합시
켜 만든 한국의 독자적인 신생 한자어라 할 수 있다.

(122) 巴那麻(『士』45b)

『海國圖志』에는 'Panama'의 음역어로 '巴那馬'를 사용했고 『世界國
盡』에는 '巴奈馬'로 되어 있다. '奈'와 '那', 그리고 '麻'와 '馬'가 각각 同音
異形字인 것을 보면 '巴那麻'가 중국어나 일본어에서 온 것이라고 착각
할 수 있다. 그러나 이 말은 한글로 표기하면 '파나마'가 되는데 원어
'Panama'와 거의 똑같은 발음을 갖고 있다. 이러한 점을 보면 '巴那麻'
는 한국에서 만든 독자적인 신생 한자어로 보는 것이 더 타당하다.
  이상 분석한 결과를 '중국에서 온 것', '일본에서 온 것'과 '한국 독자
적인 것'으로 나누어 정리해 보면 다음과 같다.

  중국에서 온 것: 哥倫比, 歐美, 歐洲, 南北氷洋, 南氷洋, 南阿美利加洲,
          紐約, 大鹽湖, 德幹, 德國, 東南亞細亞, 杜尼斯, 圇整,
          美國, 美利堅, 美洲, 伯林, 北阿美利加洲, 佛狼西, 氷
          島, 邪蘇, 徐徐里, 阿拉彼亞, 阿馬孫, 牙馬遜江, 俄馬遜

河, 阿美尼亞, 阿美利加, 亞美孫江, 亞洲, 阿勒伯, 厄瓜
多, 土耳其斯坦, 休論湖, 兇牙里
일본에서 온 것: 南極海, 大不列顚, 露國, 阿弗利加, 伊太利
한국 독자적인 것: 尼可羅果, 樓馬尼亞, 味西西比江, 亞羅比亞, 阿羅比
亞, 日耳曼海, 巴那痲

5.2.2. 일반명사

지금까지 한정된 서적에서 한국독자적인 일반명사를 추출해 봤는
데 진정한 독자적인 것인지에 대하여 좀 더 검토할 필요가 있다. 본절
에는 앞서 제시한 기준에 따라 한국 독자적인 일반명사인지 아닌지를
판단하기로 한다. 첫 단계는 日本語語彙研究文獻데이터베이스와 마시
니(2005)를 통하여 일차 판단한다. 두 단계는 주로 '漢典', 근대이행기
에 출판된 영중사전, 구글일본과 중국바이두를 참고하여 일차 추출한
것을 검토한다. 일본에서 가장 큰 검색사이트인 구글과 중국에서 가
장 큰 검색사이트 바이두를 이용하여 일본과 중국에서 잘 쓰이고 있
는 어휘를 선별하여 한국 독자적인 신생 한자어에서 제외시킨다. 이
는 일본과 중국에서 근대이행기에 한국에서 한자어를 수용한 기록이
없기 때문에 이러한 판단을 하기로 한 것이다. 이상의 단계를 거쳐
마지막으로 남은 것들을 한국의 독자적인 신생 한자어로 분류한다.
이 부분에서는 異體字를 동일한 한자로 보기로 한다. 이러한 방법으로
앞서 『西遊見聞』과 『士民必知』에서 추출한 한국 독자적인 신생 한자어
를 세 부분으로 나눈다.
첫 번째, 日本語語彙研究文獻데이터베이스와 마시니(2005)에도 나타
난 것들이다. 이들 신생 한자어는 한국 독자적인 신생 한자어로 볼
수 없고 수용된 것으로 분류한다. 가나다순으로 나열해보면 다음과

같다.

(가) 價格, 茄菲, 經營, 高等學校, 孤兒院, 公園, 共和黨, 廣告, 鑛物學, 權利, 權理, 卷烟, 機關車, 汽船, 汽車, 金石學

(나) 南北極, 女學校, 農學

(다) 大權, 大陸, 代數, 道德學, 動物學

(라) 離婚

(마) 名譽, 舞會, 物質, 民國, 民主

(바) 博物場, 博物學, 博物會館, 博士, 反射, 白色人, 罰金, 法庭, 變遷法, 保險

(사) 師範學校, 司法, 社會, 商務, 生物學, 生業, 水素, 修業, 市民, 植物學

(아) 亞鉛, 言語學, 輿論, 鳶尾服, 演說, 演說會, 演藝, 營業, 外國人, 郵征(郵政), 郵征局(郵政局), 原告, 元素, 游星/遊星, 留學, 律師, 銀行, 飲料, 議員, 理學, 立憲政體

(자) 作業, 裁縫器械, 電, 電氣, 電氣器械, 電氣燈, 電機線, 電氣信, 電報, 電線, 傳信, 電信, 電信局, 電信機, 政體, 造幣局, 宗敎, 宗敎學, 種痘, 種族, 主權, 證印稅

(차) 天王星, 哲學, 體制, 體操

(타) 炭素

(파) 巴力門

(하) 寒帶, 航海師, 航海船長, 行政

두 번째, 日本語語彙研究文獻데이터베이스와 마시니(2005)에 나타난 신생 한자어와 결합하거나 그 한자어를 간략화한 것들이다. 수용된 신생 한자어에 밑줄 치고 가나다순으로 나열하면 다음과 같다.

(가) 幹事人, 開化黨, 輕重兵, 窮理學器械, 器械師, 汽電器械, 汽車路

(나) 女權黨, 農作器械

(다) 獨立軍, 獨立大會堂

(라) 歷史學, 離婚書

(마) 貿易場

(바) 博覽館, 博物園, 半開化, 紡績器械, 法律衙門, 法律學, 保證人, 婦人醫

(사) 私立病院, 三神敎宗, 上院, 書籍庫, 手術院, 新聞局

(아) 壓制政體, 鷰尾衣, 豫防法, 牛乳油, 衛生法, 幼兒院, 幼穉會, 銀行局, 銀行屋, 銀行店票, 銀行票, 飲料水, 飲食除毒法, 議事上院, 議事下院, 醫術器械, 人身學, 一神敎宗

(자) 自身動, 自由通商黨, 裁判衙司, 電奇, 電氣炭燈, 電氣學, 專賣權, 電線原, 停車所, 卒業狀, 宗敎黨

(차) 天文學器械, 天主學, 總領事, 出板, 測量器, 治病院

(파) 避霹靂法

(하) 下院, 學問黨, 合衆政體, 海關稅, 海上保險書, 火輪器械, 火輪戰船, 火災保險書, 化學器械

이상의 신생 한자어는 대부분이 합성어와 파생어들이다. 이 중에 '窮理學器械, 紡績器械, 壓制政體, 天文學器械, 合衆政體, 海關稅, 化學器械'는 신생 한자어로서 본서에서 조사한 중국과 일본자료 중에서는 발견하지 않았으나 '窮理學, 器械, 紡績, 器械, 壓制, 政體, 天文學, 器械, 合衆, 政體, 海關, 關稅, 化學, 器械'와 같이 분리하면 그 출처를 日本語語彙研究文獻데이터베이스와 마시니(2005)에서 찾을 수 있다. 이러한 점을 보면 이들은 한국에서 독자적으로 만든 것이라 단정 지을 수 없다.

마시니(2005)에서 '上議院'과 '下議院'을 찾을 수 있다. 이들은 모두 『萬國公報』(1875)의 영국의 의원을 언급한 것으로 각각 'Upper

House'와 'Lower House'를 대역한 신생 한자어이다. 그리고 1875년 6월12일에 간행된 『萬國公報』(권 340)의 「論民主國與各國章程及公議堂解」에서 '上院'과 '下院'이라는 약어를 발견할 수 있었다[87](謝放 2001). 이렇게 보면 '上院'과 '下院'은 한국에서 독자적으로 만든 신생 한자어로 볼 수 없다. 그리고 '議事上院'과 '議事下院'의 조어방식이 '上議院, 下議院'과 비슷하므로 한국에서 독자적으로 만들었다고 확정 지을 수 없다.

'器械師'는 일본서적 『獨逸器械師採用依賴書』(1870)에서 먼저 그 어형을 찾을 수 있기 때문에 한국 독자적인 신생 한자어로 볼 수 없다. '歷史學', '史學'이라는 말은 전통한자어로서 '역사를 연구하는 학문'을 의미한다.[88] 그리고 앞서 밝혔듯이 '歷史'는 일본에서 만든 신생 한자어이다. 자료 조사의 한계 때문에 구체적인 출처를 밝히지 못했으나 현재 일본에서도 이 말을 사용하고 있는 것을 보면 '歷史學'이라는 신생 한자어도 일본에서 만들었을 가능성이 크다.

마시니(2005)에는 '博覽院, 博覽會, 博物館, 博物院, 博物場, 博物會' 등이 신생 한자어로서 수록되어 있다. '博覽館, 博物園'은 이러한 신생 한자어와 한 글자의 차이만 있고 같은 의미를 가지는 어형이 여러 있는 당시의 어휘상황을 감안하면 한국에서 만든 독자적인 신생 한자어라 할 수 없을 것이다.

福澤諭吉의 『文明論之槪略』에는 "歐羅巴諸國並に亞米利加の合衆國を以て最上の文明國と爲し, 土耳古・支那・日本等, 亞細亞の諸國を以て半

---

87 "議法之員分言之爲上下兩院, 合言之卽爲公議堂. 其上院中大員, 在英國則以國中親王與爵位及朝廷所派之員充之, 在合衆之美國卽由各國所派人員充之. 其下院中大員則直由民間公擧之人充之, 特管錢糧與國用也." 謝放(2001), 「戊戌前後國人對"民權"與"民主"的認知」, 『二十一世紀』 65, 香港中文大學.

88 『晉書・石勒載記下』에는 "爲史學祭酒"라는 말이 있다.('漢典' 참조)

開の國と称し[89](유럽 제국과 아메리카합중국은 최상의 문명국이고, 터키, 중국, 일본 등 아시아 제국은 반개화의 나라라고 칭한다)"라는 문장이 있다. 그리고 앞서 밝힌 것처럼 '開化'라는 신생 한자어는 중국에서 처음으로 만들어졌고 널리 전파하는 데에 계기를 준 것은 일본이었다. 비록 『文明論之槪略』의 원문에는 '半開'라는 말만 나타났지만 '半開化'라는 신생 한자어도 일본에서 만들어졌을 가능성이 크다.

'法律'은 전통한자어로서 일찍부터 중국어에서 사용되었다.[90] 『職方外紀』(1623)에서 이 말의 신생 한자어로서의 흔적을 찾을 수 있었다. 그러나 이 말이 본격적으로 중국에서 확산된 것은 19세기 말엽에 일본어에서의 영향을 받은 후부터였다. '法學'이라는 신생 한자어도 현재 의미로 쓰인 최초 중국어 용례는 黃遵憲의 『日本雜事詩』(1879)였다. 이렇게 보면 '法學'도 일본어에서 수용된 신생 한자어라는 것을 알 수 있다(마시니 2005). 그러면 '法學'과 똑같은 의미를 가진 '法律學'도 일본에서 먼저 쓰이기 시작했을 가능성이 크다.

'輕重, 保證, 病院, 新聞, 幼兒, 飮料, 專賣, 領事, 測量'은 모두 日本語語彙硏究文獻데이터베이스에서 찾을 수 있는 신생 한자어들이다. 또한 구글일본 검색을 통하여 '輕重兵, 保證人, 私立病院, 新聞局, 幼兒院, 飮料水, 專賣權, 總領事, 測量器'는 현재에도 잘 쓰고 있는 단어들이라는 것을 알 수 있다. 그리고 중국바이두 검색을 통하여 '飮料水'를 제외한 '保證人, 私立病院, 新聞局, 幼兒院, 專賣權, 總領事, 測量器'는 현재 중국에서도 잘 쓰이고 있는 단어들이라는 것을 알 수 있다. 이러한 결과를 보면 '輕重兵, 保證人, 私立病院, 新聞局, 幼兒院, 飮料水, 專賣權, 總領事, 測量器'는 한국에서 만든 독자적인 신생 한자어라고 할 수 없을 것이

---

89 『文明論之槪略』 권1 제2장
90 『莊子 · 徐無鬼』에는 "法律之士廣治"라는 문장이 있다.('漢典' 참조)

라 판단된다.

'書籍庫, 鴛尾衣, 停車所, 火輪器械, 火輪戰船'은 日本語語彙硏究文獻데이터베이스와 마시니(2005)에 이들과 비슷한 신생 한자어가 수록되어 있기 때문에 한국에서 만든 것이라 단정을 지을 수 없다. 중국과 일본 신생 한자어에는 '書籍館, 鴛尾服, 停車場, 火輪器具, 火輪器械, 火輪船' 등이 있다.

마시니(2005)는 '銀行'이 일본에서 만든 신생 한자어라고 주장하고 있다. 그 이유는 1872년 일본 최초의 은행이 설립되었고 1876년 홍콩에 '중국은행'이 설립되었기 때문이다. 그러나 본서에서 조사한 결과로 羅存德의 『英華字典』(1866~1869)에 'bank'의 대역어로 '銀行'이라는 신생 한자어가 이미 사용되어 있었다. 이러한 역사적 근거를 보면 '銀行'은 중국에서 만들어진 신생 한자어라는 것을 확신할 수 있다. 일본으로 처음 전해질 때 '銀行'을 직접 썼다기보다는 뒤에 접사성한자형태소를 붙여 의미보충을 했을 것이다. 외국어나 신어를 받아들이는 가장 흔한 방법이 바로 이러한 동의중복을 이용하는 것이다. '屋(や)'은 일본어 중에 '그 직업을 가진 집이나 사람'을 뜻하는 접사성한자형태소이다. 한국어에도 '屋(옥)'이라는 한자가 있긴 하나 일본처럼 흔히 쓰이는 접사성한자형태소가 아니다. 그리고 구글일본을 검색함을 통하여 '銀行屋'이라는 말이 현재에도 사용되고 있는 것을 알 수 있다. 이상을 종합하면 '銀行屋'은 일본에서 만들어진 신생 한자어였을 가능성이 매우 크다.

'電氣'와 '出板'에 대하여 이 두 단어는 '電氣'와 '出版'을 잘못 쓴 것으로 보인다. 본서에서 조사한 한국자료 중에 정확하게 쓰인 '電氣'와 '出版'도 발견할 수 있다. 그리고 잘못 쓴 것만 보면 '電氣'와 '出板'의 의미가 쉽게 이해할 수 없다. 또한 '奇'와 '氣', '板'과 '版'은 각각 同音異形字이기 때문에 '電氣'와 '出板'은 한국에서 만든 신생 한자어라 할 수 없을 것이다.

마시니(2005)는 '電氣'와 '電學'을 중국 신생 한자어로 처리하고 있고 본서도 이에 동의한다. 그러면 '電氣學'은 한국에서 만든 것이 아니라 중국에서 '電氣'를 접사성한자형태소 '學'과 결합시켜 만든 신생 한자어였을 가능성이 매우 크다. 이는 '電學'의 전신으로도 볼 수 있다.

이상으로 분석한 한국 독자적인 신생 한자어가 아닌 것을 제외하면 39개가 있다. 이들은 본서에서 조사한 중·일 자료와 문헌에서 찾을 수 없다. 그리고 구글일본과 중국바이두를 검색함을 통하여 현재에 잘 쓰이지 않는다는 것도 알 수 있다. 즉, 이들은 한국 독자적인 신생 한자어로 판단할 수 있는 것이다. 이러한 신생 한자어들을 제시하면 다음과 같다.

> (123) 幹事人, 開化黨, 汽電器械, 汽車路, 女權黨, 農作器械, 獨立軍, 獨立大會堂, 離婚書, 貿易場, 法律衙門, 婦人醫, 三神教宗, 手術院, 豫防法, 牛乳油, 衛生法, 幼穉會, 銀行局, 銀行店票, 銀行票, 飮食除毒法, 醫術器械, 人身學, 一神教宗, 自身動, 自由通商黨, 裁判衙司, 電氣炭燈, 電線原, 卒業狀, 宗教黨, 天主學, 治病院, 避霹靂法, 學問黨, 海上保險書, 火災保險書

이상의 신생 한자어들을 보면 네 가지 방법을 통하여 만들어졌다는 것을 발견할 수 있다. 첫째, 동의중복의 의미보충 기능을 이용하여 신생 한자어를 한국방식으로 받아들이는 방식이다. 예를 들면 '幹事人'은 그러하다. '幹事'의 원 의미가 '일을 처리하다'이었는데, '일을 처리하는 사람'으로 쓰이기 시작한 것은 일본이었다(마시니 2005). 이 말이 신생 한자어로서 한국으로 처음 수용되었을 때 명사로서의 쓰임이 익숙하지 않기 때문에 접사성한자형태소 '人'을 붙여 의미를 보충했다. '銀

行局'도 같은 방법으로 '銀行' 뒤에 접사성한자형태소 '局'을 첨부하여 장소라는 것을 강조했다. 앞서 '銀行屋'은 접사성한자형태소 '屋'이 일본에서 더 많이 쓰이는 것이라는 이유로 일본 신생 한자어로 분류했으나 '銀行局'은 구글일본에서 검색한 결과로 보면 일본 신생 한자어일 가능성이 극히 적다. 그러므로 본서에는 '銀行局'을 한국 독자적인 신생 한자어로 분류하기로 한다.

둘째, 기존 신생 한자어와 접사성한자형태소를 결합시켜 새로운 신생 한자어를 만드는 방식이다. 이 방법은 한·중·일 삼국이 근대이행기에 가장 많이 쓰이는 것으로서 수많은 신생 한자어를 만들었다. 접사성한자형태소 '黨'을 이용하여 만든 신생 한자어는 '開化黨, 女權黨, 宗敎黨, 學問黨, 自由通商黨' 등이 있다. 그 중에 '自由通商黨'은 우선 신생 한자어 '自由'와 전통한자어 '通商[91]'을 결합시켜 합성어를 만든 다음에 접사성한자형태소 '黨'을 붙인 것이다. '路'를 이용하여 만든 신생 한자어는 '汽車路'가 있다. 이에 대응하여 羅存德의 『英華字典』에서는 'rail-road'의 번역어로 '火輪車路, 鐵軌路, 鐵路' 등을 사용했다. '法'을 이용하여 만든 신생 한자어는 '豫防法, 衛生法, 避霹靂法, 飮食除毒法' 등이 있고 '學'을 이용하여 만든 것은 '人身學, 天主學' 등이 있으며 '醫'를 이용하여 만든 것은 '婦人醫' 등이 있다. 그 중에 '避霹靂法'의 '避霹靂'에 대응하는 말로 일본에서 신생 한자어로 처리하고 있는 '避雷針'에 포함된 '避雷'가 있다.[92] '避霹靂'을 포함된 신생 한자어가 본서에서 조사한 중·일 자료에서 찾을 수 없었던 것을 보면 '避霹靂法'이 한국에서 만든 독자적인 신생 한자어라는 것이 더 확실해졌다. 한편, '書'를 이용

---

91 通商은 전통한자어로서 일찍부터 '서로 상업을 영위함'의 의미를 가졌다. 이 의미는 현재 사용하고 있는 '통상'과 별 차이가 없다. 『左傳·閔公二年』에는 "務財訓農, 通商惠工"이라는 구절이 있다.('漢典' 참조)

92 일본어어휘연구문헌 데이터 참조.

하여 만든 신생 한자어는 '離婚書, 海上保險書, 火災保險書' 등이 있고 '院'을 이용하여 만든 신생 한자어는 '手術院, 治病院' 등이 있다. 그 중에 '海上保險書, 火災保險書'는 '海上, 火災'를 각각 '保險書'와 결합시켜 만든 합성어라 할 수 있다.

나머지 접사성한자형태소를 이용하여 만든 신생 한자어는 '獨立軍, 貿易場, 幼穉會' 등이 있다. 이들은 각각 '軍, 場, 會'를 이용했다. 여기서 '幼穉會'는 특별히 주목해야 할 신생 한자어이다. 언뜻 보면 '幼稚園'과 같은 어린이집과 혼돈할 수 있다. 특히 '穉'와 '稚'는 이체자이다. '幼稚園'은 日本語語彙研究文獻데이터베이스에서 신생 한자어로 처리하고 있기 때문에 '幼穉會'도 그 출처가 일본이나 중국으로 간주하기 쉽다. 그러나『西遊見聞』제16편 遊樂景像에 수록된 '幼穉會'에 대한 설명에 '歌會舞會도有ᄒ고貧人의子女에게衣服給與ᄒᄂ會도有홈이라'는 문장이 있다. 이 문장을 보면 '幼穉會'는 '幼稚園'과 다른 말로서 한국에서 만든 신생 한자어라는 것을 알 수 있다.

셋째, 기존 신생 한자어와 이음절 또는 그 이상의 전통한자어를 결합시키거나 신생 한자어와 신생 한자어를 결합시켜 합성어를 만드는 방법이다. 예를 들면 '汽電器械, 農作器械, 法律衙門, 三神敎宗, 醫術器械, 一神敎宗, 裁判衙司, 電氣炭燈, 獨立大會堂' 등이 있다. 기존 신생 한자어와 전통한자어의 조합은 '法律衙門, 三神敎宗, 醫術器械, 一神敎宗, 裁判衙司' 등이 있고 신생 한자어와 신생 한자어의 조합은 '汽電器械, 電氣炭燈, 獨立大會堂' 등이 있다. 그 중에 '汽電'은 신생 한자어 '電氣'를 앞뒤 바꿔서 쓴 것이라 판단된다. 그리고 '會堂'이 마시니(2005)에 신생 한자어로 처리되어 있고, '大會堂'은 '漢典'에서 검색한 결과 전통한자어가 아니라고 판단할 수 있으므로 '大會堂'도 신생 한자어라 판단된다.

넷째, 접사성한자형태소가 아닌 단음절 한자형태소와 기존 신생 한자어를 결합시켜 만드는 방법이다. 예를 들면 '銀行店票, 銀行票, 牛乳

油, 自身動, 電線原, 卒業狀' 등이 있다. 밑줄 친 부분은 모두 日本語語彙研究文獻데이터베이스나 마시니(2005)에서 신생 한자어로 처리하고 있는 것들이다. 이들 신생 한자어가 각각 어떤 의미를 하고 있는지 원문을 보면 알 수 있다. "銀行店票... 此等事를文券과書字로行ㅎ는時는 各其事의輕重을隨ㅎ야一定ㅎ稅則이有ㅎ니(『遊』 第七編182-11)"를 보면 '銀行店票'는 은행에서 작성된 문서의 한 종류라는 것을 알 수 있다. 그 결합방식은 '銀行店+票'이다. "其價가金五十元或百元以上의價에至ㅎ는者는銀行票라謂ㅎ고(『遊』 第十編260-02)"를 보면 '銀行票'는 현재의 수표에 해당하는 것을 알 수 있다. 그 결합방식은 '銀行+票'이다. '牛乳油'는 원문에서 '牛乳'와 열거되어 있는데,[93] 현재 '크림'의 의미를 가지고 있는 듯하다. 현재 중국어에 '奶油'라 칭하고 있고, 일본어에 현재 한국어와 같이 음역어인 'クリ─ム'를 사용하고 있다. '牛乳油'의 결합방식은 '牛乳+油'이다. "又其太陽을繞行ㅎ는間에自身動이有ㅎ야(『遊』 第一編003-03)"를 보면 '自身動'은 현재의 '自轉'과 같은 의미인 것을 알 수 있다. 결합방식은 '自身+動'이다. "此海에電線을沈架ㅎ야歐洲及美洲의二大陸을連ㅎ니此롤由ㅎ야電線原이라稱ㅎ는者라(『遊』 第一編042-02~03)"를 보면 '電線原'은 '電線의 근원'이라는 의미를 갖고 있다는 것을 알 수 있다. 이 말은 나중에 사라졌으나 한국에서 만든 신생 한자어라는 것을 부정할 없다. 이 말의 결합방식은 '電線+原'이다. 마지막으로 '卒業狀'이 남았는데, 원문 "其學의成ㅎ는時마다卒業狀을附與ㅎ느니此는學業의實地成就롤證據홈이라(『遊』 第九編239-08)"를 보면 '졸업 증명서'라는 것을 알 수 있다. 현재 중국어에서는 '畢業證書' 혹은 '畢業證'을 사용하고 있고, 일본어에서는 '卒業證書'를 쓰고 있다.

이상 두 부분을 제외하면 나머지는 日本語語彙研究文獻데이터베이

---

93 大聚麵包와牛乳及牛乳油와牛羊魚鳥의各種이며(『遊』 第十六編 418-13)

스와 마시니(2005)에 나타나지 않는 것들이다. 이들을 가나다순으로
나열하면 다음과 같다.

(가) 家室稅, 家宅借貸文券, 歌會, 角里, 角尺, 客室, 格物學, 硬度, 輕砲
隊, 故物學, 考試室, 工兵, 工人弟子許入書, 官許稅, 狂人院, 敎導
院, 舊敎, 國歌, 國務部, 國憲, 軍醫, 軍醫局, 禽獸學, 給助金, 汽輪,
金鋼石回婚

(나) 落訟者, 內治醫, 老人院

(다) 淡素, 大審院, 代議士, 鍍金銀法, 都會廳, 東經, 得訟者

(라) 瀝靑, 綠背黨, 論事室

(마) 盲人院, 綿回婚, 摸本法, 木草園, 木回婚, 問事廳, 物産稅, 民房, 民
政黨

(바) 博古館, 博古學, 法規, 法文, 甁枳, 兵學, 寶玉回婚, 服從黨, 佛尺,
氷帶, 氷鞋

(사) 砂器回婚, 私有物, 酸素, 商賈場, 商權, 相助契, 償債文券, 西經, 絮
回婚, 船長, 雪板, 細鐵網, 稅則, 紹介書, 消毒法, 消火局, 守舊黨,
水晶回婚, 輸出, 巡察廳, 時票, 食室, 新敎, 申訴, 十字牌

(아) 啞人院, 鴉片烟, 鵝片烟, 眼醫, 野會, 野戲, 養氣室, 洋木, 洋織造物,
洋布, 鉛回婚, 熱水, 英斤, 英尺, 溫氣, 外治醫, 龍吐水, 牛痘法, 郵
船, 遠語機, 遊觀場, 有訟人, 遺願書, 銀回婚, 議政大臣

(자) 掌禮者, 長尾裳, 藏書庫, 藏書室, 積金所, 赤色人, 傳語線, 傳語筒,
甎回婚, 接賓所, 製物者, 濟衆院, 從星, 珠回婚, 主侯, 中立國, 中立
黨, 地中石, 紙回婚, 職權, 職責

(차) 借財文券, 借財約書, 鐵甲大艦, 淸醒黨, 淸淨黨, 草木學, 齒牙醫

(타) 炭氣, 炭氣燈, 炭水, 太審院, 噸, 土地稅, 鬪牛場, 鬪牛戲

(파) 票紙

(하) 學園, 學幣, 寒水, 抗拒黨, 恒久法, 海項, 革回婚, 呼吸力, 火輪車路,
　　貨物讓給書, 火葬所, 換錢票, 黃金回婚, 黃色人, 灰色人, 黑色人

　이상의 신생 한자어가 한국에서 독자적으로 만든 것인지 아닌지를
판단하기 위해 '漢典', 구글일본, 중국바이두, 그리고 羅存德의 『英華字
典』을 참고하기로 한다. 앞에도 언급했듯이 '漢典'는 대표적인 한자어
검색 사이트로 중국에서 사용하는 전통한자어와 신생 한자어를 모두
찾을 수 있을 뿐만 아니라 그 최초의 출처까지 밝히는 데이터베이스
이다. 구글일본과 중국바이두는 각각 일본, 중국에서 대표적인 검색
사이트이고 고전문헌에 수록되어 있는 한자어와 현재 사용 중인 한자
어를 모두 검색할 수 있다. 마지막으로『英華字典』은 중국과 일본에서
모두 큰 영향을 주었던 근대이행기의 대표적인 사전이고 대량의 신생
한자어를 찾을 수 있다. 본서는 이상의 자료를 이용하여 중국과 일본
에서 사용되었던 것과 사용 중인 것을 제외한 나머지 신생 한자어들
을 한국의 독자적인 신생 한자어로 분류하기로 한다.
　우선, 이상의 방법으로 추출한 일본과 중국에서 사용했던 것과 사
용 중인 것을 가나다순으로 열거하면 다음과 같다.

(가) 角尺, 客室, 格物學, 硬度, 輕砲隊, 工兵, 敎導院, 舊敎, 國歌, 國務部,
　　國憲, 軍醫, 軍醫局, 禽獸學, 給助金, 汽輪, 大審院, 代議士, 東經
(나) 老人院
(라) 瀝靑
(마) 盲人院, 物産稅, 民政黨
(바) 博古館, 法規, 法文, 兵學, 氷鞋
(사) 雪板, 私有物, 酸素, 商權, 西經, 船長, 稅則, 紹介書, 消毒法, 輸出,
　　新敎, 申訴

(아) 啞人院, 鴉片烟, 鵝片烟, 眼醫, 洋木, 洋織造物, 洋布, 英尺, 牛痘法,
　　郵船, 遺願書, 議政大臣

(자) 藏書庫, 藏書室, 赤色人, 從星, 中立國, 中立黨, 職權, 職責

(타) 炭氣, 炭氣燈, 炭水, 太審院, 噸, 土地稅, 鬪牛場, 鬪牛戲

(하) 學園, 恒久法, 呼吸力, 火輪車路, 火葬所, 黃色人, 灰色人, 黑色人

　이상의 신생 한자어들은 중국이나 일본에서 한국으로 전해진 것으로 볼 수 있다. 예를 들면 '格物學'은 1879년 중국에서 간행된 『格致啓蒙』에 수록된 신생 한자어이고 현재의 물리학에 해당한다. 이 서적은 서양 物理書를 중국어로 번역한 것이고 제2권의 제목이 바로 '格物學'이다. '硬度'는 『西遊見聞』의 원문 '大洋洲의長廣은東西가四十硬度며南北이三十緯度에不滿ᄒ니(『遊』第一編013-10)'를 보면 '經度'인 것을 알 수 있다. '硬'과 '經'은 同音異形字이고 '硬度'는 '經度'를 잘못 쓴 것이라고 판단할 수 있다. '鵝片烟'의 '鵝'는 '鴉片烟'의 '鴉'의 오자인 것을 알 수 있다. 이와 같은 오자가 들어간 신생 한자어들은 어떻게 보면 한국만의 신생 한자어로 볼 수도 있으나 정확한 표현이 아니기 때문에 독창적인 것으로 보기에는 무리가 있다. 羅存德의 『英華字典』에서 찾을 수 있는 것은 '老人院', '瀝靑', '炭氣'와 '火輪車路'가 있다. 이들은 각각 'alms-house', 'asphalt', 'carbon'과 'railroad/railway'의 번역어로 쓰이고 있다. 나머지 신생 한자어들은 자료조사의 한계성으로 인해 구체적인 문헌 출처를 밝힐 수 없으나 일본과 중국에서 사용했던 것이나 사용 중인 것인 것만은 확실하다. 그래서 본서에서는 이상의 신생 한자어들을 한국 독자적인 신생 한자어 중에서 제외하기로 한다.

　마지막으로 한국에서 독자적으로 만든 신생 한자어로 판단된 것과 앞서 두 번째에서 한국 독자적 신생 한자어라 밝힌 것을 가나다순으로 열거하면 다음과 같다. 두 번째에서 밝힌 것은 단어를 구성하는 일부가 출처가 중국과 일본에 있기 때문에 구별하기 위해 괄호 안에 넣기로 한다.

(가) 家室稅, 家宅借貸文券, 歌會, 角里, 故物學, 考試室, 工人弟子許入書, 官許稅, 狂人院, 金鋼石回婚, (幹事人, 開化黨, 汽電器械, 汽車路)

(나) 落訟者, 內治醫, (女權黨, 農作器械)

(다) 淡素, 鍍金銀法, 都會廳, 得訟者, (獨立軍, 獨立大會堂)

(라) 綠背黨, 論事室, (離婚書)

(마) 綿回婚, 摸本法, 木草園, 木回婚, 問事廳, 民房, (貿易場)

(바) 博古學, 甁枳, 寶玉回婚, 服從黨, 佛尺, 氷帶, (法律衙門, 婦人醫)

(사) 砂器回婚, 商賈場, 相助契, 償債文券, 絮回婚, 細鐵網, 消火局, 守舊黨, 水晶回婚, 巡察廳, 時票, 食室, 十字牌, (三神敎宗, 手術院)

(아) 野會, 野戲, 養氣室, 鉛回婚, 熱水, 英斤, 溫氣, 外治醫, 龍吐水, 遠語機, 遊觀場, 有訟人, 銀回婚, (豫防法, 牛乳油, 衛生法, 幼穉會, 銀行局, 銀行店票, 銀行票, 飮食除毒法, 醫術器械, 人身學, 一神敎宗)

(자) 掌禮者, 長尾裳, 積金所, 傳語線, 傳語筒, 甋回婚, 接賓所, 製物者, 濟衆院, 珠回婚, 主侯, 地中石, 紙回婚, (自身動, 自由通商黨, 裁判衙司, 電氣炭燈, 電線原, 卒業狀, 宗敎黨)

(차) 借財文券, 借財約書, 鐵甲大艦, 淸醒黨, 淸淨黨, 草木學, 齒牙醫, (天主學, 治病院)

(파) 票紙, (避霹靂法)

(하) 學幣, 寒水, 抗拒黨, 海項, 革回婚, 貨物讓給書, 換錢票, 黃金回婚, (學問黨, 海上保險書, 火災保險書)

괄호 안의 것을 제외하면 이상의 신생 한자어들은 앞서 언급한 사이트와 자료에서 모두 발견되지 않기 때문에 한국 독자적인 신생 한자어로 판단했다. 이들은 대역방법으로 나누면 접사성한자형태소의 사용, 합성어와 신조어로 분류할 수 있다.

접사성한자형태소의 사용은 말 그대로 접사성한자형태소를 이용하여 신생 한자어를 만드는 방법이다. 한국은 한·중·일 삼국에서 가장 늦게 개항했기 때문에 신생 한자어에 관하여 주로 수용하는 입장에 서 있었다. 하지만 수용하는 과정 중에 받아들이기만 한 것이 아니라 나름의 방식으로 만드는 시도도 했다. 가장 흔한 방법은 바로 접사성한자형태소의 사용이었다. 하나의 접사성한자형태소를 가지고 대량의 신생 한자어를 만들 수 있는 것은 한·중·일 삼국의 지식인들에게서 모두 발견된 방법이었다. 한국서적『士民必知』와『西遊見聞』에서 이러한 방법을 이용하여 만든 독자적인 신생 한자어들을 많이 발견할 수 있다. '稅'로 만든 '家室稅, 官許稅', '學'으로 만든 '故物學, 博古學, 草木學', '室'로 만든 '考試室, 論事室, 食室, 養氣室', '書'로 만든 '工人弟子許入書', '院'으로 만든 '狂人院, 濟衆院', '回婚'으로 만든 '金鋼石回婚, 綿回婚, 木回婚, 寶玉回婚, 砂器回婚, 絮回婚, 水晶回婚, 鉛回婚, 銀回婚, 氈回婚, 珠回婚, 紙回婚, 革回婚, 黃金回婚', '者'로 만든 '落訟者, 得訟者, 掌禮者, 製物者', '醫'로 만든 '內治醫, 外治醫, 齒牙醫', '黨'으로 만든 '綠背黨, 服從黨, 守舊黨, 淸醒黨, 淸淨黨, 抗拒黨', '素'로 만든 '淡素', '法'으로 만든 '鍍金銀法, 摸本法', '廳'으로 만든 '都會廳, 問事廳, 巡察廳', '園'으로 만든 '木草園', '場'으로 만든 '商賈場, 遊觀場', '局'으로 만든 '消火局', '人'으로 만든 '有訟人', '所'로 만든 '積金所, 接賓所' 등이 그러하다. 그 중에 '工人弟子許入書'는 접사성한자형태소 '書'를 사용했으나 '工人', '弟子', '許入書'를 결합시킨 합성어로도 볼 수 있다.

'淡素'에 관하여『英華字典』에 'nitrogen'의 대역어로 '淡氣'를 사용했다는 것을 찾을 수 있으나 중국바이두와 '漢典'에서 '淡素'를 전통한자어로서 '색깔이 淡泊하다'의 의미만 찾을 수 있다. 그리고 현재 일본과 한국어에서 'nitrogen'의 대역어로 모두 일본 신생 한자어인 '窒素'를 사용하고 있는 것을 보면 '淡素'는 중국 신생 한자어 '淡氣'를 참고하고 일본에서 원소 명칭을 만드는 데에 많이 쓰인 접사성한자형태소 '素'를 이용하여 만든 한국의 독자적인 신생 한자어라고 판단할 수 있다.

신생 한자어 중에 '回婚'을 이용하여 만든 것이 주목할 만하다.『西遊見聞』원문을 보면 "初朞絮回婚 再朞紙回婚 三朞革回婚 五朞木回婚 七朞甋回婚 十朞鉛回婚 十二朞錦回婚 十五朞水晶回婚 二十朞砂器回婚 二十五朞銀回婚 三十朞珠回婚 四十朞寶玉回婚 五十朞黃金回婚 六十朞金鋼石回婚(『遊』第十五編396-07～397-06)"이라는 내용이 나온다. 이들은 각각 영어의 'cotton wedding, paper wedding, leather wedding, wood wedding, wool wedding, tin wedding, silk wedding, crystal wedding, china wedding, silver wedding, pearl wedding, ruby wedding, golden wedding, diamond wedding'을 번역한 것이다. 일본에서는 각각 '綿婚式, 紙婚式, 革婚式, 木婚式, 毛織物婚式, 錫婚式, 絹婚式, 水晶婚式, 磁器婚式, 銀婚式, 眞珠婚式, ルビー婚式, 金婚式, ダイヤモンド婚式', 중국에서는 각각 '棉婚, 紙婚, 皮婚, 木婚, 羊毛婚, 錫婚, 絲婚, 水晶婚, 瓷婚, 銀婚, 珍珠婚, 紅寶石婚, 金婚, 鑽石婚'을 번역했다. 삼국이 이렇게 비슷하면서도 다른 어형을 사용하고 있는 것을 보면 결혼기념일의 명칭은 兪吉濬이 직접 영어를 한문으로 번역했을 가능성이 크다.

합성어도 접사성한자형태소의 사용과 같이 신생 한자어를 만드는 데에 흔히 쓰이는 방법이다. 전통한자어와 기존 신생 한자어를 최대한 이용하여 새로운 것을 만드는 것이 신생 한자어를 빨리 전파하는 데에 유리하다. 이는 사람들이 낯선 한자어보다 친숙한 전통한자어와 어느 정도 받아들인 신생 한자어를 더 선호하기 때문이다. 합성어의 방식으로 만든 한국의 독자적인 신생 한자어로는 '家宅借貸文券, 工人

弟子許入書, 償債文券, 借財文券, 借財約書, 鐵甲大艦, 貨物讓給書' 등이
있다.

뜻풀이는 근대이행기에 신생 한자어를 만드는 데에 많이 사용했던
방법이다. 이 방법으로 만든 것은 접사성한자형태소의 사용도 아니고
합성어도 아니다. 이러한 신조어라 칭할 수 있는 신생 한자어들을 열
거하면 다음과 같다.

(124) 歌會, 角里, 民房, 甁枳, 佛尺, 氷帶, 相助契, 細鐵網, 時票, 十字
牌, 野會, 野戲, 熱水, 英斤, 溫氣, 龍吐水, 遠語機, 長尾裳, 傳語
線, 傳語筒, 主侯, 地中石, 票紙, 學幣, 寒水, 海項, 換錢票

이상의 신생 한자어들은 원문을 봐야 그 뜻을 알 수 있다. '歌會'는
'노래를 배우고 즐기는 모임'이다. '角里'는 '길이, 넓이, 높이가 모두
1里'인 것을 가리키는데 현재의 '세제곱'과 비슷한 의미를 가진다. '民
房'은 '下議院'을 의미하고, '甁枳'는 '병마개 하는 나무'를 가리킨다. '佛
尺'은 '프랑스의 길이 단위'를 나타나고 '氷帶'는 '寒帶'에 해당한다. '相
助契'는 '保險'에 해당하고 '細鐵網'은 '철사망'을 의미한다. '十字牌'는 '十
字架'에 해당하고, '野會'는 현재의 '파티'에 해당하며, '野戲'는 '민간에
서 비정기적으로 열리는 세상을 풍자하는 연극'을 가리킨다. '熱水'는
'난류'에 해당하고, '英斤'은 '영국의 중량 단위'를 나타나며, '溫氣'는 현
재의 '水蒸氣'에 해당한다. '龍吐水'는 현재의 '수도꼭지'에 해당하고, '遠
語機'는 '電話'에 해당하며, '長尾裳'은 현재의 '드레스'나 '원피스'에 해당
한다. '傳語線'은 '電話線'을 의미하고, '傳語筒'은 '送話機'에 해당하며,
'主侯'는 '영국 각지에 世傳한 太守'를 가리킨다. '地中石'은 현재의 '化石'
에 해당하고, '票紙'는 현재의 '株式'에 해당하며, '學幣'는 '學費'를 의미
한다. '寒水'는 '寒流'를 의미하고, '海項'은 '海峽'을 뜻하며, '換錢票'는 현

재의 '手票'와 비슷한 의미를 가지고 있다. 이상의 신생 한자어 중에 원문을 보고도 그 의미를 알 수 없는 것은 '時票'이다. 원문에서 '材木 時票 琉璃 砂器 各種鑛物 石炭(『遊』第二編072-03)'과 같이 명사를 나열했기 때문에 '時票'의 한자 어형만 보고 그 뜻을 알 수 없었다.

근대이행기에 주로 수용하는 입장에 있던 한국은 나름의 방법으로 독자적인 신생 한자어를 만들었다. 그러므로 그 신생 한자어를 밝히고 분석하는 것은 의미가 있는 작업이다. 신생 한자어에 대하여 지금까지의 연구에서 한국의 신생 한자어 상황이 마치 중국과 일본에서 받아들이기만 하는 것처럼 논의되어 왔다. 이상과 같은 작업을 통하여 한국지식인들이 신생 한자어를 만드는 데에 어떠한 대역 방법을 사용했는지를 알 수 있을 뿐만 아니라, 지금까지 한국 신생 한자어에 대해 재인식할 수도 있다.

참고문헌

▶ 한국어 논문 및 저서

김규선(1976), 「한국외래어의 형성에 끼친 일어·일본외래어의 영향연구」, 『어문학』 35, 한국어문학회.

김동기(2003), 「일본의 근대와 번역」, 『시대와 철학』 14, 한국철학사상연구회.

김남숙(2007), 「성서에서 본 한·일 외래어표기의 변화양상」, 『번역학연구』 8, 한국번역학회.

김용석(1986), 「접미사 '-적'의 용법에 대하여」, 『배달말』 11, 배달말학회.

김종훈(1997), 「개화기 국어어휘 소고」, 『어문논집』 25, 중앙어문학회.

김형철(1999), 「개화기 국어 어휘」, 『국어의 시대별 변천 연구 4』, 국립국어연구원.

노명희(2005), 「현대국어 한자어 연구」, 『국어학총서』 49, 국어학회.

노정식(1970), 「韓國의 世界地誌的 著述에 關한 硏究-特히 李朝時代를 中心으로 하여-」, 『논문집』 6, 대구교육대학교.

류지연(2005), 「한국 근대화기 '일제한어'의 수용과 변용」, 명지대학교 교육대학원 석사학위논문.

리디아 리우(2005), 민정기 옮김, 『언어횡단적 실천』, 소명출판.

마루야마 마사오·가토 슈이치(2000), 임성모 옮김, 『번역과 일본의 근대』, 이산.

민현식(1998), 「국어 외래어에 대한 연구」, 『한국어 의미학』 2, 한국어의미학회.

민현식(2002), 「개화기 국어 어휘 연구 방법의 재검토」, 『동양학』 32, 단국대학교 동양학연구소.

박영섭(1984), 「개화기 외래어 표기에 대한 고찰」, 『어문논집』 17, 중앙어문학회.

박영섭(1997), 『개화기 국어 어휘자료집5(외래어편)』, 박이정.

박영섭(2002), 「개화기 국어 어휘 연구」, 『한국어 의미학』11, 한국어의미학회.

백로(2012), 「한·중·일 삼국의 '的'에 대한 대조 연구」, 『아시아문화연구』 25, 가천대학교 아시아문화연구소.

서려(2009), 「개화기 신어의 기원과 특징」, 인하대학교 대학원 한국학과 석사학위논문.

서재극(1970), 「개화기 외래어와 신용어」, 『동서문화』 4, 계명대학교.

성원경(1983), 「『西遊見聞』에 漢譯된 各國家名攷」, 『동방학지』 36-37, 연세대학교 국학연구원.

손경옥(1997), 「현대중국어의 외래어연구」, 『중국어문논총』 12, 중국어문연구회.

송기종(1993), 「근대화 여명기의 외국어 어휘에 대한 관심」, 『한국문화』 14, 서울대학교 한국문화연구소.

송민(1979), 「언어의 접촉과 간섭유형에 대하여」, 『논문집』 10, 성심여자대학교.

송민(1985), 「파생어형성 의존형태소 "-的"의 시원」, 『어문논집』 24-25, 안암어문학회.

송민(1986), 「조선통신사의 일본어 접촉」, 『어문학논총』 5, 국민대학교 어문학연구소.

송민(1987), 「소선통신사의 모국어 체험」, 『어문학논총』 6, 국민대학교 어문학연구소.

송민(1988a), 「국어에 대한 일본어의 간섭」, 『국어생활』 14, 국어연구소.

송민(1988b), 「일본수신사의 신문명어휘 접촉」, 『어문학논총』 7, 국민대학교 어문학연구소.

송민(1989), 「개화기 신문명어휘의 성립과정」, 『어문학논총』 8, 국민대학교 어문학연구소.

송민(1990), 「어휘 변화의 양상과 그 배경」, 『국어생활』 22, 국어연구소.

송민(1992), 「개화기의 어휘개신에 대하여」, 『어문학논총』 11, 국민대학교 어문학연구소.

송민(1994), 「갑오경장기의 어휘」, 『새국어생활』 4, 국립국어연구원.

송민(1998), 「개화기 신생 한자어휘의 계보」, 『어문학논총』 17, 국민대학교 어문학연구소.

송민(1999), 「개화초기의 신생 한자어 수용」, 『어문학논총』 18, 국민대학교 어문학연구소.

송민(1999a), 「신생 한자어의 성립 배경」, 『새국어생활』 9-2, 국립국어연구원.

송민(1999b), 「한자어 '汽船, 汽車'의 연원」, 『새국어생활』 9-3, 국립국어연구원.

송민(1999c), 「'器械'에서 '機械'가 되기까지」, 『새국어생활』 9-4, 국립국어연구원.

송민(2000), 「개화기 국어에 나타나는 신문명 어휘」, 『어문학논총』 19, 국민대학교 어문학연구소.

송민(2000a), 「'經濟'의 의미 개신」, 『새국어생활』 10-1, 국립국어연구원.

송민(2000b), 「'時計'의 차용」, 『새국어생활』 10-2, 국립국어연구원.

송민(2000c), 「'生存 競爭'의 주변」, 『새국어생활』 10-3, 국립국어연구원.

송민(2000d), 「'大統領'의 출현」, 『새국어생활』 10-4, 국립국어연구원.

송민(2001), 「개화기의 신생 한자어 연구(1)」, 『어문학논총』 20, 국민대학교 어문학연구소.

송민(2001a), 「'自由'의 의미 확대」, 『새국어생활』 11-1, 국립국어연구원.

송민(2001b), 「'寫眞'과 '活動寫眞, 映畵'」, 『새국어생활』 11-2, 국립국어연구원.

송민(2001c), 「'합중국'과 '공화국'」, 『새국어생활』 11-3, 국립국어연구원.

송민(2001d), 「'열대 · 온대 · 냉대'의 출현」, 『새국어생활』 11-4, 국립국어연구원.

송민(2002), 「개화기의 신생 한자어 연구(2)」, 『어문학논총』 21, 국민대학교 어문학연구소.

송민(2002a), 「'병원'의 성립과 정착」, 『새국어생활』 12-1, 국립국어연구원.

송민(2003), 「개화기의 신생 한자어 연구(3)」, 『어문학논총』 22, 국민대학교 어문학연구소.

송민(2006), 「단어의 의미와 어원」, 『어문학논총』 25, 국민대학교 어문학연구소.

송민(2007), 「개화기 국어에 나타나는 신생어와 관용구」, 『한국현대문학회 학술발표회자료집』, 한국현대문학회.

스기모토 쓰토무(1997), 이건상 옮김, 『일본어 문화사』, 한림신서.

신중진(2005a), 「개화기에 신생한 "電" 관련 어휘에 대하여」, 『한국어학』 29, 한국어학회.

신중진(2005b), 「개회기 신문・잡지에 쓰인 명사 파생 접사와 파생어」, 『한민족문학』 46, 한민족어문학회.

야나부 아키라(2011), 김옥희 옮김, 『번역어의 성립』, 마음산책.

양세욱(2006), 「차용어와 현대중국어 어휘체계의 다원성」, 『중국문학』 48, 한국중국어문학회.

연규동 외(2003), 『인문학을 위한 컴퓨터』, 태학사.

유미진(2005a), 「일본 근대 번역한자어의 생성과 수용연구: 「생산물 및 도구」를 나타내는 한자어를 중심으로」, 『일본언어문화』 6, 한국일본언어문화학회.

유미진(2005b), 「한국개화기 교과서에 나타난 일본 근대번역한자어에 관한 연구: 그 생성과 수용과정을 중심으로」, 한국외국어대학교 대학원 석사학위논문.

이민우(1992), 「외래어 표기법」, 『국어문화학교』 1, 국립국어연구원.

이상혁(2002), 「외래어의 개념 및 유형 설정:서구 외래어를 중심으로」, 『돈암어문학』 15, 돈암어문학회.

이승명(1982), 「외래어 수용 양태에 대한 어휘 의미론적 연구」, 『睡蓮語文論集』 9, 부산여자대학교 국어교육학과 수련어문학회.

이지영(2008), 「어휘의 수용과 확산」, 인하대학교 한국학연구소.

이한섭(1987), 「「西遊見聞」에 받아들여진 일본의 한자어에 대하여」, 『일본학』 6, 동국대학교 일본학연구소.

이한섭 외(2000), 『西遊見聞어휘색인』, 박이정.

이한섭(2003), 「19세기말 한일 양어의 접촉과 교류에 대하여」, 『日語日文學研究』 46, 한국일어일문학회.

이현규(1993), 「차용어에 의한 국어변화 연구」, 『민족문화논총』 14, 영남대학교 민족문화연구소.

조남호(1997), 「근대 국어 어휘」, 『국어의 시대별 변천 연구 4-근대 국어-』, 국립국어연구원.

정귀생(1983), 「개화기 차용어의 연구」, 단국대학교대학원 석사학위논문.

정선태(2003), 「근대계몽기의 번역론과 번역의 사상」, 『배달말』 33, 배달말학회.

정영숙(1998), 「『西遊見聞』에 나타난 외국 국명의 한자 표기에 대하여」, 『日本學報』 41, 한국일본학회.

정원재(2009), 『현대 한일 어휘와 그 형성에 관한 대조 연구』, 태학사.

진일신(2010), 「동아시아의 접사성 한자어 교류 양상 연구」, 인하대학교 대학원 한국학과 석사학위논문.

최경옥(2000), 「개화기 번역 한자어의 수용과 유입」, 『일본어학연구』 2, 한국일본어학회.

최경옥(2002a), 「한국개화기에 있어 일본번역한자어의 수용과 유입: 『혈의 누』(1906)를 중심으로」, 『일본학보』 51, 한국일본학회.

최경옥(2003a), 「한국개화기 근대외래한자어의 수용연구」, 『어학연구총서』 20, 서울.

최경옥(2003b), 「개화기 외래번역한자어의 수용(4)」, 『日本學報』 56, 한국일본학회.

최경옥(2005), 『번역과 일본의 근대』, 살림출판사.

코모리 요이치(2003), 정선태 옮김, 『일본의 근대』, 소명출판.

페데리코 마시니(2005), 이정재 옮김, 『근대중국의 언어와 역사』, 소명출판.

허재영(2002), 「근대 계몽기의 어문 정책」, 『국어교육연구』 10, 서울대학교 국어교육연구소.

홍인표(1991), 「서구화에 따른 중국에서의 외래어 표기」, 『중국문학』 19, 한국중국어문학회.

▶ 중국어 논문과 저서

高建平 · 高曉梅 · 程樹銘(2007), 『漢語發展史』, 哈爾濱工程大學出版社.

高明凱·劉正埮(1958),『現代漢語外來詞研究』, 文字改革出版社.

郭杉·楊霞(2009),「近代漢語早期英源音譯外來詞研究」,『傳承』2009-8, 傳承雜志編輯部.

金炳旭(2002),「從《西游見聞》談晚近時期漢語詞語」, 上海師范大學人文學院語言研究所 博士學位論文.

盧英順(2007),『現代漢語語匯學』, 夏旦大學出版社.

譚樹林(2004),『馬礼遜与中西文化交流』, 中國美術書院出版社.

呂叔湘(1979),『漢語語法分析問題』, 商務印書館.

馬西尼(1997), 黃河清 옮김,『現代漢語詞匯的形成』, 漢語大詞典出版社.

北京師范學院中文系漢語教研室(1959),『五四以來漢語書面語言的變遷和發展』, 商務印書館.

史有爲(2000),『漢語外來詞』, 商務印書館.

孫常叙(1956),『漢語詞匯』, 吉林人民出版社.

宋大川(2007),『瀛环志略校注』, 文物出版社.

沈國威(2010),『近代中日詞匯交流研究』, 中華書局.

楊錫彭(2007),『漢語外來詞研究』, 上海人民出版社.

余又蓀(1935),「日譯學術名詞沿革」,『國聞周報』, 國聞通訊社.

王力(2004),『漢語史稿』, 中華書局.

王立達(1958),「現代漢語從日語借來的詞匯」,『中國語文』, 中國語文雜志社.

劉禾(2002), 宋偉杰 외 옮김,『跨語際實踐-文學, 民族文化与被譯介的現代性』, 三聯書店.

張小平(2008),『当代漢語詞匯發展變化研究』, 齊魯書社.

曹炜(2003),『現代漢語詞匯研究』, 北京大學出版社.

陳福康(2010),『中國譯學史』, 上海人民出版社.

陳華(1993),「有關《四洲志》的若干問題」,『暨南學報』1993-3, 暨南大學.

陳輝(2007),『論早期東亞与歐洲的語言接触』, 中國社會科學出版社.

彭文祖(1915),『盲人瞎馬之新名詞』, 秀光舍.

許威漢(2008),『漢語詞匯學導論』, 北京大學出版社.

胡以魯(1914),「論譯名」,『庸言』, 庸言報館.

▸ 일본어 논문과 저서

加納千惠子(1989), 「漢字の接辭的用法に關する考察:形容詞的意味をもつ漢字の接辭的用法について」, 『文藝言語研究·言語篇』, 筑波大學.

加納千惠子(1990), 「漢字の接辭的用法に關する考察(2):「化」の品詞轉換機能について」, 『文藝言語研究·言語篇』, 筑波大學.

加納千惠子(1991a), 「漢字の接辭的用法に關する考察(3):「性」の品詞轉換機能について」, 『文藝言語研究·言語篇』, 筑波大學.

加納千惠子(1991b), 「漢字の接辭的用法に關する考察(4):AJN化機能を持つ漢字について」, 『文藝言語研究·言語篇』, 筑波大學.

京極興一(1996), 『「國語」とは何か』, 東宛社.

廣田榮太郎(1969), 『近代譯語考』, 東京堂出版.

김경호(1997), 「韓國語における日本語系借用語の研究:音韻と表記を中心に」, 專修大學 박사학위논문.

김경호(1999), 「日本語系借用語の音形と表記の實態」, 『호남대학교 학술논문집』 20, 호남대학교.

김광림(2005), 「近現代の中國語、韓國·朝鮮語における日本語の影響ー日本の漢字語の移入を中心にー」, 『新潟産業大學人文學部紀要』 17, 新潟産業大學.

김애동(2007), 「西洋語起源の外來語受容に關する韓日兩言語の對照研究」, 『일본어문학』 32, 한국일본어문학회.

鈴木修次(1981a), 『文明のことば』, 文化評論社: 廣島.

鈴木修次(1981b), 『日本漢語と中國』, 中央公論社.

柳父章(1982), 『飜譯語成立事情』, 岩波書店.

柳父章(1998), 『翻譯語を讀む』, 光芒社.

福田眞人(2008), 「明治翻譯語のおもしろさ」, 『言語文化研究叢書』 2008-7, 名古屋大學.

山田孝雄(1940), 『國語の中に於ける漢語の研究』, 寶文館出版.

森岡健二(1969), 『近代語の成立·明治期語彙編』, 明治書院.

森岡健二(1987), 『語彙の形成』, 明治書院.

杉本つとむ(1983), 『日本飜譯語史の研究』, 八坂書店.

石綿敏雄(2001), 『外來語の總合的研究』, 東京堂出版.

小川阿佑美(2006), 「中國語における外來語の多樣性」, 『KOTONOHA』 40, 古代
  文字資料館.

劉曙野(2005), 『その源流を探す』, 金剛大學校出版社.

尹岡丘(1999), 「日本からの漢語導入」, 『日本語敎育』 16, 韓國日語日文學會.

尹岡丘(2001), 「韓國開化期における日本から流入された漢語の硏究」, 『일본학
  보』 2001-7, 경상대학교 일본문화연구소.

이연숙(1996), 『國語という思想-近代日本の言語認識-』, 岩波書店.

이인순(2001), 「韓國語における「的」について:日本語「的」との對照を通して」,
  『일어일문학연구』 39, 한국일어일문학회.

이한섭(1985), 「「西遊見聞」の漢字語について:日本から入った語を中心に」, 『國
  語學』 141, 일본국어학회.

이한섭(2004), 「近代以降の日韓語彙交流:日本人が直接傳えた日本の漢語」, 『일
  본연구』 3, 고려대학교 일본학연구센터.

이한섭(2005), 「近代韓國語における日本語語彙の流入問題」, 『アジア諸國の外來
  語問題』, 京都橘大學.

長志珠繪(1998), 『近代日本と國語ナショナリズム』, 吉川弘文館.

齊藤毅(1977), 『明治のことば』, 講談社.

佐藤亨(1983), 『近世語彙の研究』, 櫻楓社.

佐藤亨(1986), 『幕末・明治初期語彙の研究』, 櫻楓社.

佐藤喜代治(1971), 『國語語彙の歷史的研究』, 明治書院.

進藤咲子(1981), 『明治時代語の研究』, 明治書院.

丸山眞男・加藤周一(1998), 『翻譯と日本の近代』, 岩波書店.

荒川淸秀(1997), 『近代日中學術用語の形成と傳播, 白帝社.

▸ 영어 논문과 저서

Masini, Federico(1993), The Formation of Modern Chinese Lexicon and its
  Evolution toward a National Language: The period from 1840 to

1898, Project on Linguistic Analysis.

Liu, Lydia. H.(1995), Translinggual Practice: Literature, National Culture, and Translated Modernity China, 1900-1937, Stanford University Press.

▸ 자료

한국 자료

Hulbert, Homer B.(1895), 백남규, 이명상 등 옮김, 『士民必知』.

兪吉濬전서편찬魏源회(1971), 『兪吉濬전서Ⅰ』, 一潮閣.

李晬光(1970), 『芝峯類說』, 경인문화사, 영인본.

김기수(1975), 『日東記游』, 『국역해행총재』, 민족문화추진회.

이헌영(1975), 『日槎集略』, 『국역해행총재』, 민족문화추진회.

박영효(1975), 『使和記略』, 『국역해행총재』, 민족문화추진회.

중국 자료

康有爲(1898), 『日本變政考』.

馬禮遜(1822), 『英漢字典』.

羅存德(1866~1869), 『英華字典』.

劉正埈 외(1984), 『漢語外來詞詞典』, 上海辭書出版社.

利瑪竇(1602), 『坤輿萬國全圖』.

麥都思(1847~1848), 『英漢字典』.

徐繼畬(1848~1849), 『瀛寰誌略』.

徐光啓(1607), 『幾何原本』.

梁啓超(1897), 『變法通議』.

魏源(1852), 『海國圖志』.

鄭觀應(1871~1880), 『易言』.

艾儒略(1623), 『職方外紀』.

合信(1858), 『醫學英華字釋』.

黃遵憲(1890), 『日本國志』.

일본 자료

堀達之助(1862), 『英和對譯袖珍辭書』.

大槻玄澤(1826), 『重訂解體新書』.

福澤諭吉(1866~1890), 『西洋事情』.

福澤諭吉(1869), 『世界國盡』.

杉田玄白(1774), 『解體新書』.

柴田昌吉(1873), 『英和字彙』.

新井白石(1713), 『采覽異言』.

宇田川玄眞(1805), 『醫範提綱』.

井上哲次郎 외(1881), 『哲學字彙』.

惣鄕正明・飛田良文(1986), 『明治のことば辭典』, 東京堂出版.

영어 자료

Hugh Murray(1834), An Encyclopaedia of Geography.

저자 후기

    근대이행기 동아시아 삼국 신생 한자어의 대역 방법, 도입과정과 유형을 살펴보고 신생 한자어가 가져온 영향, 한국 신생 한자어의 도입 경로, 그리고 한국 독자적인 신생 한자어가 어떤 것이 있는지 그 특징이 어떠한지를 밝히는 것이 본서의 연구 목적이다. 본서에서 논의된 것을 정리하면 다음과 같다.

    2장에서는 신생 한자어가 한·중·일 삼국에서 각각 어떠한 형성·도입과정을 겪었는지를 살펴보았다. 중국은 우선 서양선교사들에 의해 신생 한자어가 이루어지고, 이러한 과정이 신생 한자어의 번역에 중요한 암시와 이론을 제공했으며, 서양문명을 알리는 데에 도움을 주었다. 후에 중국지식인들이 이러한 이론을 보완하면서 신생 한자어를 만들었고, 일본 근대화가 성공한 것을 보고 일본 신생 한자어를 도입하기 시작하였다. 일본은 난학에서 영학으로 발전했고 신생 한자어를 꾸준히 만들어왔다. 또한 중국에서 만든 신생 한자어를 도입하면서 일본 신생 한자어를 완성하였다. 특히 접사성한자형태소를 이용하여 신생 한자어를 만드는 방법이 한국과 중국으로 전파되어 신생 한자어가 대량 산출되는 데에 큰 영향을 주었다. 한국은 중국, 일본과 달리 신생 한자어의 형성이 아주 늦은 시기에 발전하였다. 서양문명

도입준비기를 겪으면서 신생 한자어에 대한 지식은 다소 준비되었으나 사실 중국과 일본에 비하여 상당히 부족하였다. 1870년대 개항부터 신생 한자어에 대한 도입이 비교적 적극적으로 진행되어왔고 중국보다 일본을 통하여 많은 신생 한자어를 수용하였다. 그리고 이러한 과정에 한국지식인들이 한국 독자적인 신생 한자어를 만들기도 하였다.

2장은 동아시아 삼국이 한자어를 만들면서 수용할 때 어떠한 공통점과 차이점을 가지고 있는지에 대해서도 논의하였다. 여기서 두 나라 사이에 공통점도 전체의 공통점으로 분류하였다. 첫째, 지명·인명을 제외하면 음역보다 의역을 절대적으로 선호한다. 둘째, 의역할 때 가능한 한 전통한자어를 이용하여 한다. 셋째, 접사성한자형태소를 이용한다. 넷째, 뜻풀이의 방식을 이용한다. 다섯째, 새로운 한자를 만든다. 이 방법은 중국과 일본에 제한된다. 여섯째, 기존 신생 한자어를 비판적으로 수용하여 새 한자어로 대체한다. 이 방법은 한국과 중국이 일본 신생 한자어를 수용할 때와 일본이 중국 신생 한자어를 수용할 때 사용되었다. 이러한 공통점들이 근대이행기에 신생 한자어가 동아시아 삼국에서 활발하게 교류되었던 원인이기도 하다. 이러한 공통점들이 있는 동시에 한·중·일 각국만의 독특한 대역방법도 있었다. 바로 음역 방법이 다르다는 것이다. 서구어의 발음을 최대한 비슷하게 번역하기 위해 한중일 삼국은 각국의 한자음을 이용하여 음역어를 만들었다. 이로 인해 음역어에 있어서 각국의 독자적인 것이 많다. 특히 일본은 한자를 읽는 데에 음독과 훈독으로 분류하고 있기 때문에 더 다양한 음역어를 만들 수 있었다.

3장에서는 『海國圖志』, 『瀛寰誌略』, 『世界國盡』, 『西洋事情』, 『士民必知』, 『西遊見聞』을 자료로 삼고 신생 한자어의 유형과 특징에 대하여 논의하였다. 이 여섯 종류 서적의 신생 한자어를 대역방법, 명사종류

두 가지 기준으로 나누어 분석하였다.

대역방법에 따르면 한 · 중 · 일 신생 한자어는 음역어, 의역어와 혼역어로 나눈다. 음역어에 대해서는 삼국의 공통된 것이 다소 있으나 대부분이 삼국 어음에 맞는 방법을 사용하여 자국만의 신생 한자어를 만들었다. 의역어에 대해서는 삼국에서 공통적으로 한문형식으로 신생 한자어를 만들었고 전통한자어를 차용하는 것을 선호했기 때문에 신생 한자어가 삼국에서 별 어려움 없이 교류되고 전파되었다. 혼역어는 음역부분을 포함하므로 삼국에서 광범위하게 공유되지 못했다. 한편, 의역부분에 대하여 삼국이 공통적으로 접사성한자형태소를 사용하게 되고 한자어의 강한 생산력을 보여주었다.

명사종류에 따라 신생 한자어는 고유명사와 일반명사로 나눌 수 있다. 고유명사에 대하여 한 · 중 · 일 삼국에서 공유된 것 중 상당 부분이 중국에서 먼저 만든 것이고, 나머지 독자적인 것은 각국의 한자음을 이용하여 만든 것이다. 일반명사에 대하여 여섯 권 자료의 일반명사를 통계하여 각자의 특징적인 것을 살펴보았다. 살펴본 결과를 통해 한 · 중 · 일 삼국은 신생 한자어 일반명사를 만들 때 음역어보다 의역어를 더 선호했다는 것을 확인했고, 근대이행기에 신생 한자어를 만드는 데에 접사성한자형태소에 대한 새로운 발전과 이로 인한 대량 한자어의 산출도 확인하였다. 또한 이 여섯 권 서적의 간행시기와 순서를 볼 때 신생 한자어의 발전방향과 정착과정을 알 수 있다. 신생 한자어는 단음절 또는 이음절어에서 다음절어로 급격히 전환되었고 한자어의 간결성을 유지하기 위해 5음절 또는 그 이상의 신생 한자어가 뒤로 갈수록 없어지고 말았다.

4장에서는 신생 한자어에 의한 언어학적인 변화를 논의하였다. 근대이행기에 신생 한자어의 대량 형성과 도입이 한자어의 다음절어화, 한자의 접사화를 촉진하였고 전통한자어에 의미변화를 가져왔다. 그 중에 의미변화는 의미의 확대, 의미의 축소, 그리고 의미의 전환으로 세분할 수 있다.

5장에서는 한국 서적인 『西遊見聞』과 『士民必知』에 나타나는 신생 한자어를 『海國圖志』, 『瀛寰誌略』, 『世界國盡』, 『西洋事情』의 신생 한자어와 비교하여 한중 동형어, 한일 동형어, 한중일 동형어와 한국 독자적인 신생 한자어를 추출했다. 이를 근거로 하여 『西遊見聞』과 『士民必知』에 나타나는 신생 한자어를 '수용된 신생 한자어'와 '독자적인 한자어'로 나누어 구체적인 출처와 특징을 밝혔다. 한중 동형한자어는 그 출처가 중국이다. 한일 동형한자어는 한중일 동형한자어와 단순한 한일동형한자어로 세분할 수 있는데, 한중일 동형한자어에 대하여 그 출처가 중국인 것은 분명하지만 84개의 한일 동형한자어에 대하여 그 출처가 확실치 않으므로 일일이 분석하는 방법을 선택하였다. 분석한 결과로는 '開化, 公法, 工業, 交際, 國法, 國債, 國會, 窮理學, 權力, 器械學, 機器, 拿破倫, 拿破崙, 馬力, 麥酒, 文法, 世界, 亞美利加, 熱帶, 墺地利, 議事堂, 引力, 自由, 自主, 全權, 蒸氣, 支那, 太平洋, 砲兵, 化學'은 중국에서 만들어진 신생 한자어이고, '家産稅, 經濟, 經濟學, 階級, 空氣, 共和, 敎育, 軍艦, 規則, 棄兒院, 端西, 大洋洲, 大統領, 大學校, 動物院, 歷史, 立君獨裁, 文明, 文法, 博覽會, 白耳義, 本草園, 北極海, 産業, 常備兵, 商社, 商業, 訴訟, 收稅法, 修身學, 輸入, 市場, 植物園, 野戰砲, 議事院, 醫學校, 人種, 裁判, 全權, 傳染病, 政權, 政治學, 製造所, 主義, 蒸氣, 蒸氣機關, 蒸氣船, 蒸氣車, 證書, 地理學, 職業, 進步, 集會, 天文學, 出版, 痴兒院, 學科, 學費, 會社'는 일본에서 만들어진 신생 한자어이며, '陸軍, 歲入, 試驗, 外國, 自然'은 신생 한자어가 아니다.

독자적인 신생 한자어에 대하여 고유명사와 일반명사로 나누어 진정으로 독자적인 것인지를 분석하였다. 우선, 한국 독자적인 신생 한자어를 판단할 때 네 가지 기준을 설정하였다. 첫째, 인명·지명 등 고유명사의 경우, 중국과 일본 서적에 나온 것과 同音異形 관계를 가지는 한자어를 제외한다. 둘째, 한국한자음을 기준으로 만든 것이 전형적인 한국 신생 한자어라고 본다. 셋째, 일반명사의 경우에는 日本語語彙硏究文獻데이터베이스와 마시니(2005)의 신어목록에 있는 것은 한국 독자적인 신생 한자어에서 제외된다. 넷째, 이상의 방법으로 선별된 중국과 일본에서 신생 한자어로 처리하지 않는 것에 대해서는 '漢典', 구글일본과 중국바이두를 참고하여 중국과 일본에서 현재에도 많이 사용되고 있는 것을 제외하고 '漢典'에 수록되지 않는 것과 의미변화가 일어난 것을 한국 독자적인 신생 한자어로 본다.

이 네 가지 판단기준을 통해 분석한 결과로 고유명사를 보면 '哥倫比, 歐美, 歐洲, 南北氷洋, 南氷洋, 南阿美利加洲, 美國, 美利堅, 美洲, 北阿美利加洲, 阿美利加, 紐約, 大鹽湖, 德幹, 德國, 東南亞細亞, 亞洲, 杜尼斯, 圇鞏, 伯林, 佛狼西, 氷島, 邪蘇, 徐徐里, 阿拉彼亞, 阿馬孫, 牙馬遜江, 俄馬遜河, 亞美孫江, 阿美尼亞, 阿勅伯, 厄瓜多, 土耳其斯坦, 休論湖, 兇牙里'는 그 출처가 중국이고, '南極海, 大不列顚, 露國, 阿弗利加, 伊太利'는 그 출처가 일본이며, 나머지 896개 신생 한자어 고유명사는 그 출처가 한국이다.

이 네 가지 판단기준을 통해 분석한 결과 일반명사를 보면 123개의 신생 한자어가 그 출처가 한국임을 알 수 있다. 이러한 한국 독자적인 신생 한자어는 네 가지 방법을 사용하여 만들어졌다. 첫째, 동의중복의 의미보충 기능을 이용하여 기존 신생 한자어를 한국방식으로 받아들이는 방식이다. 둘째, 기존 신생 한자어와 접사성한자형태소를 결합시켜 새로운 신생 한자어를 만드는 방식이다. 셋째, 기존 신생 한자어와 이음절 또는 그 이상의 전통한자어를 결합시키거나 신생 한자어와 신생 한자어를 결합시켜 합성어를 만드는 방법이다. 넷째, 접사성한자형태소가 아닌 단음절 한자형태소와 기존 신생 한자어를 결합시켜 만드는 방법이다.

본서는 신생 한자어를 연구하는 데에 한·중·일 삼국의 자료를 동시에 분석하는 것이 보다 정확한 결과를 얻을 수 있다는 것을 강조했고, 그리고 기준을 설정하고 구체적인 논의를 통해 근대이행기에 주로 수용하는 입장에 서 있는 한국은 신생 한자어를 받아들이기만 한 것이 아니라는 것을 밝혔다. 독자적인 신생 한자어를 판별하는 작업은 한국지식인들이 신생 한자어를 만드는 데에 어떠한 방법을 사용했는지를 알려 줄 뿐만 아니라 한국 신생 한자어에 대해 재인식할 수도 있다. 어휘의 형성, 변천, 교류과정을 고찰하기 위하여 통시적인 시점은 필수이지만 공시적으로 비교하는 것도 중요하다. 한·중·일 삼국을 각각 분석할 때 통시적인 시점이 필요하다고 하면 삼국을 비교할 때 공시적인 시점으로 봐야 한다. 한·중·일 삼국의 신생 한자어를 비교·분석하는 연구는 동아시아 언어공동체에 속한 한·중·일 삼국의 한자어 어휘의 형성과 교류 문제를 밝히는 데에 대단히 중요한 작업이 될 것이다. 그리고 한국 독자적인 신생 한자어를 밝히는 연구는 중·일 자료와 비교·분석하는 작업이 들어가 있으므로 한국학연구의 일환으로 볼 수도 있다. 본서는 제한된 자료 안에서 분석했다는 한계를 지니기 때문에 차후의 연구는 보다 더 많은 자료를 분석할 필요가 있다. 이는 이후의 연구 과제로 남겨 두기로 한다.